大学生の
学びをつくる
New Basics for
Collegiate Learning

貿易入門
第2版
世界と日本が
見えてくる

小林尚朗・篠原敏彦・所 康弘 編

大月書店

まえがき

　「貿易」という言葉から，みなさんは何をイメージするでしょうか？　外国からの輸入品を思い浮かべる人もいれば，巨大なコンテナ船や港湾施設，商社やそこで働くビジネスマンを思い浮かべる人もいるでしょう。ニュースやインターネット上では，食料やエネルギー価格の上昇，それに伴う貿易赤字の拡大，米中貿易摩擦とハイテク製品貿易の制限など，貿易にまつわる話題が日々飛び交っています。さらには，企業の海外進出（直接投資）に関すること，それに伴う雇用や環境への影響，為替レートの変動や国際課税の問題等々，広義の貿易関連ニュースは枚挙に暇がありません。経済ニュースの多くは，実は貿易にまつわるものだと言っても過言ではないのです。

　日本での衣食住をはじめとした日常の暮らしは，今や貿易なしでは成り立ちません。日本のような島国では，貿易は海の向こうの国との取引になりますが，毎年船で500万トンの小麦を輸入し，400万台の自動車を輸出するのは，よく考えると驚くべきことです。仕事をする場合でも，間接的な影響も含めれば，貿易とは全く関係のない，影響を受けない仕事は今や少ないでしょう。貿易は生活に欠かせない経済活動のひとつであり，過去数十年にわたるグローバル化の進展によって，その重要性はますます高まってきました。貿易と無縁で生きていくことは，実はとても難しいことなのです。

　その一方で，貿易はこれまで様々な議論や論争を巻き起こしてきました。自由貿易と保護貿易をめぐって，貿易赤字と黒字をめぐって，効率と公正をめぐって，などがそのよい事例と言えます。貿易とは，「国境を越えた財やサービスの取引」ですが，その背後には，取引活動に直接・間接に関わっている無数の人間と，その人々の生活があります。ある人々にとっての自由貿易が，他の人々の自由を奪うこともあります。冷戦が終結した1990年代以降，グローバル化が進展してきましたが，最近では巨大な格差の問題や反グローバル化の動きが顕著になり，ひとつの画期を迎えています。今日まで「貿易立国」と呼ばれてきた日本にとって，貿易について学び，考えること

の重要性が高まっています。

●

　本書は，「大学生の学びをつくる」シリーズとして，主に大学 1・2 年生の初学者向けに書かれた『貿易入門』（2017年）の改訂版です。初版の刊行から 5 年あまりの間に，世界の貿易環境は大きく変化しました。とりわけ，「自由貿易の擁護者」を自認してきた米国でトランプ政権が誕生すると，「自国第一主義」を掲げ，戦後西側貿易システムの大原則であった「自由・無差別・多国間主義」を崩しはじめました。トランプ政権は 1 期 4 年で退陣しましたが，続くバイデン政権も，友好国との協力体制を再構築する一方で，仮想敵国を暗黙裡に想定し，それらの国々に対する保護主義と差別主義，場合によっては経済封鎖をおこなうなどの政策を前政権から引き継いでいます。その是非はともかくとして，結果的に過去数十年間にわたって拡大・深化してきたグローバル化にブレーキがかかり，国際ルールも一部で形骸化しているのが現状です。他方で，私たちが直面している国際商品の高騰や，格差問題および地球環境問題の悪化などは，これまでのグローバル化の進め方に対する再考や反省を促し，また，その克服のために各国・人々の協調的な姿勢を不可欠なものにしています。協力関係に基づく国際経済秩序をどのように構築していくか，これも私たちにとっての新たな挑戦となっています。

●

　本書の目的は，貿易そのものについての理解はもちろんのこと，貿易を通じてグローバル経済や国際経済関係を理解し，それらにおける日本の位置づけや役割を理解し，そのうえで世界と日本と貿易について考えることにあります。大学での「貿易総論」，「貿易論」，「国際経済論」などの講義のテキストを念頭に置いていますが，各章とも平易に書かれているので，貿易の初学者が独学で使用する参考書としても役立つと思います。貿易実務や企業の国際化，国際マーケティングについても章を設けているので，国際ビジネスで活躍したい人たちが広く貿易の世界を学ぶためにも活用できます。

　本書の特徴として，各章の冒頭に【あらすじ】と【読者への問い】を掲げています。これらによって，章ごとの課題やねらいが明確になり，読者の理

解の一助になることを意図しています。そして各章の最後には，【次の課題を考えてみよう】という，いわば練習問題を載せることで，読者に章ごとの内容整理や考察を促しています。

　また本書には，「Covid-19とサプライチェーンの危機」，「国際ビジネス・コミュニケーション」，「大学院への進学」に関する3つの英語コラムを掲載しています。国際ビジネス・コミュニケーションには英語力が不可欠ですので，ぜひこれらの英語コラムを読破し，英語で世界の動向やビジネス・コミュニケーションについて理解してください。

　本書はⅢ部構成になっています。第Ⅰ部は「貿易の基礎」であり，貿易の歴史，理論と課題，政策，実務，そして国際収支と外国為替の章から成っています。第Ⅱ部や第Ⅲ部を理解するうえでも必要な基礎部分となります。

　第Ⅱ部は「貿易の展開」であり，戦後貿易の制度，グローバル化とWTO体制，貿易と開発，多国籍企業と直接投資の4つの章で構成されています。戦後から現在に至るまでの多角的貿易システム，開発のためにもうひとつの秩序をめざす「南」の国々の成功と挫折，そして貿易と並んで国際取引の主役になっていく直接投資の動向など，ダイナミックな戦後75年間が描かれています。

　第Ⅲ部は「現代貿易の課題」として，地域主義と地域経済統合，日本企業の国際化と国際マーケティング，農業と資源，サービスと環境の4つの章で構成されています。貿易分野における最新の動きと課題，そして企業の国際活動について書かれており，とりわけ読者にも考察を求めたいところです。

　末筆になりますが，本書初版の刊行および今回の改訂をご快諾いただきました大月書店の中川進氏に心から感謝申し上げます。また，編集の労をとっていただいた木村亮氏には，今回も脱稿の遅れに寛大にご対応いただきました。心からのお詫びと感謝を申し上げます。

2023年1月　白雲なびく駿河台にて　編者一同

第 I 部

貿易の基礎

貿易の歴史

【あらすじ】

　本章ではまず，大航海時代以前の貿易の特徴から見ていく。次に大航海時代が大西洋貿易に与えた影響を考えてみる。また，三角貿易の発達の動態とその内容も検討する。そして，19世紀になってイギリスの自由貿易システムの中にいかに南北アメリカが組み込まれたかを詳述する。

　最後に，以上の貿易の歴史をふまえ，500年にわたって変化しつづけてきた貿易システムの「構造」そのものを把握するための，ひとつの方法論として，世界システム論の概念を一部紹介する。

【読者への問い】

　「新大陸」の発見や奴隷貿易の発展と，ヨーロッパ文明の隆盛との関連について，考えてみよう。

1．大航海時代以前の貿易（15世紀まで）

「資本主義的な貿易」の誕生

　貿易の歴史は，主に資本主義成立の以前と以後の通史から構成される。

　資本主義以前の社会では，モノを作る生産と，作ったモノを運んで販売する流通・取引がそれぞれ，ほとんどつながることのない別々の経済活動であった。つまり，生産されたモノ（生産物）はその多くが，それを作った自分たちのみで使うためのモノであって，自家消費された。生産物が，無数の人

たちが売買する市場に出回り，市場で大勢の人たちによって交換・取引される，ということはなかった。

　それが資本主義以後になると，生産と流通・取引に強い関係が生まれ，それぞれが相互に作用し合うつながりが強まっていった。そして現在，私たちは，資本主義社会で生活し，経済活動をおこなっている。そうであれば，貿易という，国境を越えてモノを売買する経済現象の本質を把握するためには，資本主義以後の貿易の基本的な特徴を理解する必要がでてくる。資本主義以後の貿易とは，すなわち「資本主義的な性格をもつ貿易」のことである。

　では，この「資本主義的な性格をもつ貿易」とはいったい，何であろうか。それを知るためには，それが誕生することになった，そもそもの原因にまで歴史をさかのぼって考察することが大切である。

　その原因の，最も重要な歴史的な事柄こそ，15〜16世紀の世紀転換期の出来事であった。すなわち，1492年，探検家で商売人のクリストファー・コロンブスによる，「新大陸」の発見であった。この発見で，世界市場の規模は，それまでの時代とは比べ物にならないほど大きく拡大した。それ以降の世界市場と「資本主義的な性格をもつ貿易」の発展の基本形は，まさしく「新大陸」の発見とその後のイギリス産業革命を通じて形成されていった。[1]

　ここでひとつ，「経済学の父」と呼ばれるアダム・スミスの記述を紹介しておこう。彼はその主著『国富論』の中で，ヨーロッパによる「新大陸」の発見と植民地化によって得た一般的な利益について，次のように指摘している。第1に，「新大陸」の地で作られた，それまでヨーロッパにはなかったモノが輸入されるようになって，生活が彩り豊かになった。第2に，南北アメリカと直接に貿易している国々（主にスペイン，ポルトガル，フランス，イギリスなど）の産業が発達した。第3に，直接貿易しているわけではないが，他国（スペインなど）を経由して自国の生産物を植民地に送っている国（ドイツの一部など）などでも，産業が発展した。なぜなら，これらの国で作って余ったモノの輸出先・販売先となる広大な市場が海の向こう側に新しくできた

---

1 ）町田実『国際貿易の諸問題』上巻，前野書店，1970年，26〜27ページ。

結果，自分たちの生産量を増加させるための刺激が増したからである[2]。

このようにスミスは，植民地貿易それ自体のヨーロッパに対する影響は有益だと評価していた。ただし，後述するような重商主義の考えにもとづいて植民地貿易を独占すること（そのために様々な規制や法律を設けること）に対しては，スミスは否定的であった。

16世紀以前の貿易地図

では，それまでの16世紀以前の貿易地図はどのようなものであったか。それは主に3つの貿易圏に分かれていた。第1に，中国を中心にして，東南アジア地域までを結ぶ圏（ゾーン）。第2に，インドを中心にして，広く東南・西南アジアや広域のアフリカ地域までを結ぶ圏（ゾーン）。第3に，ヨーロッパ全域を結ぶ圏（ゾーン）に大別されていた。そして，各地域・諸都市の諸商人（中国，インド，イスラム，北イタリアなど）は，マラッカやベニスなどを中継地としながら，香料（胡椒やその他のスパイス）や布，織物などの諸商品を交換・取引していた[3]。

図表1-1のように，この時期の貿易はあくまでも各地域の特産品や贅沢品が行き交うものであったと言えよう。ゆえに貿易の役割とは「単なる仲介商業的なものにとどまり，資本主義的生産の生成・発展に及ぼすその促進的作用もまだ限られたものでしかなかった[4]」。

その後，地理上の発見によって16世紀の幕が開けられた。結果，世界の貿易状況は激変することになった。かつてカール・マルクスは，事の本質をこう表現している。「商品流通は資本の出発点である。商品生産と，発達した商品流通すなわち商業とは，資本が成立するための歴史的な前提をなしている。世界貿易と世界市場とは，16世紀に資本の近代的生活史を開くのである[5]」，と（下線，引用者）。

2）スミス，アダム（山岡洋一訳）『国富論』下，日本経済新聞出版社，2007年，176〜177ページ。
3）木下悦二編『貿易論入門』新版，有斐閣，1979年，2ページ。
4）同上書，3ページ。

図表1-1 「新大陸」発見以前の貿易ネットワーク

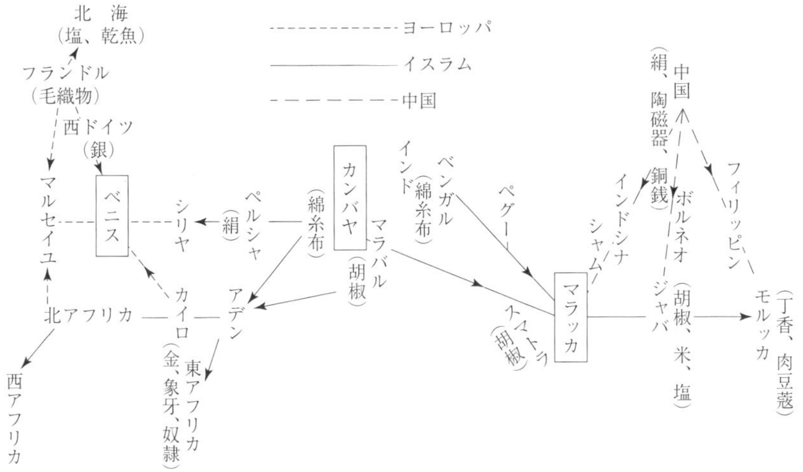

北海
（塩、乾魚）

フランドル
（毛織物）

西ドイツ
（銀）

マルセイユ

ベニス

シリア

北アフリカ

西アフリカ

カイロ

アデン

東アフリカ
（金、象牙、奴隷）

ペルシャ
（絹）

綿糸布

カンバヤ
（綿糸布）

マラバル
（胡椒）

インド

ベンガル
（綿糸布）

ペグー

スマトラ
（胡椒）

マラッカ

インドシナ
シャム

ボルネオ
ジャバ
（胡椒、米、塩）

中国
（絹、陶磁器、銅銭）

フィリッピン

モルッカ
（丁香、肉豆蔲）

------------ ヨーロッパ
———— イスラム
-- --- -- 中国

（出所）山田憲太郎『香料の歴史』紀伊國屋新書（精選復刻），1994年，132ページ。

大航海時代以前の商品交換

　大航海時代を先導した主要な舞台は，ヨーロッパから大西洋への「海の玄関口」に位置するイベリア半島であった。すでにポルトガル人は地の利を活かして15世紀頃からアフリカ探索を進めており，砂金，象牙，奴隷などを獲得していった。その後，歴史の教科書の通り，1488年にバルトロメウ・ディアスがアフリカ南端の喜望峰に到達し，1498年にはヴァスコ・ダ・ガマが喜望峰経由でインドのカリカット到達を果たした。

　ポルトガルはこのインド航路開拓を契機に，ゴアに総督府を設置し，それにより同国は仲介商人抜きの対インド，対東南アジア取引を拡大していった。その取引の主力商品は，ヨーロッパでも特に需要の高い，胡椒，丁香，ナツメグ，シナモンなどの香辛料であった。

　それまでは，これらをヨーロッパへ運ぶにはオスマン・トルコやエジプトを経由しなければならず，その際，アラブ商人などへの中間マージンを支払

5）マルクス，カール（岡崎次郎訳）『資本論』第１巻第１分冊，大月書店，1972年，257ページ。

う必要から，割高の商品となっていた。14世紀以降，高まる一方のヨーロッパの香辛料需要を満たすべく，より有利な流通ルートを獲得することに迫られていたことが，新航路開拓の背景にあった。[6] ちなみに中世ヨーロッパ人の間では，香辛料はすでに薬にも料理にも使われていた。例えば，ナツメグなどは，「17世紀ヨーロッパでは生命を賭けてでも入手するに値する医学的特性のある，万人の求める奢侈品で……このしわしわのナッツは黄金のように人の欲しがるものとなり，今日に至るまで鼓腸と風邪の治療薬」として重宝されていたという（傍点，引用者）。[7]

　大航海時代以後の15世紀末〜19世紀においては，ポルトガル，スペイン，オランダ，イギリスを中心に，南・東南アジアの香辛料市場をめぐって競争と衝突がくり返された。そして香料諸島に通じるルート（北極航路や南回り航路）の開拓にしのぎを削ったのであった。その様相は，さながらスパイスをめぐる「史上初の世界戦争」であった。[8] なかでも胡椒取引は，重要であった。「胡椒とは，みんながその周りで踊る花嫁」のごときであり，この「花嫁」をめぐって激しい競争をおこなったのが，オランダ東インド会社とイギリス東インド会社であった。[9]

　胡椒取引の最盛期であった1672年のイギリス東インド会社がインドネシアから出荷した胡椒の量は3000トンにも及んだという。同社の存在意義そのものが，スマトラ島やジャワ島の胡椒に大きく拠っていた。[10]

　こうしてポルトガルがアジアへの進出を進める一方，同じイベリア半島の国スペインでも，王室の支援を受けたコロンブスが大西洋横断に成功し，「新大陸」に到達していた（1492年）。スペイン人征服者たち（コンキスタドーレス）は，16世紀中にはカリブ海地域，現在のメキシコ（アステカ帝国），ペルー（インカ帝国）を征服し，次々と当該地において植民地化政策を展開していった。

6）山田憲太郎『香料の歴史』紀伊國屋書店，1994年，137〜138ページ。
7）ミルトン，ジャイルズ（松浦伶訳）『スパイス戦争』朝日新聞社，2000年，13〜14ページ。
8）ツァラ，フレッド（竹田円訳）『スパイスの歴史』原書房，2014年，71〜72ページ。
9）シェファー，マージョリー（栗原泉訳）『胡椒　暴虐の世界史』白水社，2014年，121〜122ページ。
10）同上書，122ページ。

歴史家のケネス・ポメランツとスティーヴン・トピックの筆で，コロンブスの発見以前の「新大陸」の状況を少しふり返ってみると，例えば中央アメリカでは，アステカの貿易商人を媒介にして，トルコ石，銀，金，黒曜石，器，ナイフ，羽毛，ゴム，カカオ，獣皮など豊富な産品の物々交換がきわめて広範囲にわたっておこなわれていたという。また彼ら商人は，険しい渓谷や切り立った山々を通過する貿易ルートに精通しており，数多く存在した種々の先住民語を介し，交渉のやり取りをくり返しながら，旺盛な交易をおこなっていたのであった[11]。

2．大航海時代の到来が貿易に及ぼした 影響（16～17世紀頃）

「新大陸」の征服と本源的蓄積

　ところが発見以後の「新大陸」では，征服者による植民地化を通じて，先住民や諸文明に対する破壊行為が熾烈を極めた。その結果，当地のアステカ商人などは壊滅した。

　バルトロメ・デ・ラス・カサス司教は，記録書『インディアスの破壊についての簡潔な報告』を残している。そして，こう糾弾した。「この悪魔の化身たちは400レグア以上の豊饒な土地を荒廃させ，破壊し，略奪しつくした。彼らは大多数の様々な部族たちをことごとく殺害し，滅ぼし，多くの言語を消滅させてしまった。それまで見たこともないような数々の邪悪で無慈悲な新しい拷問を考え出し，400万人か500万人以上もの罪のないインディオを殺害し，破滅させ，地獄へ追いやった[12]」，と。

11）ポメランツ，ケネス／トピック，スティーヴン（福田邦夫，吉田敦訳）『グローバル経済の誕生』筑摩書房，2013年，43～44ページ。
12）デ・ラス・カサス，バルトロメ（染田秀藤訳）『インディアスの破壊についての簡潔な報告』改訂版，岩波書店，2013年。

その後，征服者は先住民を奴隷化した。それは，悲惨なものであった。過酷な強制労働や疫病などによって彼らの多くが死に絶え，もって「新大陸」の人口は激減した[13]。コンキスタドーレスらは，先住民を無理やり労働させて，その労働の果実を徹底的に搾取していった。

この非人道的な労働搾取に「正当性」を与え，それを制度的に支えたのがエンコミエンダ制であった。スペイン人は，自らのリスクを冒して征服を「成功」させた褒美として，その論功行賞の形で王室から，先住民の労働力を自由に利用（搾取）できる特権を与えられたのである。その特権と引き換えに，彼らは「野蛮な」先住民をカトリックに改宗し，「文明化」させるという義務を負った。だが，先住民が自ら進んで改宗や「文明化」を望んだのであろうか。むろん，否である。要するに同制度は，征服者が私腹を肥やし，自らの財・富を蓄積することを可能にするための，単なる大義名分であったと言える[14]。

この蓄財は，金や銀の採掘によっても実現した。金の価値は当時のヨーロッパにおいては絶大であった。コロンブスも「新大陸」到達直後から，金への執着をあらわにしていた。『コロンブスの第四次航海』の記録では，ジャマイカ島からエスパニア国王宛てに送った書簡で，彼は興奮気味に述懐している。「両陛下がこのパラグアの地の王であらせられるということは，両陛下がヘレスやトレドの王であらせられるのと同じように明らかなことであり，両陛下の船は，自国へ赴くがごとく当地に来ることができるのであります。そのうえこの地からは金を採取することができます。……金は最も価値あるものであり，金こそ宝であります。これを持っている者はこの世で欲することが何でもでき，天国へ魂を送りこむことができるような地位にさえ達し得

---

13) 疫病に関しては「生態学的帝国主義」と呼称される細菌の「コロンブス的交流」も始まった。クロスビー，アルフレッド（佐々木昭夫訳）『ヨーロッパ帝国主義の謎』岩波書店，1998年を参照。また，天然痘などヨーロッパ人が「新大陸」に持ち込んだ病原菌によって，免疫をもたない先住民は絶滅の危機に瀕した。カリブ海域では1492年の人口300万人から30年で10数万人へ，アステカ帝国のメキシコでは2500万人から100年後には100万人へ，インカ帝国の中央アンデスでは1200万人から50年後には240万人へと激減したとの説もある。国本伊代『概説ラテンアメリカ史』新評論，1992年，34〜35ページを参照。
14) 高橋均，網野徹哉『ラテンアメリカ文明の興亡』中央公論社，1997年，124〜125ページ。

る」。

　ちなみに歴史教科書で「英雄」と描かれることの多いコロンブスの人物像に言及したのは，前出のポメランツらである。彼らはコロンブスがいかに冷酷な男であり，生き残るためには船員仲間を殺すのもいとわない，富に執着した人物であったかを，細やかに描写している。

　「英雄」としての通説的な評価とは逆に，ポメランツらは彼の半生について，以下のように酷評したのだった。「彼を突き動かしたのは，キリスト教徒の聖地エルサレム奪還の資金源となる金を獲得するためであった。確かに近代の扉を開いた。だが，新大陸を発見したのは偶然に過ぎず，発見した大陸がどこであるのか，見当もついていなかった。それは，欲望の虜（とりこ）となったおろかな男に運が味方した話である」。

　話を元に戻そう。大事なことは，こうした蓄財こそ，資本主義的な生産の生成・発展のための前提条件になったという点である。前出のマルクスは，資本主義的な生産の生成・発展には資本主義的な蓄積がその前提となっており，資本主義社会の到来と開花のためには，それに先行して大量の資本と膨大な労働者の存在が必要であると指摘している。この場合の労働者とは，それまでの封建制社会とは違って，土地などのモノを作るための手段（生産手段）から引き離され，先祖代々，そこに居住し，耕し，収穫物を得てきた土地を奪われ，自身の働く体力と技能（労働力）だけしか売ることのできなくなった，自由な労働の「売り手」のことである。

　これこそ，「資本の本源的蓄積」と呼ばれる事柄である。そして地理上の発見による莫大な蓄財とその後の大西洋貿易システムから得た巨万の利益は，ヨーロッパの「本源的蓄積」にとってきわめて大きな役割を果たした。知られるように，大英帝国の最盛期を支えた海商都市はリバプールであったが，マルクスは同都市の「本源的蓄積」の基盤となったものこそ，大西洋間奴隷貿易であったと断じている。

15）コロンブス，クリストファー（林屋永吉訳）『コロンブス　全航海の報告』岩波書店，2011年，237〜238ページ。
16）ポメランツ，ケネス／トピック，スティーヴン，前掲書，86ページ。

第1章　貿易の歴史

9

「新大陸」の本源的喪失

　他方，「新大陸」では，どのようなことが起きたのか。ヨーロッパで「本源的蓄積」が生じた時期において，まさにそれと正反対のことが起こった。それは，「本源的喪失」である。

　メキシコ人歴史学者のエンリケ・セーモが論じているように，当地では国家（王室）が土地を所有することを前提としたエンコミエンダ制が構築され，その制度の維持・運営のためにスペイン本国から官僚が渡来し，配置された。それゆえ，土地所有や先住民の労働力の使用に関する権限を国家（王室）や現地官僚たちに集中させることを通じて，封建的な大土地所有制や領主制の台頭や発展を抑えつつ，貢納（こうのう）システムによって先住民を徹底的に搾取したのであった。[18]

　なお，エンコミエンダ制が衰退し，アシエンダ（大農園）という形態の封建的な大土地所有制が拡大するのは，17世紀以降になってからである。これによって，債務を背負った先住民を「債務奴隷」化して働かせるようになった。また，私的な大土地所有が支配的になりはじめるのは18世紀後半になってからである。[19]

　セーモはこの植民地時代の特徴を「本源的喪失」として捉えた。ヨーロッパの「本源的蓄積」の時期は，「新大陸」の富（金や銀）の略奪を通じた「本源的喪失」の時期と呼応すると主張したのである。[20]なぜなら，現在のメキシコやペルーのリマ周辺のスペイン領（当時）で産出された金・銀は，副王政府（王室が創設した現地植民地を統治するための機構）やスペイン人が，その大半を本国へ持ち出したからである。

　16世紀半ば，南米ポトシ銀山や中米サカテカス銀山が発見された後は，大量の銀がヨーロッパへと流れ込んだ。[21]この銀は中国産の商品や金とも交換

17）マルクス，カール（岡崎次郎訳）『資本論』第1巻第4分冊，大月書店，1983年，1299ページ。
18）セーモ，エンリケ（原田金一郎監訳）『メキシコ資本主義史』大村書店，79ページ。
19）同上書，79ページ。
20）同上書，225〜226ページ。

され，貨幣間の交換や商品交換を通じて，ヨーロッパのみならず世界中において，「新大陸」産の銀が循環することになった。前出のアダム・スミスも，世界中の遠く離れた諸地域が互いに結びつけられるのは，この「新大陸」産の銀の媒介によるものであり，この銀は大西洋をまたいだアメリカとヨーロッパの両大陸間で通商がおこなわれる主要商品のひとつであったと述べている。

「新大陸」の銀とヨーロッパ

この流れ込んだ銀によって，16世紀後半から17世紀初頭にかけてスペインでは，物価高騰の波が襲った。いわゆる「価格革命」と呼ばれる事態である。この「価格革命」現象は最初にスペインで発生し，その後，遅れてヨーロッパ全域へ広がったため，その時間差を利用してスペイン以外のオランダやイギリスなどの北西ヨーロッパ諸国は巨額の利ざやを獲得することができた。[22]

なぜか。池本幸三らの説明によれば，北西ヨーロッパ諸国が物価騰貴(とうき)の続くスペインとの価格差を好機として，割安となった国内産の商品（特に毛織物，リンネルや穀物などの食料品など）や再輸出品などを積極的に輸出したからであった。その支払い手段として，「新大陸」の銀が用いられた。

銀はスペイン経由でヨーロッパ全域に流入し，当該地域の貨幣経済の発展と初期工業化に影響を与えると同時に，対アジア貿易の決済手段としても使用され，両地域の貿易関係の拡大に大きく寄与したのだった。[23]

---

21) ヌエバ・エスパーニャ副王領から1821〜23年の3年間で2000万ポンド相当の資産が本国送金され，またリマ副王領からも1819〜25年までに数隻のイギリス艦隊が搬出した貴金属だけで2690万ポンドに達したとの推定もある。クエバ，アグスティン（アジア・アフリカ研究所訳）『ラテンアメリカにおける資本主義の発展』大月書店，1981年，14〜15ページ。
　　また，16世紀の「新大陸」産の銀（1万7000トン）の多くがヨーロッパに送られ，17〜18世紀にはそれぞれ3万7000トン，7万5000トンが生産され，2世紀合計で8万1000トンがヨーロッパに送られ，うち約半分はアジア（特に中国）へ送金されたとする議論もある。フランク，アンドレ・グンダー（山下範久訳）『リオリエント』藤原書店，2000年，265〜267ページ。
22) 池本幸三，布留川正博，下山晃『近代世界と奴隷制』人文書院，1995年，63ページ。

なお，経済史家のビクター・バルマー・トーマスは，この時期のヨーロッパ宗主国と「新大陸」の植民地との貿易の特徴を，重商主義との関係で考察している。重商主義は国富の最も重要な要素を金・銀であるとする，貿易に関するひとつの考え方（思想）のことである。その具体的な政策は，金・銀の蓄積量を国内に増やすために，国家が貿易をコントロールすることである。したがって，スペインとポルトガル（宗主国）は，国内で充分な量の金・銀を確保できなかったため，「新大陸」との貿易を国家がコントロールすることによって，金・銀の蓄積が可能になるようにしたのだった。

　当時の重商主義下の貿易の仕組みでは，「新大陸」が受け取る輸入商品はすべてスペインとポルトガルの産品でなければならず，一方，「新大陸」から送り出す輸出商品はすべて同じ地域の「新大陸」市場向けへと限定された。その結果，宗主国との間で生じた「新大陸」側の商品貿易赤字は，当地からの金・銀の輸出（支払い）によって補填されることになった。宗主国は自分たち以外の国と「新大陸」が勝手に貿易をおこなうことを抑制・制限し，「新大陸」との間の貿易を独占していった。

　あわせて，副王政府や王室によって課された，鉱山の産出物を分配するルートや鉱山へのキントと呼ばれる課税を通じて，また，その他の課税，例えば現地先住民に課せられた人頭税や実質的な売上税であるアルカバラなどを通じて，莫大な量の金・銀をヨーロッパ・イベリア半島へと還流させたのである[24]。

23）同上書，63ページ。

24）トーマス，ビクター・バルマー（田中高ほか訳）『ラテンアメリカ経済史』名古屋大学出版会，2001年，19〜23ページ。

3. 三角貿易と植民地貿易
（18〜19世紀頃）

三角貿易の発達

17世紀以降，とりわけ18世紀になると，大西洋をまたぐ複数の互いに関係しあった「三角形の貿易」（＝三角貿易）が発達・深化した（**図表1-2**を参照）。経済学者のアンドレ・グンダー・フランクは，その中でも次の2つの三角形を強調している。

1つめは最も重要な三角形で，ヨーロッパ（特にイギリス）から工業製品（繊維製品，およびインド・中国製品）を南北アメリカやアフリカへ輸出し，またアフリカからカリブ海および南北アメリカの奴隷プランテーションへ奴隷を輸出し，そしてカリブ海から砂糖，北アメリカからタバコや毛皮その他の商品をヨーロッパへ輸出する，という循環である。

2つめは，それと関連する三角形として，カリブ海から砂糖や糖蜜を北アメリカへ輸出し，その対価として北アメリカからカリブ海へ穀物や材木，海軍用備品を輸出する，と同時に，北アメリカで加工したラム酒（カリブ海産の糖蜜が原料）をヨーロッパへ輸出する，という循環である。これには商品の輸送のみならず金融業や奴隷貿易なども伴っていた。この交易の利益によって，特に北アメリカの植民地人にとっては，ヨーロッパとの交易で累積させていた貿易収支の赤字を補填することができ，資本蓄積するうえで役に立ったのである[25]。

18世紀中のヨーロッパと南北アメリカ間の貿易の大きな特徴は，植民地からの略奪がより強力になったことである。その略奪の構図は，**図表1-3**の通りである。フランス人経済学者のミシェル・ボーの著書によれば，1720〜80年の奴隷労働を活用したラテンアメリカ産出の金の生産量は，年間平

25）フランク，アンドレ・グンダー（山下範久訳）『リオリエント』藤原書店，2000年，152〜153ページ。

図表1-2（1）　大西洋貿易システムの主要ルート・商品（1500〜1800年）

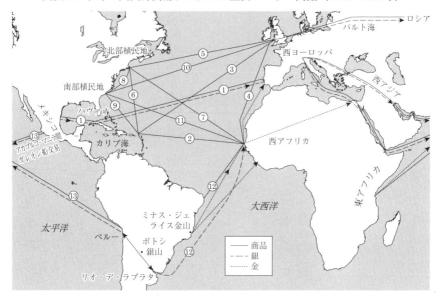

図表1-2（2）　大西洋貿易システムの主要ルート・商品（1500〜1800年）

ルート	西回り	東回り
①メキシコ-ハヴァナ-ヨーロッパ	工業製品	銀
②西アフリカ-カリブ海	奴隷	ラム酒
③カリブ海-西ヨーロッパ	工業製品	砂糖・糖蜜［銀］
④西アフリカ-ヨーロッパ	（北行き）銃［織物］	（南行き）［タカラガイ］
⑤北部植民地-イギリス	工業製品	原材料［貨幣］
⑥北部植民地-カリブ海	（北行き）糖蜜［銀］	（南行き）工業製品・軍艦備品・輸送／役務
⑦北部植民地-西アフリカ	輸送／役務／ラム酒	
⑧北部植民地-南部植民地	（北行き）食糧・タバコ	工業製品・役務
⑨南部植民地-カリブ海	糖蜜	奴隷
⑩南部植民地-ヨーロッパ	工業製品	ラム酒・タバコ
⑪南部植民地-西アフリカ	［北部植民地経由の購買／支払い］	奴隷
⑫南アメリカ-西アフリカ	奴隷	金・銀
⑬メキシコ・ペルー-中国行きマニラ・ガレオン船	銀	

（［　］内は再輸出／転送）
（出所）フランク，アンドレ・グンダー（山下範久訳）『リオリエント』藤原書店，2000年，154〜155ページ。

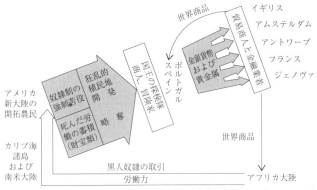

（出所）ボー，ミシェル（筆宝康之，勝俣誠訳）『資本主義の世界史』藤原書店，1996年，36ページ。

均20トンの水準に達し，これは前世紀までの最大限（1年で10トン）と比べて
倍増したと推定されている。

奴隷貿易の発達

　では次に，大西洋をめぐる三角貿易の発達・深化の背景を考えてみよう。
そのひとつの背景には，16〜17世紀の植民地において鉱山開発やその周辺
都市の発展，そしてヨーロッパから持ち込んだ小麦，コメ，バナナ，コーヒ
ー，タバコ，サトウキビなどの新種植物を育成する新タイプの農業，および
渡来の新動物である牛，豚，鶏などの牧畜業が大々的に導入され，それによ
って植民地での生産力が拡大したことが挙げられる。ただし，17世紀に入
ると鉱山の衰退や，強制労働に駆り出されていた先住民人口の激減（＝エン
コミエンダ制の弱体化）によって，植民地経済は縮小傾向に転じた。こうした
時期に形成されはじめたのが，大土地所有制度であった。
　当初，土地所有よりも貢租を徴収することに重点を置いていた「新大陸」
の白人支配層は，貢納の減少と金や銀の採掘業の衰退とともに，次第に，生
産した一次産品を都市部へと販売する農牧業に関心を移していった[26]。そして，
採掘業で巨万の財をなした彼らは，極端な安価で広大な土地を買い占め，巨

大な私有大農園を創出していった。では，この大農地においてプランテーション型農業を担った膨大で低廉な労働力は，どこから補充したのか。それはアフリカからの奴隷であった。

　例えば，サトウキビのプランテーションでの砂糖生産は，バルバドス，ジャマイカ，サント・ドミンゴ，ブラジルが一大生産地となった。それに応じて，その労働力の供給源として，アフリカにおける奴隷売買貿易も隆盛を迎えた。

　著名な歴史家のイマニュエル・ウォーラーステインによると，「新大陸」の大農園主たちは比較的早い段階で先住民の使役をあきらめ，プランテーション用奴隷としてアフリカ人を頼りはじめたという。おそらく生存する先住民を使うとしても，その逃亡を阻止するためのコストと比較して，アフリカからの奴隷輸送コストのほうが安上がりだったと推測されるからであった。[27]

　その数は18世紀の年間平均で５万5000人（多い年では年間10万人程度）にもなり，16世紀の年間2000人弱の水準をはるかに上回った。奴隷の強制労働から抽出した余剰の価値は膨大であり，結局それは，イギリス商人や製造業者，そしてその他ヨーロッパなどの銀行家や金融業者たちの巨額の儲けとなったのである。[28]

　歴史研究家のウィリアム・バーンスタインによれば，1519年から1860年代末に至るまでに，950万人のアフリカ人が「新大陸」に運ばれたという。**図表1-4**は１年間に輸送されたアフリカ人奴隷の数を示している。そこで推定された累計の人数は，「航路途中の死亡率を約15％と見積もれば，アフリカから船に乗せられた奴隷は1100万人」であった。[29]

26）斉藤広志，中川文雄『ラテンアメリカ現代史』Ⅰ，山川出版社，1978年，22〜23ページ。
27）ウォーラーステイン，イマニュエル（川北稔訳）『近代世界システム』Ⅰ，岩波書店，2013年，93ページ。
28）ボー，ミシェル（筆宝康之，勝俣誠訳）『資本主義の世界史』藤原書店，1996年，73〜74ページ。
29）バーンスタイン，ウィリアム（鬼澤忍訳）『華麗なる交易』日本経済新聞出版社，2010年，347ページ。

図表1-4　アフリカから大西洋を横断して送られた奴隷の人数

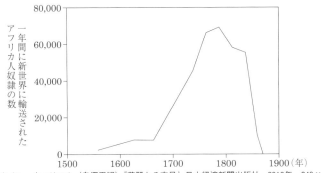

（出所）バーンスタイン，ウィリアム（鬼澤忍訳）『華麗なる交易』日本経済新聞出版社，2010年，348ページ。

砂糖貿易の隆盛とサトウキビ産業の「工業化」

　ここで押さえておくべき点は，大西洋航海を生き延びた奴隷たちの，その後の行き先と顛末である。バーンスタインは，1500〜1880年までに「新大陸」に輸入された奴隷が，どの地域に吸収され，その割合（対全体比）がどうであったのかに注目して検討をおこなっている。それによれば，同割合はカリブ海域諸島が43.0%，ブラジルが38.2%となり，奴隷の80%程度はこの2つの地域へ送られ，主にサトウキビ生産に従事した。そのうえで重要なことは，サトウキビこそ作物生産の中で最も過酷な重労働であり，最も奴隷の死亡率が高かった商品だったということである[30]。

　バーンスタインは，1950年時点における，奴隷の子孫がその場所で生きていた割合をも割り出し，次のように結論づけた。「この数字を見ると一つの疑問が浮かびあがってくる。まず，アメリカとカナダに送られた奴隷の割合は20人に・人を下回っているにもかかわらず，これらの2ヵ国に現在生活している奴隷の子孫の割合はおよそ3人に一人に相当する……。カリブ海については逆のことがいえる。カリブ海には5分の2を超える奴隷が送られたが，現在そこで生活している奴隷の子孫の割合は5分の1にすぎな

30）同上書，349ページ。

い。この数字は，島々で奴隷人口を維持する難しさを物語っている」，と。

　カリブ海のサトウキビの島キューバに関して，作家の堀田善衛はその紀行文の中で，キューバ人詩人ニコラス・ギリエンの詩を紹介している。

　「黒人　砂糖キビ畑の近くに　　ヤンキー　砂糖キビ畑の上に　　地面砂糖キビ畑の下に　　血は　われわれが流す」。

　このように暗い歴史をもつ砂糖プランテーションであるが，工業化の歴史に大きな足跡を残した点にもふれておきたい。歴史研究の大家である川北稔が指摘するように，サトウキビの収穫量の多寡には，その刈り取り，粉砕，原液の搾り出しのタイミングが重要であるため，農場付近にはサトウキビの粉砕・抽出のための作業場が設置されていた。そしてその工程の動力として道具，機械，畜力や風力などが活用されていた。

　この文脈において，前出の歴史家ポメランツとトピックは，「工業化の歴史は，通常，イギリスの綿織物産業の発展過程とその貿易によって展開されてきたと説明」されがちであった従来の通説に，疑義を呈した。

　彼らの主張は，近代工場のプロトタイプとも言える工房が誕生したのは，まさにこの中南米・カリブ海地域の砂糖工場であったというものである。さらに，近代工場の資本主義的な生産様式に従って働いた最初の労働者こそ，賃金労働者でもなく，ヨーロッパ人でもなく，アフリカ人奴隷であったと強調するのである。産業革命に先立つ17世紀には，文字通り数多くの奴隷が，製糖，洗糖，乾燥施設，蒸留酒製造所，貯蔵庫で働かされていた。その生産施設・設備にはヨーロッパから巨費が投じられ，当時最高水準の工場が経営されるとともに，砂糖の他，糖蜜やラム酒などの関連品も生産されていた。

　そこから得られる利潤の大きさは，他のどの作物より桁違いに大きかった。「18世紀の経済にとって砂糖は，19世紀経済における鉄鋼や20世紀のそれに

31）同上書，348～349ページ。
32）堀田善衛『キューバ紀行』集英社，1995年，37～38ページ。
33）川北稔『砂糖の世界史』岩波書店，1996年，45ページ。
34）ポメランツ，ケネス／トピック，スティーヴン，前掲書，336ページ。
35）同上書，336ページ。
36）同上書，351ページ。

おける石油にも似た位置を占めて」おり，「砂糖は王様」であった。[37]

4．イギリス自由貿易体制（19世紀以降）

パクス・ブリタニカ体制の到来

　その後，19世紀前半に入ると，大きく時代が変動する。「新大陸」の植民地で独立が相次いだからである。それによって，重商主義のもとでの宗主国による対植民地独占的貿易がようやく終焉を迎えた。すでに産業革命を達成し自由貿易政策を採用していたイギリスと，独立後の南北アメリカ諸国との間で，自由貿易が進むことになった。

　それまで羊毛輸出に特化し，ヨーロッパの片田舎にすぎなかったイギリスは，15世紀半ばに毛織物産業がようやく勃興しはじめた。1600年にイギリス東インド会社を設立し，対アジア貿易に力を入れはじめた。その後，18世紀になるとオランダ東インド会社を凌駕し，その影響力を排除することに成功した。イギリスはアジアとの香辛料，キャラコ，茶の貿易（対ヨーロッパ輸入），および1713年のユトレヒト条約による奴隷貿易への本格的な参入と大西洋三角貿易を通じて巨額の利益を上げ，国力と軍事力を増大させていった。長きにわたった対オランダ戦争や対フランス戦争などを経て，1815年にはウィーン条約を締結した。17世紀にかけて覇権国として君臨したオランダから19世紀までには覇権を奪い，ここにパクス・ブリタニカ体制が到来した。

　歴史家のパトリック・カール・オブライエンは，「小規模で相対的に低開発の状態であり，その国家機構も脆弱で不安定であった」イギリスは，ところが「164年間の長期化した重商主義戦争と王朝間の戦争が終わったと

37）ウィリアムズ，エリック（川北稔訳）『コロンブスからカストロまで』I，岩波書店，2014年，181ページ。

き，……勝者として姿を現した」と述べている。その後，覇権国となったイギリスは，「古代ローマ帝国以来最大の領土を有した西洋の帝国」として君臨することになり，「国際商品貿易での並外れたシェアと世界経済へのサーヴィス提供から利益を得る一方で，産業革命の真っ只中にあった[38]」。

イギリス経済と大西洋貿易システム

独立直後の南北アメリカの多くの国々では，国内権力をめぐる闘争や内乱がしばらく続いた。その潮流もひとまず19世紀半ばには落ち着き，概ね多くの国々で自由貿易推進のための諸改革が採用された。その結果，国内経済構造は一次産品の対ヨーロッパ（特にイギリス）向け輸出経済へと編成されていった。

加えて，農地改革によって教会の保有地や先住民の共同保有地を払い下げたり，分割したり，没収したりするなどを通じて，土地の私有財産化を推し進めた。それによって分割された土地は結局，少数の富裕層の手に渡った。それとともに，イギリスをはじめとするヨーロッパ諸国の実業家もそこへの進出を果たし，積極的な資本投下を図った（外資の導入）。もって南北アメリカの国々は外国市場向けの，拡大再生産型の一次産品モノカルチャー（単一換金作物）経済へと国内構造の改編がさらに進むことになった。

アルゼンチン，ウルグアイ，ブラジル南部は穀物，羊毛・皮革，食肉など，南部以外のブラジル，コロンビア，エクアドル，中米，カリブ，メキシコはコーヒー，砂糖，バナナ，カカオ，ゴムなど，メキシコ，ペルー，ボリビア，ベネズエラは銀，銅，貴金属，硝石，石油などのモノカルチャー生産，対イギリス・ヨーロッパ向け輸出が主軸となった[39]。これらの食料供給や工業生産用の原料供給は，イギリス・ヨーロッパの工業化の興隆の基盤となった。

---

38) オブライエン，パトリック・カール（秋田茂訳）「パクス・ブリタニカと国際秩序　1688—1914」松田武，秋田茂編『ヘゲモニー国家と世界システム』山川出版社，2002年，93～94ページ。
39) 宇佐見耕一，浜口伸明「一次産品輸出経済から輸入代替工業化へ」宇佐見，浜口ほか編『図説ラテンアメリカ経済』日本評論社，2009年，10～12ページ。

これこそ工業生産を担う一部の先進工業国と一次産品生産を担う途上国との農工間分業を軸とした，古典的な国際分業＝貿易システムの形態にほかならない。

　なかでもイギリス綿工業発展を支えた原料の綿花栽培は，アメリカ南部のプランテーションがその拠点となった。イギリスの19世紀前半のアメリカからの綿花輸入量の推移を見ると，1801〜05年の10万7000俵から1846〜50年の116万8000俵へと一挙に10倍以上となっている。ちなみに同期間（1846〜50年）の地域別輸入先では，インドが19万8000俵，ブラジルが12万6000俵，西インド7000俵，エジプト5万2000俵となっており，アメリカが圧倒的なシェアを占めていたことがわかる。[40]

イギリスと南北アメリカの関係

　その後，イギリスは第一次世界大戦まで，南北アメリカの経済権益を掌握する盟主となった。例えば，アルゼンチンには多くの鉄道や港湾を建設するため大量の資金を投下した。1860〜1913年に同国に対して投下された外国投資残高は，全世界の海外投資の8.5％を占め，そのうちラテンアメリカ向け投下資本の実に33％，イギリスのラテンアメリカ向け投資の42％をアルゼンチン一国で吸収するに至った。それに伴い1857〜1914年の間，ヨーロッパなどからの移民純流入数が330万人にも達した。この同国向け投資は主に，広大なパンパ平原で生産された農牧畜産品（トウモロコシ，小麦，食肉，羊毛）を運搬するためのインフラ投資であった。

　もってアルゼンチンは「世界の食糧庫」へ変貌した。アルゼンチン人学者アルド・フェレールは，こう指摘する。同国牧畜部門こそ，生産過程（家畜の飼育，皮革・食肉加工）へのイギリスからの投資と，賃金労働者の雇用と管理を通じて土地の生産システムを確立したことによって，「同国経済史上最

40）牧野博「東インドにおける鉄道業の発展と近代的植民地の建設」入江節次郎編『世界経済史』ミネルヴァ書房，1997年，65〜66ページ。

初に出現した大規模な資本主義的発展企業」となった。[41]

　またイギリスは，メキシコに油田，チリに鉱物（硝石）開発投資を展開し，ブラジルには鉄道や鉱山開発，コーヒー産業（生産，運輸・輸出，流通，焙煎加工などの全過程）への多額の投資をおこなった。金融資本の進出も相次ぎ，1863年にロンドン＆ブラジリアン・バンクが設立された。これらイギリス系銀行は，有利な事業機会があればすぐさま融資をおこない，巨額の利益を得た。のみならず，ブラジル人経済学者カイオ・プラドが指摘するように，為替相場の激しい変動や不安定な財政状況，金融市場でくり返されるバブルとその破裂などに乗じて，大規模な投機活動もおこなったのであった。[42]

　アンガス・マディソンの『世界経済の成長史1820〜1992年』で算定された統計データによれば，確かに1870〜1913年の時期における一人当たり実質GDPの成長率の数値では，アルゼンチンは2.5%，アメリカは1.8%，メキシコは1.7%を記録し，サンプル56ヵ国の上位3位を独占している（ちなみに，同期間の西ヨーロッパ12ヵ国の算術平均は1.3%であった）[43]。イギリスなどからの大規模な投資によって，国内公共事業や一次産品関連産業などが，アルゼンチンなどで活況を呈したことがわかる。

E. ウィリアムズ・テーゼをめぐる議論

　次に，目覚ましい成長を遂げたイギリス経済・産業に対して，奴隷貿易を含む大西洋貿易システムがどれだけ影響を与えたかについてふれたい。その評価をめぐっては，実に様々な議論がある。もちろんジェニー紡績機（1764年），アークライト水力紡績機（1768年），ミュール紡績機（1779年），カートライト力織機（1787年）といった技術革新による綿工業の生産力拡大が，同国経済発展に及ぼした影響は甚大であったことは言うまでもない。その後の

41）フェレール，アルド（松下洋訳）『アルゼンチン経済史』新世界社，1974年，57ページ，108ページ。

42）プラド，カイオ（山田睦男訳）『ブラジル経済史』新世界社，1972年，362〜363ページ。

43）マディソン，アンガス（金森久雄監訳，［財］政治経済研究所訳）『世界経済の成長史1820〜1992年』東洋経済新報社，2000年，76〜77ページ。

蒸気機関の発達による製鉄業の隆盛もまたしかりである。産業資本主義と機械制大工業の確立に果たした産業革命の役割は，誰も疑う余地のないことである。

　ただし，その前提の上に立って，南北アメリカやインドなど（植民地を含む）海外からの富の収奪，奴隷貿易とイギリス産業革命とを結びつけ，同国の産業発展のための初期的な資金蓄積の源泉こそ三角貿易などから得た利潤だったという大胆な問題提起をおこなったのが，エリック・ウィリアムズである。

　彼は歴史学者であり，カリブ海の国トリニダード・トバゴ初代大統領でもあった。彼はこう述べる。「18世紀のはじめの75年間で，西インド諸島の砂糖きびプランターか，リバプールの奴隷貿易商以外に資本を準備できる者が他にいただろうか。……ここでわれわれは，イギリス産業において奴隷貿易による利潤がどのように投資されたのかを追求せねばなるまい」，と。[44] この問題意識のもと，その投資が金融業ではリバプールとマンチェスターでの銀行設立に，重工業では冶金工業やワットの蒸気機関への融資に振り向けられ，また保険業はそれ自体の発展が奴隷や奴隷船への海上保険などに拠っていたことを明示した。

　ウィリアムズの議論を契機として，その賛否をめぐって「奴隷貿易利潤論争」が巻き起こった。池本幸三らによる丁寧な要約によれば，ウィリアムズ自身は奴隷貿易の利潤率を30〜300％と算定したが，その一方，別の研究者らは航海にかかる諸経費，奴隷の死亡率や保険料などを含めるとその平均利潤率はかなり下方修正され，10％程度になるとした。その結果，彼らはその利潤がイギリス経済活動や産業革命のための資本蓄積に与えた影響はきわめて小さかったと結論づける主張を提示したのである。[45]

　その後研究が進んだ現在では概ね，奴隷貿易の高率な超過利潤がイギリスの工業発展における決定的な要因であったとするウィリアムズの見解は，妥

44）ウィリアムズ，エリック（山本伸監訳）『資本主義と奴隷制』明石書店，2004年，153ページ。
45）池本幸三，布留川正博，下山晃，前掲書，272〜273ページ。

当性があるとは言えないと考えられるに至っている。

　しかし，「（奴隷貿易の）その利潤部分だけに限定するのはウィリアムズの議論をわいしょう化することになろう[46]」という考え方は，きわめて重要であると思われる。なぜなのか。ウィリアムズが「奴隷貿易は本国産業の歯車を回転させ続けた」と言う通り，これによる波及効果は大きく，海運業や造船業が栄え，新たな関連産業や雇用を生み，ただの漁村をにぎやかな都市へと変貌させ，植民地原産の原料を加工する新産業も誕生することになったからである[47]。

　と同時に，「英帝国とは所詮『アフリカ人を礎石として，その上に樹立された新世界貿易と海軍力からなる壮大な建造物』にすぎない」とウィリアムズが論断する時[48]，栄華を誇った大英帝国と大西洋貿易システムの歴史の「影」の部分が初めて前景化するからである。

　もちろん奴隷貿易は，ヨーロッパによるアフリカに対する一方的な完全支配のみをもとにして成立したわけではない。前出のポメランツが指摘するように，「対外奴隷貿易は，関係する［アフリカの］社会が，人間を一種の財産として所有することを認めておきながら，土地所有権は認めていなかったという事実を利用して成立した。そのため，人間を所有することが蓄財の方法のひとつ」であったことも，ヨーロッパ人が奴隷売買をおこなった背景にあったからである[49]。

　だからと言って，奴隷貿易が西洋近代文明史上の汚点であることには違いない。1807年のイギリス奴隷貿易廃止法が成立する約半世紀も前の1759年に上梓（じょうし）された『道徳感情論』の中で，アダム・スミスはこうはっきりと述べて，ヨーロッパ文明を相対化している。「運命の女神が，このような英雄の国（アフリカ）を，ヨーロッパの監獄の屑（くず）——しかも，身につけた軽率さや残忍性や卑（いや）しさゆえに，ものの見事に，敗者からの軽蔑にさらされること

---

46) 同上書，274ページ。
47) ウィリアムズ，エリック（川北稔訳）『コロンブスからカストロまで』I，岩波書店，2014年，228ページ。
48) 同上書，237ページ。
49) ポメランツ，ケネス（川北稔監訳）『大分岐』名古屋大学出版会，2015年，269ページ。

になる見下げた人間——の支配に委ねたときほど、人間に対して残酷な支配をしたことは、一度もなかった」、と。[50]

5. 貿易の歴史と現在（20世紀以降）

覇権国の移り変わり

19世紀以降、南北アメリカは一次産品供給国として、覇権国イギリスを頂点とする国際分業＝貿易システムに組み込まれた。だが、20世紀初頭になると、新たな覇権国が誕生した。アメリカ合衆国である。

かつてはイギリスの一植民地にすぎず、ヨーロッパから遠く離れた「辺鄙な大陸」にあるこの国は、19世紀半ばから急激な経済発展を遂げた。それにつれて中・南アメリカやカリブ海諸国は次第に、アメリカにおいて激増する工業品原料（鉱物資源）や熱帯産食料の国内需要を満たすための供給地に位置付けられるようになった。米西戦争（1898年）などを通じて南北アメリカ大陸からヨーロッパ勢力を追い出す一方、アメリカ企業はキューバ、ドミニカ共和国、プエルト・リコなどでサトウキビ栽培地を大規模化し、精製工場の機械化を進め、経済進出を促進した。

アメリカによる砂糖の大量生産の本格化は、20世紀前半においてもカリブ海では砂糖が「王様」であることを示した典型例である。前出のウィリアムズも「キューバで砂糖を王様にしたのは、他でもない米国系資本であった」と指摘する。[51] ウィリアムズによれば、1897〜1930年に投下された大規模なアメリカ資本によって、キューバでは極端な土地集中が生じ、巨人プランテーション群が出現することになる。加えて、アメリカ資本は鉄道敷設に注力した。多くのアメリカ系砂糖プランテーションは貨物用鉄道線路を備え、

50）スミス、アダム（高哲男訳）『道徳感情論』講談社、2013年、379ページ。

51）ウィリアムズ、エリック（川北稔訳）『コロンブスからカストロまで』II、岩波書店、2014年、255〜256ページ。

また自社用蒸気機関車，自社用埠頭や倉庫施設をも所有するに至った。この生産集中の過程で大工場も出現し，同国の砂糖生産・輸出をほぼ独占した。[52]

　カリブ海以外でも中央アメリカからコロンビアにかけて，アメリカ企業は巨大プランテーション農園を事業展開し，果実（バナナなど）栽培・輸出をおこない，また隣国メキシコやチリ，ベネズエラなどに対しては資源開発（鉱山や油田など）のために巨額の投資をおこなった。もってこれらの諸国は「北の巨人」の国への食料・原料供給地へと転換した。当該地域では19世紀後半から20世紀前半にかけて，これまでのイギリス中心からアメリカを頂点とする農工間分業へと貿易システムの編成替えがおこなわれた。

ウォーラーステインの世界システム論的視角

　このような編成替えを，いかように捉えるべきであろうか。さらに言えば，そもそも16世紀の「新大陸」発見以降，500年にわたる貿易システムの変遷や特徴や構造は，どのように把握すべきであろうか。そのための方法論として世界システム論的な分析視角を提示したのが，イマニュエル・ウォーラーステインであった。

　彼の言う「近代世界システム」とは，ひとつの国民国家の中で独立しておこなわれる経済に関する諸活動（国民経済）が国の数の分だけあって，それらの相互に分離した複数の国民経済が合わさった総体として世界経済が存在する，というものではない。それが意味するものは，複数の国家からなる単一の経済システム＝単一の社会的分業としての「資本主義世界経済」のことである。これによって，ウォーラーステインは「既存の標準的な分析の単位であった国民国家という分析単位から『世界システム』という分析単位への転換」を提唱した。[53]例えば，もしイギリス経済の現状やその発展の歴史を考察するとして，その際にイギリス「一国のみ」を分析対象の中心に据えるこ

52）同上書，238〜243ページ。

53）ウォーラーステイン，イマニュエル（山下範久訳）『入門・世界システム分析』藤原書店，2006年，53ページ。

とに対して，懐疑的な立場をとったのである。

　ウォーラーステインの唱える世界システムにとって，「システムが……どのように作動するのかを仔細に見ようとすると，経済過程にとって国家権力……が決定的に重要」となってくる[54]。そして，近代国家は完全に自律的な政治体ではないと断言する。なぜなら，いかなる主権を認められた国民国家も，あくまでもそれら諸国家群の国家間システムである「インターステイト・システム」のひとつの構成要素として形成されてきたからだという。では，インターステイト・システムとは，何か。それは，「諸国家がそれに沿って動かざるをえない一連のルール」のことである。また，このルールが始まった起源にさかのぼると，「それはまず，より強力な諸国が弱小国家に課す制約としてはじまり」，「しかるべき強国の意志と能力によって，強制され」，その結果，「すべての国家が単一の権力のハイアラキーのどこかに位置づけられ」た，と捉えたのである[55]（傍点，引用者）。近代の国民国家とは，あくまでも人為的に創られた制度にすぎず，それは自然発生的な所与のものでもない。そして，大事な点は，それが「国家間システム……の相互作用のなかで，形態，強さ，境界のいずれにおいても，絶えず変化している」ことである[56]。

　ウォーラーステインは，本章で扱ったイギリスやアメリカなどの覇権国を「ヘゲモニー国家」と呼び，他のいくつかの強国同士の国家の集まりの中でも圧倒的に強力な超大国をそう規定した。まさしく，「ワン・セットのルールを，インターステイト・システム全体に押しつけることができる」国家のことである[57]。では，その他のカリブ海地域の国々やアルゼンチンなどの南米諸国，そして「奴隷の地」となったアフリカ諸国などと，ヨーロッパの中心国やヘゲモニー国家とのインターステイト・システム内における関係につい

54）ウォーラーステイン，イマニュエル（川北稔訳）『史的システムとしての資本主義』新版，岩波書店，1997年，57ページ。
55）同上書，69〜70ページ。
56）ウォーラーステイン，イマニュエル（田中治男，伊豫谷登士翁，内藤俊雄訳）『世界経済の政治学』岩波書店，1991年，8ページ。
57）ウォーラーステイン，イマニュエル（川北稔訳）『近代世界システム』Ⅱ，岩波書店，2013年，xixページ。

ては，どのように理解すればよいのか。

〈中心－半周辺－周辺〉概念と「商品連鎖」

　それに関して，ウォーラーステインは，〈中核－半周辺－周辺〉という3層からなる関係の概念を使って説明している。この階層的な位置づけは，いかなる要因によるのか。以下，見ていこう。

　第1に，単一の社会的分業体制，すなわち「資本主義世界経済」における垂直的分業内の生産は，「中核的な産品と周辺的な産品とに分割」されるという前提がある。[58] 第2に，前述した「中核－周辺」概念の内容とは，「生産過程における利潤率の度合い」の差によって区分される。したがって，その関係は（独占に準ずるような支配的な）中核的な生産過程・経済諸活動と，（競争的な環境下で弱い立場に置かれる）周辺的な生産過程・経済諸活動から構成されることになる。第3に，「中心－周辺」は関係の概念であるために，時の経過とともに中核的な生産過程を担っていた国が半周辺に転落したり，逆に半周辺的な生産過程を担っていた国が中核へ上昇するなどの多様な動態を見せるが，あらゆる国や地域がすべて中核的な生産過程を担うようになったりはしない。

　さらに，ウォーラーステインは，この不均等な，中核的および周辺的なものから混合的に構成されている世界大の生産過程・経済的諸活動を結びつけるものは，国境を越えた「商品連鎖」である，と指摘した。この「商品連鎖」内部の諸工程において，利潤率がきわめて高く剰余価値の多くを吸収する工程を支配する経済諸活動こそ中核的であり，逆にそれらを支配しない経済諸活動が周辺的であるとしたのである。[59]

　では，「商品連鎖」とは何か。それは，「一つの最終消費品目を取り上げ，

58）ウォーラーステイン，イマニュエル，前掲書，2006年，78ページ。
59）アリギ，ジョバンニ，ドランゲル，ジェシカ「世界－経済の階層化――半周辺圏の探求」ウォーラーステイン，イマニュエル責任編集（山田鋭夫，原田太津男，尹春志訳）『世界システム論の方法』藤原書店，2002年，17ページ。

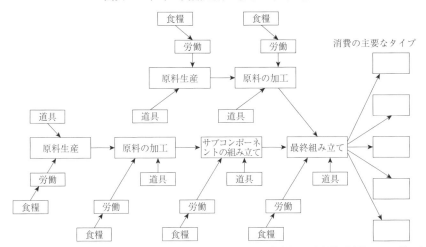

図表1-5（1）　商品連鎖の最も基本的な形態

（出所）ウォーラーステイン，イマニュエル責任編集（山田鋭夫，原田太津男，尹春志訳）『世界システム論の方法』藤原書店，2002年，143ページ。

この消費品目に要する一連のインプット——先行する諸加工作業，原材料，輸送メカニズム，素材加工過程への労働インプット，労働者への食糧のインプット」をたどった時の，「このリンクした一連の過程」のことを指す。どういうことか。**図表1-5（1）**と**図表1-5（2）**を簡単に見ていこう。

　図表1-5（1）は，無数にある複雑な分業の姿を捨象して，単純化した図である。ある「商品連鎖」の最も基本的な形態を示したものである。**図表1-5（2）**もかなり簡略化した図であるが，当該期の主要生産物で都市工業的な商品生産物（船舶）に関する「商品連鎖」の一例である。船舶を生産するにあたって，それに必要となる無数の複雑な諸工程を，後方連関的（製品を作るために必要となる素材を作る川上部門の方向）にさかのぼって，なるべく原材料にまで近づくように描写されている。

　これらの図（「商品連鎖」）に関して，以下の４点が主な考察ポイントとして挙げられている。第１に，各生産諸工程の結節点（フロー部分）に関して，である。移転される品目が何か，その移転様式はどうか（市場での取引か，非市場での移転か。例えば，単なる工場内・作業所内での移転か，それとも市場での売買を

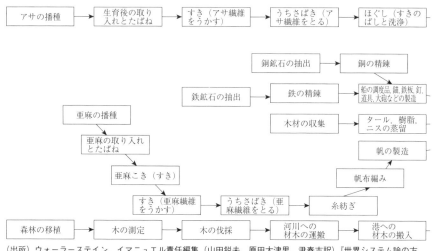

（出所）ウォーラーステイン，イマニュエル責任編集（山田鋭夫，原田太津男，尹春志訳）『世界システム論の方

介した移転か）という点。第2に，生産諸関係と労働力の性格に関して，である。もし賃労働の場合はその賃金率はどうか，逆に非賃金労働の場合はそれが家事労働か，奴隷労働か，その他の強制労働なのかという点。第3に，生産組織に関して，である。1つめは技術についてであり，そのエネルギー源が何か，機械化の程度と型はどうかという点。2つめは生産単位についてであり，それが工場・大作業場なのか小作業場なのか，また大農場なのか小作農地なのかという点。第4に，工程の立地に関して，である。それがどの地域・場所で生産されているのか，その地理上の立地とその地の政治的単位（主権国家か，それとも植民地かどうかなど）という点である。

　すべての国家内部では，中核的な諸工程と周辺的な諸工程の両方が混生的に様々におこなわれているだろう。だが，ジョバンニ・アリギらが指摘するように，「支配的に取り込む活動が中核的経済活動となる国家もあれば，周辺的経済活動となる国家もある。こうした違いによって，前者は中核国家となり，世界的蓄積と権力の座を占める傾向を持ち，後者は周辺国家として搾取」されるのである。[60]

商品連鎖の諸工程

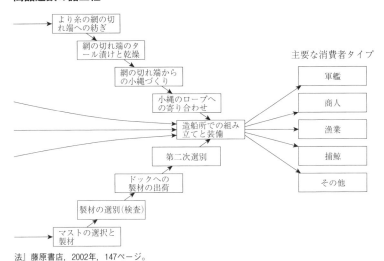

法』藤原書店，2002年，147ページ。

　こうして政治的な概念（＝上部構造）である「インターステイト・システム」と経済的な概念（＝下部構造）である「商品連鎖」をもとにして，ウォーラーステインらは次のような知見を導き出した。肝要な箇所であるため，長めに引用しておこう。

　「世界システム内の分業においては，それを構成している様々な地理的な領域が，特定の生産部門に特化されている。それらの特化した生産部門の性質は，時間の経過につれて変化するが，これらの生産部門が，同様の経済的な報酬を受けるわけではないということは，常に変わらない。世界経済における分業の相互補完性は，不平等を伴いながら進歩するのである。それゆえ世界システムは，生産諸部門の配置にしたがって差異化されていく一つの実体と見なされよう。そしてこの生産諸部門の配置を，限定つきのアナロジーによってではあるが，『階層化（stratification）』のシステムとして考えることができるであろう」，と（傍点，引用者）。[61]

60）同上書，17ページ。
61）ウォーラーステイン，イマニュエル編，前掲書，1991年，42〜43ページ。

上記の引用の通り，この世界システム論的視角の最も積極的な意義は，単純で単線的な発展史観，すなわち周辺地域は中核国家よりも段階的に発展が遅れているのだと捉え，中核の先進工業国のように勤勉に働き，頭脳を使えば，いずれ周辺国も同じような発展の道をたどって中核国家になるとする見方を相対化したことである。そして，中核国家は一国の努力によって発展を遂げ，一方，周辺地域はそうでないために「未開発」のまま発展できないという考え方も排除した。[62]

　もう一度，くり返そう。「中核と周辺」は一対の関係である。16世紀以降の近代世界システムのもとでは，一方の工業化や文明だけが進んでいて，もう一方ではそれが遅れているというわけではない。川北稔が述べるように，「両者の歴史は，セパレート・コースをたどってきたのではなく，単一のコースを押し合い，へし合いながら進んできたのであり，いまもそう」なのである。[63]したがって，「世界システム」の内部には常に階層性と不平等が構造化されている。

　コロンブスの「新大陸」発見以降，そこではコンキスタドーレスによる征服と略奪，奴隷貿易・奴隷労働，そして大規模プランテーション開発による一次産品経済化などが，歴史的に展開されてきた。かの地では，ヨーロッパなどの中核国家群との貿易・投資関係を通じて，「低開発」が猛烈に「開発」されてきたのである。

> 【次の課題を考えてみよう】
>
> 　本章では砂糖貿易にふれたが，コーヒー貿易の歴史についても自分で調べて考えてみよう。

---

62) ウォーラーステイン，イマニュエル（川北稔訳）『近代世界システム』IV，岩波書店，2013年，338〜339ページ（訳者解説より）。
63) 川北稔『世界システム論講義』筑摩書房，2016年，26ページ。

【参考・引用文献】

アリギ，ジョバンニ，ドランゲル，ジェシカ「世界-経済の階層化――半周辺圏の探求」ウォーラーステイン，イマニュエル責任編集（山田鋭夫，原田太津男，尹春志訳）『世界システム論の方法』藤原書店，2002年。

池本幸三，布留川正博，下山晃『近代世界と奴隷制』人文書院，1995年。

ウィリアムズ，エリック（山本伸監訳）『資本主義と奴隷制』明石書店，2004年。

――――（川北稔訳）『コロンブスからカストロまで』Ⅰ・Ⅱ，岩波書店，2014年。

ウォーラーステイン，イマニュエル（田中治男，伊豫谷登士翁，内藤俊雄訳）『世界経済の政治学』岩波書店，1991年。

――――（川北稔訳）『史的システムとしての資本主義』新版，岩波書店，1997年。

――――（山下範久訳）『入門・世界システム分析』藤原書店，2006年。

――――（川北稔訳）『近代世界システム』Ⅰ～Ⅳ，岩波書店，2013年。

宇佐見耕一，浜口伸明「一次産品輸出経済から輸入代替工業化へ」宇佐見，浜口ほか編『図説ラテンアメリカ経済』日本評論社，2009年。

オブライエン，パトリック・カール（秋田茂訳）「パクス・ブリタニカと国際秩序 1688-1914」松田武，秋田茂編『ヘゲモニー国家と世界システム』山川出版社，2002年。

川北稔『砂糖の世界史』岩波書店，1996年。

――――『世界システム論講義』筑摩書房，2016年。

木下悦二編『貿易論入門』新版，有斐閣，1979年。

クエバ，アグスティン（アジア・アフリカ研究所訳）『ラテンアメリカにおける資本主義の発展』大月書店，1981年。

国本伊代『概説ラテンアメリカ史』新評論，1992年。

クロスビー，アルフレッド（佐々木昭夫訳）『ヨーロッパ帝国主義の謎――エコロジーから見た10～20世紀』岩波書店，1998年。

コロンブス，クリストファー（林屋永吉訳）『コロンブス全航海の報告』岩波書店，2011年。

斉藤広志，中川文雄『ラテンアメリカ現代史』Ⅰ，山川出版社，1978年。

シェファー，マージョリー（栗原泉訳）『胡椒 暴虐の世界史』白水社，2014年。

スミス，アダム（山岡洋一訳）『国富論』下，日本経済新聞出版社，2007年。

――――（高哲男訳）『道徳感情論』講談社，2013年。

セーモ，エンリケ（原田金一郎監訳）『メキシコ資本主義史』大村書店。

高橋均，網野徹哉『ラテンアメリカ文明の興亡』中央公論社，1997年。

ツァラ，フレッド（竹田円訳）『スパイスの歴史』原書房，2014年。

デ・ラス・カサス，バルトロメ（染田秀藤訳）『インディアスの破壊についての簡潔な報告』改訂版，岩波書店，2013年。

トーマス，ビクター・バルマー（田中高ほか訳）『ラテンアメリカ経済史』名古屋大学出版会，2001年。

バーンスタイン，ウィリアム（鬼澤忍訳）『華麗なる交易』日本経済新聞出版社，2010年。

フェレール，アルド（松下洋訳）『アルゼンチン経済史』新世界社，1974年。

プラド，カイオ（山田睦男訳）『ブラジル経済史』新世界社，1972年。

フランク，アンドレ・グンダー（山下範久訳）『リオリエント』藤原書店，2000年。

ボー，ミシェル（筆宝康之，勝俣誠訳）『資本主義の世界史』藤原書店，1996年。

堀田善衛『キューバ紀行』集英社，1995年。

ポメランツ，ケネス（川北稔監訳）『大分岐』名古屋大学出版会，2015年。

ポメランツ，ケネス／トピック，スティーヴン（福田邦夫，吉田敦訳）『グローバル経済の誕生』筑摩書房，2013年。

牧野博「東インドにおける鉄道業の発展と近代的植民地の建設」入江節次郎編『世界経済史』ミネ

　ルヴァ書房，1997年。

町田実『国際貿易の諸問題』上巻，前野書店，1970年。

マディソン，アンガス（金森久雄監訳，［財］政治経済研究所訳）『世界経済の成長史1820〜1992年』
　東洋経済新報社，2000年。

マルクス，カール（岡崎次郎訳）『資本論』第1巻，大月書店，1972〜83年。

ミルトン，ジャイルズ（松浦伶訳）『スパイス戦争』朝日新聞社，2000年。

山田憲太郎『香料の歴史』紀伊國屋書店，1994年。

第 2 章

貿易の理論と課題

> 【あらすじ】
>
> 　現代の生活は，貿易との関わりなしには成り立たない。本章では，まず日本での日常的な経済生活，つまり「衣食住」が，外国からの輸入に大きく依存していることを確認し，貿易の利益について考える手がかりにしたい。
>
> 　次に，アダム・スミスやデイビッド・リカードウの自由貿易論，カール・マルクスやフリードリッヒ・リストによるそれらの解釈など，基本的な貿易理論を説明したうえで，近年の新しい貿易論も紹介する。
>
> 　そして最後に，一人でも多くの人々が利益を受けられる，損害を被らない貿易を考えるための足がかりとして，公正貿易（フェアトレード）や新しい保護主義について考察する。
>
> 【読者への問い】
>
> 　貿易の利益とは何か？　自由貿易の意味とは何か？　公正な貿易とは何か？　考えてみよう。

1．私たちの生活と貿易

　貿易は私たちの生活に欠かせない経済活動のひとつである。今日では，貿易なしに自給自足を営んでいる国は皆無と言え，貿易がなければ経済生活が成り立たない国も少なくない。ふだんの日常生活を思い浮かべてみても，その重要性は容易に確認できる。以下では，日本の「衣食住」と貿易との関係

について見てみよう（日本の貿易については第11章も参照のこと）。

衣食住を外国に依存する日本

　まず「衣」であるが，日本で流通している衣類は圧倒的に輸入品が多い。幅広い世代に人気の SPA（アパレル製造小売）の場合，GAP，H&M，ZARA などの外資系はもちろん，ユニクロのような日本ブランドでも取扱製品はほぼ外国製品である。日本における衣類の輸入浸透率は2021年で98.2％に達している[1]。また，Made in Japan の衣類でも，生地の原料となる綿花や羊毛，あるいはポリエステル（原油）は，ほぼ100％輸入に依存している。

　次に「食」であるが，第12章で詳述するように，日本の食料自給率（カロリーベース）は過去30年ほど約40％である（2021年度は38％）。つまり，約6割は外国産で，日本の食生活は輸入に支えられているのである。

　最後に「住」について，日本は国土面積の約3分の2が森林であるが，木材自給率は2021年で41.1％である[2]。ただし，これには様々な木材が含まれており，主に製紙原料となるパルプ・チップ用材の自給率は16.5％と低い一方で，建築用材である製材用材（49.1％）や合板用材（45.3％）は比較的に高い。近年では政府も国産材利用を促進しており，自給率は上昇中であるが，建築用材でも5割以上が輸入品である。なお，セメント原料である石灰石や粘土は，日本の自然資源としては例外的に自給率100％となっている。

　生活に欠かせないエネルギーの状況も確認しよう（第12章も参照）。2019年度の日本のエネルギー自給率は12.1％にすぎない[3]。2011年の福島第一原子

1）「21年の衣類国内供給量，輸入増え生産は減少　輸入浸透率は98.2％」『繊研新聞電子版』2022年6月10日。なお，輸入浸透率とは，「国内生産量＋輸入量−輸出量」（≒国内供給量）に占める輸入量の割合である。

2）木材自給率については，林野庁『令和3年木材需給表』2022年9月，を参照。

3）エネルギー自給率とは，一次エネルギーのうち国内で確保できる比率である。エネルギーは生産から最終的に消費されるまでに発電・転換あるいは輸送などで様々なロスが発生する。それらのロスも含めたすべての必要なエネルギーとして，「一次エネルギー供給」という概念が用いられる。そして最終的に消費者が使用するエネルギー量として，「最終エネルギー消費」という概念が用いられる。

力発電所（原発）の事故を契機に多くの原発が運転を停止しており，一次エネルギーに占める化石燃料の割合が90％近くに達している。日本でも天然ガスや原油はわずかに産出されるが，輸入依存度100％の石炭とともに，大量の化石燃料を輸入している。

輸入の利点

　今や日本の経済生活は輸入頼みであるが，過去をふり返ると，現在ほどではなかったこともわかる。例えば，衣類の輸入浸透率が50％を超えたのは1991年のことで，その頃までは国産品のほうが多く着用されており，繊維製品全般では純輸出国（輸入額＜輸出額）であった。食料自給率も1960年度は現在の2倍の79％であり，1985年度でも53％であった。木材自給率も1960年には89.2％と高かったが，2002年には18.8％まで落ち込んだ。

　つまり，現在の日本は大きく輸入に依存しているが，過去の実績を見ると，それが不可避だというわけではないようである。それではなぜ輸入がおこなわれるのか？　輸入の利点を整理してみよう。

　第1に，輸入によって，国内に存在しないモノ，あるいは不足しているモノを入手できることである。例えば，日本には化石燃料の賦存（ふそん）が乏しく，入手するためには輸入が不可欠となる。また，日本の輸入農産物の生産には，国内農地面積の2.1倍に相当する913万haの外国農地が使用されているので[4]，現在の食生活を維持するためには輸入を続けることが不可欠である。

　ただし，例えば化石燃料をエネルギー源として捉えれば，日本には太陽光，風力，水力，地熱などの再生可能エネルギーが豊富にある。主要国と比べてそれらの活用が遅れていることをふまえれば，日本にはまだ代替余地がある

4）農林水産省『知ってる？　日本の食料事情2022──日本の食料自給率・食料自給力と食料安全保障』2022年3月，3ページ。ここでの農産物とは穀物と油糧種子を指しており，穀物には小麦，とうもろこし，大豆，および畜産物（輸入畜産物の生産に必要な牧草・とうもろこし等の量を面積に換算したもの）が含まれている。913万ha（＝9.13万km²）とは，平野部が少ない日本の可住地面積（10.35万km²）にも匹敵する。なお，日本の東北地方と関東地方の面積を合計すると9.93万km²となる。

とも言える。また，国内農地をフル活用した際の食料の潜在生産能力を示す「食料自給力」という概念がある[5]。それによれば，現状に近い「米・小麦中心」の食生活を国産でまかなうことはできないが，今と異なる「いも類中心」の食生活ならば必要カロリー分を国内で生産可能と試算されている。

　以上から，輸入の利点は不足分を数量面で補うということだけではないことがわかる。その利点は第2に，少なくとも短期的には，輸入したほうが安上がりであることにほかならない。国内の再生可能エネルギーよりも輸入化石燃料のほうが安価であるし[6]，農業に適した平地が狭小な日本で食料を生産するよりも輸入したほうが安上がりなのである。衣類など人手がかかる労働集約的な製品も，日本が経済成長を遂げるにつれて人件費が上昇し，円高が進み，外国の安価な生産地からの輸入が拡大した。このように輸入には，国内需要を価格面から満たすことができるという利点もある。

　さらに第3に，輸入には国内需要を質的な面で満たしてくれる利点もある。外国製の差別化された製品の輸入はその事例である。例えば，日本国内でもバッグは生産されており，しかも輸入品より安価であったとしても，外国製の高級ブランド品が高い消費者満足を生むこともある。

　このように，輸入には国内需要を数量面，価格面，質的な面で満たしてくれる利点があると言える。

2．自由貿易の利益をめぐる理論

　2017年1月に米国の大統領に就任したドナルド・トランプ（当時）は，保護貿易主義を打ち出して，"Buy American, Hire American" を唱えた。トランプによれば，輸入は雇用を奪い，労働者の不利益になるという。確かに，

5）農林水産省のウェブサイトを参照（http://www.maff.go.jp/j/zyukyu/zikyu_ritu/012_1.html　2023年1月31日閲覧）。

6）もちろん，これは CO_2 の排出など外部費用を無視した価格の比較である。外部費用を価格に反映させるためには，炭素税などの導入が必要となる。

輸入が輸出を上回れば貿易赤字となり，赤字という響きに良いイメージはない。前節では輸入の利点を確認したが，その実態は「悪」なのであろうか？

アダム・スミスの自由貿易論

　トランプのような「輸出は善，輸入は悪」という考えは，16～18世紀の欧州における重商主義と似ている。重商主義は，豊かさの象徴である富とは貨幣（金銀）であると捉え，貿易をその獲得手段とみなした。輸出は金銀を稼いで富を増やし，輸入は支払いで富を喪失させる。そのため重商主義の基本政策は輸出奨励と輸入制限であった。貿易はゼロサムゲームと考えられた。

　18世紀末に重商主義を批判して「自由貿易の父」と言われたのがアダム・スミスである。スミスは，豊かさとはどれだけモノを消費できるかであって，貨幣そのものではないと主張した。主著の『国富論』（1776年）によれば，「どの国でも，その国の国民が年間に行う労働こそが，……国民が年間に消費するもののすべてを生み出す源泉である。消費する必需品と利便品はみな，国内の労働による直接の生産物か，そうした生産物を使って外国から購入したものである[7]」。つまり，豊かさの源泉は労働であり，金銀の蓄積よりも労働生産力の増大（労働生産性の向上）が重要であるとしたのである。

　スミスによれば，労働生産性の向上は分業（作業の分割と結合）の発達を通じて達成できるが，その可能性は市場の規模に左右される。市場が小さければ，生産量が増えても売れ残り（余り物＝無用物）が出るので，分業のインセンティブ自体が生まれにくい。対照的に，市場が充分に大きければ，分業の発達が期待できる。その点，貿易を通じた外国市場の拡大は，分業を進めるうえでの市場制約を打破してくれるのである。

　そのためスミスは自由貿易を提唱した。ここで自由貿易とは，貿易を奨励も制限もせず，自然の流れに任せることである。スミスによれば，「賢明な

7）スミス，アダム（山岡洋一訳）『国富論』上，日本経済新聞出版社，2007年，1ページ。

家長なら，買う方が安くつくものは自分の家で作らない」のが当然で，自ら
は多少でも優位な仕事に専念し，その稼ぎで必要なものを買うであろう。国
家もこれと同様で，国産品よりも外国製品が安ければ輸入すべきで，逆に国
産品が安ければ輸出することが，お互いの利益になるのである。[8]

リカードウの比較優位論

「輸出は善，輸入は悪」とする重商主義に対して，スミスは「安ければ輸
入すべき」と説いた。これは絶対優位論とも呼ばれている。それは感覚的に
当然とも思えるが，それでは安いモノを作れない国は永遠に輸入だけをする
のだろうか？　それこそ赤字が永遠に拡大するのではないか？

それに答えたのがデイビッド・リカードウである。リカードウは，比較優
位という概念を用いて輸出入を一体に捉えることで，国際分業の利益を提示
した。比較優位論を簡潔に言えば，「各国がそれぞれ相対的に有利な（生産性
の高い）財の生産に特化し，生産物を相互に交換（貿易）すれば，各国ともに
利益が得られる」というものである。利益が得られるとは，スミスと同様，
より多くのモノを入手（消費）できるということである。なお，リカードウ
は，産業革命を経て工業国へ躍進するイギリスにおいて，農業保護の穀物法
を撤廃して安価な穀物を輸入すべきと主張する立場であった。

リカードウは『経済学および課税の原理』（1817年）で次のようなモデルを
用いている。①イギリスとポルトガルの２国が，それぞれ毛織物とワイン

図表2-1　リカードウの２国２財１要素モデル

	労働力の配置		生産量	
	毛織物	ワイン	毛織物	ワイン
イギリス	100人	120人	1単位	1単位
ポルトガル	90人	80人	1単位	1単位

（出所）リカードウ（羽鳥卓也・吉澤芳樹訳）『経済学および課税の原理』上巻，岩波書店，
1987年，191ページの数値より作成。

8）スミス，アダム（山岡洋一訳）『国富論』下，日本経済新聞出版社，2007年，32〜33ページ。

の2財を，労働だけを用いて生産している。②投下労働価値説[9]に基づき，国内では労働が等価交換されるが，国際間では適用されない（不等価交換）。③国内の労働移動は自由であるが，国際間では移動できない。④2国とも完全雇用で，業種間の生産転換も容易である，⑤規模に対して収穫不変，等々。これらをふまえたうえで，**図表2-1**のリカードウ・モデルを見ていこう。

図表中の人数は，各財1単位の生産に必要な労働力である。例えば，毛織物1単位を生産するのにイギリスでは100人，ポルトガルでは90人の労働力が必要ということである。ワイン1単位の生産には，イギリスで120人，ポルトガルで80人が必要である。つまり，2財ともポルトガルのほうが少ない労働力で同じ1単位を生産できるので，どちらもポルトガルの生産性が高くなっている。つまり2財ともポルトガルが絶対優位にある。

比較優位論のポイントは，2国とも相対的に優位な財＝比較優位財に生産を特化し，交換することで，お互いに利益が得られるということである。ここでは2財ともポルトガルが絶対優位にあるが，優位さの度合い（生産性の格差）は2財で異なっている。ワインのほうが毛織物よりも優位度が大きく，逆にイギリスから見れば毛織物の劣位度が小さい。この場合，ポルトガルはワインに，イギリスは毛織物に比較優位があることになる。

図表2-2は，2国が比較優位に沿って生産を特化した後の新たな労働力の配置と生産量である。イギリスではもともと100人で1単位の毛織物を生産できるので，220人では2.2単位を生産できる。同様に，ポルトガルではワ

図表2-2　比較優位財に特化後の労働力の配置と生産量

	労働力の配置		生産量	
	毛織物	ワイン	毛織物	ワイン
イギリス	220人	0人	$\dfrac{220人}{100人}=2.2$単位	0単位
ポルトガル	0人	170人	0単位	$\dfrac{170人}{80人}=2.125$単位

9）商品の価値はその生産に支出された労働量によって決定されるという説。

イン2.125単位を生産できる。その結果，特化前と比べて両国の生産量の合計は，毛織物が0.2単位分，ワインが0.125単位分，増大している。もし毛織物１単位とワイン１単位を交換すれば，イギリスはもともと120人で生産していたワイン１単位を，いまや100人で生産した毛織物１単位で入手できる。つまり，ワイン１単位を入手するのに20人の労働力を節約できる。同じくポルトガルは，毛織物１単位の入手で10人の労働力を節約できる。

このように比較優位論によれば，国際分業を通じて両国の総生産量が増大し，絶対優位をもたない国でも，貿易から利益を得られるのである。

交易条件と国際的な利益配分

それでは，貿易は常にプラスサムゲームなのだろうか？　ここまでに比較優位論が説明したのは，国際分業で総生産量が増大するということである。現実の貿易の利益配分には，交換比率（交易条件）が重要となってくる。

図表2-3は，２国それぞれの国内における２財の交換比率を示している（比較を容易にするため，通分した値を示している）。イギリスでは，ワイン１単位と毛織物$\frac{54}{45}$単位がいずれも120人の労働力を要するので等価であり，ポルトガルではワイン１単位と毛織物$\frac{40}{45}$単位が等価（80人の労働力）である。ここで貿易が発生し，イギリスの毛織物$\frac{40}{45}$単位とポルトガルのワイン１単位が交換されたと仮定する。その場合，イギリスはもともと国内でワイン１単位を取得するのに$\frac{54}{45}$単位の毛織物を必要としたが，今や貿易を通じて$\frac{40}{45}$単位で済むので，毛織物$\frac{14}{45}$単位を節約できる。他方で，ポルトガルがワイン１単位と交換できる毛織物は貿易前と変化なく，ともに$\frac{40}{45}$単位である。つ

図表2-3　リカードウ・モデルにおける各国内の交換比率

	労働力の配置		各国内の交換比率
	毛織物	ワイン	毛織物：ワイン
イギリス	100人	120人	$\frac{54}{45}\left(=\frac{120}{100}\right):1$
ポルトガル	90人	80人	$\frac{40}{45}\left(=\frac{80}{90}\right):1$

まり，この交換比率では貿易の利益はイギリスに集中し，ポルトガルには発生しないことになる。

対照的に，イギリスの毛織物$\frac{54}{45}$単位とポルトガルのワイン1単位が交換された場合，貿易の利益はすべてポルトガルに集中する。両国ともに利益を得るには，ワイン1単位と交換される毛織物の量をPとすると，$\frac{40}{45}<P<\frac{54}{45}$という交易条件が必要となる。つまり，2国の国内交換比率を上下限とする範囲にPが収まれば，双方に多少なりとも利益が生じるのである。利益配分は交易条件に大きく左右されることに注意が必要である。

不等価交換は不当か？

比較優位論は簡単な数値で国際分業の利益を説明してくれるが，現実の貿易では絶対的に安価な製品が競争力で勝るイメージはないだろうか？　現実の世界では本当に比較優位財が貿易されているのだろうか？

リカードウは，国内では労働が等価交換されるが，国際間では不等価交換（不等労働量交換）がおこなわれると仮定していた。実際に，リカードウが想定したのはイギリスの毛織物1単位（100人の労働力）とポルトガルのワイン1単位（80人の労働力）の交換であり，イギリスの労働力が安く評価されている。このような不等価交換は国内では発生しえないが（不当な交換になる！），国際間では2国とも多くのモノを入手できるので（使用価値の増大），利益を得られたと考えられている。

しかし，なぜ不等価交換が発生するのか？　カール・マルクスはその根拠を，国ごとの労働の国民的強度や国民的生産性の差異に求めている。労働の

図表2-4　労働の質を反映した実質的な労働量

	リカードウのモデル		労働の質を反映した数値*	
	毛織物	ワイン	毛織物	ワイン
イギリス	100人	120人	80人	96人
ポルトガル	90人	80人	90人	80人

（注）＊は，リカードウ・モデルのイギリスの労働力配置に0.8を乗じたものである。
　　　つまり，国際的に標準的な労働者がイギリスで生産する際に必要な労働量である。

強度とは，一定時間内におこなえる労働の密度である。国ごとに平均的な労働者が同じ時間内に生産できる価値量が異なり，労働の強度が大きな国の労働者はより多くの価値を生むので，より多くの貨幣に値する[10]。そのため，国際間では不等価交換が発生するのである（国際価値論）。言い換えれば，国際間では量的に不等労働量交換がおこなわれていても，質的に労働の強度や生産性が異なるため，等価とみなされるのである。

　リカードウにおけるイギリスの100人とポルトガルの80人の交換について言えば，イギリスの労働力は質的に劣位にあることになる。少なくとも国際間ではそう評価される。ポルトガルの労働の質を１人前とすれば，イギリスのそれは0.8人前にすぎない。こう考えると，実質的な労働量は**図表2-4**のように修正できる。明らかなように，両国とも輸出財は，相手国より少ない労働力で生産できる財，すなわち絶対優位財に見える。

　これをイギリスに当てはめると，労働生産性が低いぶんだけ労働力が安く評価されることで，国際競争力が高まり，輸出が可能となる。反対にポルトガルでは，毛織物についても生産性は高いが，イギリスの安価な労働力によって国際競争力を発揮できないと捉えることができる。

比較優位の決定要因──ヘクシャー・オリーンの定理

　リカードウの比較優位論は，労働を唯一の生産要素として，簡潔なモデルで国際分業の利益を説明した。しかし，現実には土地，自然資源，資本など多様な生産要素が存在し，それを念頭に置いた比較優位論も展開された。

　ヘクシャー＝オリーンの定理は，複数の生産要素を念頭に置き，各国における各生産要素の相対的稀少性の違いと，各財の生産における要素集約度の違いに着目した。つまり，労働，土地，資本などの生産要素は国ごとに賦存量が異なり，豊富な生産要素は相対的に安価となる。また，何を生産する

10）マルクス，カール（大内兵衛・細川嘉六監訳）『資本論』第１巻，『マルクス＝エンゲルス全集』
　　第23巻b，大月書店，1965年，728ページ。

かによって，必要な生産要素の構成比も異なってくる。そのため，「各国は自国で相対的に豊富な（安価な）生産要素を集約的に使用する財に比較優位をもつ」という命題が導かれたのである[11]。

　例えば，相対的に資本の豊富なＡ国と労働の豊富なＢ国があり，どちらも資本集約的な自動車と労働集約的な衣服の２財を生産しているとする。この場合，Ａ国は自動車，Ｂ国は衣服に比較優位があるので，自由貿易がおこなわれればＡ国は自動車を輸出し，衣服を輸入することになるのである。

　ところが，貿易がおこなわれるにつれて，各国の要素価格（生産要素の価格）に変化が生じてくる。Ａ国では資本集約的な自動車の生産拡大によって，もともと豊富であった資本に対する需要が相対的に増大し，稀少性が高まっていく。他方で，衣服の輸入増大と生産縮小によって，もともと稀少であった労働に対する需要は相対的に減少し，稀少性が緩和される。反対にＢ国では，労働の稀少性が高まり資本の稀少性は緩和されるので，結果として要素価格が国際的に均等化する傾向となる。つまり，貿易で移動するのは財であるが，その財に投入された生産要素を貿易したのと同じ効果が生じるのである。

生産力発展の理論と保護貿易論

　ところで，比較優位論はある一時点の真理にもとづいた議論だと批判されることがある。つまり，現実の世界では比較優位は変化しうるし，有望産業の育成によって交易条件を改善しうるという批判である。にもかかわらず，ある一時点の比較優位にもとづいて生産が特化されれば，その国際分業が固定化されてしまう可能性が高い。以下では，時代を少しさかのぼり，19世紀の後発国ドイツに生まれたフリードリッヒ・リストの保護貿易論を見てみよう。

11）HO 定理とも言う。なお，これが成り立つためにも，各国の生産技術が同水準，各財の要素集約度が異なる，生産要素は国内で自由に移動できるが，国際間では移動できない，そして規模に関して収穫不変など，多くの前提条件がある。

リストとスミスは，保護貿易と自由貿易で対照的な立場にあったが，実は生産力を重視した点で共通性があった。ただし，生産力を高めるためにスミスが自由貿易を説いたのに対して，リストは保護貿易の有用性を主張したのであった。リストによれば[12]，人間社会は全人類を視野に置く世界主義的観点と，個々の国民的利益や国民的状態を顧慮（こりょ）する政治的観点という2つの観点から捉えられる。前者の研究は「世界経済学」であり，全人類の均等的発展と永久平和にもとづく単一社会（世界共和国）の形成を目標とする。後者は「国民経済学」であり，個々の国家が直面する世界状勢と自国に特有な事情とのもとで，どうすれば自らの経済状態を維持・改善できるかを考える。

　リストによれば，スミスはいまだ存在しない世界共和国を前提として，自由貿易を提唱している。イギリスのような経済大国では，世界経済学の原理が国民経済の利益と一致し，自由貿易の恩恵は大きくなる。しかし，多くの国々にとってはそうではない。自由貿易がもたらすのは平和な世界共和国ではなく，経済大国への後進諸国の世界的隷属（れいぞく）であると，リストは主張した。

　自由貿易から利益を得るためには，まず自国の生産力を強化する必要がある。そのためにリストは，教育や技術開発支援などのほか，保護関税も有効な手段であると主張した。これは，短期的な貿易の利益よりも長期的な成長の利益こそが，国家（国民）の繁栄につながるという考えにもとづいている。つまり，保護関税は短期的に国民の負担増になるが，それは長期的な生産力の発展により補償（ほしょう）されるのである[13]。そのため，将来性を見込めない産業は保護対象になりえないし，すべての後発国で保護貿易が有効なわけでもない。あくまで対象は幼稚産業であり，保護されている間に技術習得や資本蓄積を進め，将来的に競争力をもつ可能性がある産業に限られるのである。

　スミスの調和的な世界観は，格差がまだ小さい産業発展の初期段階という時代を反映していた。それがリストの時代には，労働の国民的強度や生産性の格差が顕著となり，不等価交換が支配的になっていた。今日でも，リスト

12）リスト，フリードリッヒ（小林昇訳）『経済学の国民的体系』岩波書店，1970年，186ページ。
13）同上書，207〜209ページ。

が「遠い将来」と言った均等的発展と永久平和の世界が実現したわけではなく，それどころか当時以上に格差が開いている。世界一の経済大国さえも内向きになっている今日，世界経済学の原理と国民経済の利益が一致する国はむしろ減少しているのかもしれない。

3．貿易理論の新たな展開と貿易の課題

　前節では，スミス以来の貿易の利益をめぐる議論を見てきた。自由貿易の基礎理論である比較優位論では，貿易の発生要因を各国の労働生産性や生産要素賦存量の違い，つまり技術や資源の違いに求め，国際分業による特化の利益を説明したのであった。

　ところが戦後の高成長期になると，世界貿易の大部分が先進国間における同一産業内の貿易，すなわち産業内貿易となり[14)]，各国の違いを貿易の源泉とする比較優位論だけでは現実の貿易を説明しきれなくなった。

　また，Win-Win の関係を生み出すと言われた自由貿易への心理的抵抗は，グローバリゼーションが進展した今日でも根強いものがある。「一般的に労働者や市民は，国内企業との競争に負けて職を失うのは我慢できても，外国との競争のせいで失業するのは許せない[15)]」と指摘されるが，貿易はある種のナショナリズム的な感情を刺激しやすい側面もある。

　以下，本節では新しい貿易理論の他，自由貿易に対するアンチテーゼとしての保護貿易と公正貿易について紹介していく。

---

14) 簡単な例を挙げると，農産物と工業製品との貿易は，異なる産業の産品を取引する産業間貿易である。これは伝統的な国際分業の形態である。他方で，同一産業部門での貿易を産業内貿易と呼んでいる。
15) バグワティ，ジャグディシュ（鈴木主税・桃井緑美子訳）『グローバリゼーションを擁護する』日本経済新聞社，2005年，356〜357ページ。

貿易理論の発展──新しい貿易理論

　比較優位論は各国の違いに着目するが，産業内貿易を充分に説明できない。そこでポール・クルーグマンらは，比較優位の他に，収穫逓増（規模の経済）が貿易の源泉だと考え，新貿易理論を構築していった。[16]

　新貿易理論では，比較優位論と対照的に，技術や資源が同じという前提のもとで貿易の発生について考察する。つまり，各国の生産性は同じで，生産要素は労働のみというモデルであるが，そこで鍵となるのが規模の経済である。規模の経済を生み出す要因は主に２つ考えられる。

　１つは独占的競争であり，企業レベルでの規模の経済である。企業（工場）規模の拡大によって生産量が増大し，単価が下がれば，その製品は差別化され，独占的優位に立つことができる。つまり，外国企業よりも規模の経済を発揮できれば，輸出が可能になるわけである。とは言え，外国企業も価格で競争できなければ，市場から退出しないかぎり別の製品差別化を試みることになるので，独占のもとで競争がなくなるわけではない。

　もう１つは，産業レベルの企業集積（クラスター）による規模の経済である。[17]専門特化した供給業者が特定地域に集積し，関連した労働市場が形成され，知識の波及効果などが促進される。これらの外部経済効果を求めて，同一産業内の企業が集積し，さらに規模の経済が発揮される。ある特定地域にクラスターが形成される要因は，比較優位，市場規模，歴史的条件などが考えられるが，政策などによって形成することも可能となる。

　これらの規模の経済が発揮されれば，貿易の発生とその利益を説明できる。また，技術や資源の似通った国同士が産業内貿易をおこなっている現実も説明できる。貿易の利益としては，規模の経済に伴う国際的な生産性の上昇，それに伴う価格の低下，消費の幅の広がり（差別化による多様な製品の登場）な

16）規模の経済とは，生産規模が拡大すると産出量がそれ以上に増大することである。新貿易理論の登場は，1970年代に経済学が，完全競争と収穫不変を前提とする伝統的なものから，不完全競争と収穫逓増という前提に移ったことが背景にある。

17）詳しくは，クルーグマン，P.R.ほか（山形浩生・盛岡桜訳）『クルーグマン国際経済学　理論と政策　上　貿易編』丸善出版，2017年，162～176ページを参照のこと。

どが期待できるのである。

さらに近年では，新々貿易理論と呼ばれる考えも登場している。これは，同じ国の同一産業に属する企業でも，すべての企業が同じ行動（例えば輸出）をとるわけではない点に着目する。いわば，貿易の発生要因を企業の違いに求めるもので，生産性の高い企業のみが輸出に取り組むというものである（メリッツ・モデル）。貿易を国家間の問題として捉えてきた従来のアプローチからの大きな転換である。現実の世界では，輸出には固定費が必要となり，それをまかなえるのは生産性の高い企業のみである。生産性の低い企業は，生産の縮小や市場からの退出が見込まれ，結果として，生産要素が生産性の高い企業に再配分され，産業全体の生産性も改善されることになる。

以上のように，新しい貿易論では今日的な産業内貿易の発生要因を，規模の経済や製品差別化，さらには個別企業の生産性の違いなどに求めている。そこから生まれる貿易の利益は，生産性の向上や多様な製品の供給である。

公正な貿易（フェアトレード）

本章第1節で見たように，現在の日本での生活は，貿易なしには成り立たない状況である。輸入品に大きく依存した日本での，食生活をはじめとする日常生活の水準は，世界でも有数なハイレベルにある。日本は全般的に言えば，物質的に貿易の恩恵を限りなく受けているように思われる。

しかし世界を見渡せば，先進国と発展途上国とを問わず，自由貿易が生み出す問題やそれに対する警戒，反発が後を絶たないのも現実である。私たちが貿易の利益を享受する反面，搾取されるばかりの人々がいたり，環境破壊が進んでいたり，貿易の恩恵にあずかれないどころか弊害を被る人々，地域も少なくない。「この世界でもっともフェアでない物事の1つは貿易システム[18]」と言われるほどである。公正さは何事にも求められるべきであるが，貿

---

18) ブラウン，マイケル・バラット（青山薫・市橋秀夫訳）『フェア・トレード——公正なる貿易を求めて』新評論，1998年，5ページ。

易が一国では成り立たないことをふまえれば，なおさらそこでは公正さが求められなければならない。それでは，公正な貿易とは何であろうか？

　公正な貿易とは，輸出側と輸入側の平等な関係にもとづく貿易である。ただし，平等な関係と言っても，これまで大きく分けて2つのフェアの意味があった。1つは，輸出側と輸入側の共通の条件という意味での公正貿易であり，その言葉の起源は19世紀末のイギリスまでさかのぼる。当時のイギリスは世界一の工業力を背景に自由貿易を掲げていたが，保護主義的な後発国である米国やドイツの急速な追い上げにあっていた。外国製品の氾濫や失業の蔓延によって，お互いに同等の待遇を与え合うべきという相互主義が台頭した。1881年には，保護主義を非難し，ドイツ製品などへの関税導入を求める公正貿易連盟が誕生した。また1980年代中頃には，やはり世界一の経済大国である米国が，日本や韓国，台湾などに公正貿易を要求した。米国は，これら東アジアの経済が国内市場を保護する一方で米国へ巨額の輸出をするのはアンフェアだと非難し，市場開放を迫ったのである。

　もう1つのフェアは，いわゆるフェアトレード（Fair trade）と呼ばれるもので，生産者に対する正当な報酬の支払いという公正さにもとづく貿易である。貿易によって様々なものを安価に入手できる人々がいる一方で，その生産者は過酷な労働環境で働き，充分な報酬も得られず，衣食住に事欠くことさえある。時には児童労働による製品が取引されることもある。このような貿易はフェアとは言えず，アンフェアであるというのが，フェアトレードの基本的考え方である。

　多くの輸入品によって私たちの豊かな日常生活は成り立っているが，それらは消費されるまでの間に，無数の人々の手に媒介されている。グローバリゼーションが進むにつれ，ある製品が原料から生産され，輸送され，販売されるまでのプロセス，つまりサプライチェーンが複雑化し，正確な製品情報を把握することが困難になっている。しかし消費者は，最終消費者も中間消費者も，貿易を介して見えない生産者や中間業者と結びついており，購買活動を通じて，そこでの経済行為に対して責任の一端を負っているのである。

求められる「責任ある企業行動」

　現実の貿易の多くを担う民間企業の場合，サプライチェーンについて，知らないでは済まされないことがルール化されてきた。今や企業の社会的責任（CSR：Corporate Social Responsibility）は，コンプライアンス（法令や倫理基準）を守り，ボランティア的にフィランソロフィー（社会貢献活動）に取り組むだけでは不充分である。デュー・ディリジェンス（当然の努力義務）と呼ばれるが，企業は自らのビジネス活動によって発生する負の影響（外部不経済）を緩和・防止するため，川上も川下もサプライチェーン全般におけるリスクに対応しなければならないのである。

　デュー・ディリジェンスが法制化されている例を挙げると，米国では2010年7月に金融規制改革法（ドッド・フランク法）の第1502条，通称「紛争鉱物開示条項」が成立し，上場企業に対してスズ，タンタル，タングステン，金の4種類の鉱物（3TG）の使用状況の報告と開示義務を課すことになった。その目的は，アフリカなどの紛争地域で採掘され，武装勢力の資金源となっている紛争鉱物を，流通させないことである。これには上場各社の取引先まで関係してくるので，世界中の企業が対応を迫られることになった。なお，2021年1月より欧州連合（EU：European Union）でも紛争鉱物規則が全面適用され，3TGの輸入にデュー・ディリジェンスが義務化された。

　また，英国では2015年3月に「現代奴隷法（Modern Slavery Act 2015）」が制定された。これは，英国でビジネスをおこなう企業のうち世界売上高が3600万ポンドを超える企業に対して，年に一度「奴隷と人身取引に関する声明」の公開を課している。自社の事業活動とサプライチェーン上で強制労働や人身取引がおこなわれていないかだけではなく，そのリスクの有無や社員研修の状況まで盛り込まなければならない。英国に続き，2017年3月にはフランス，2019年1月にはオーストラリア，2022年7月にはノルウェーで同様の法律が施行され，他の国々でも施行への手続きが進んでいる。日本でも2022年9月に「責任あるサプライチェーンにおける人権尊重のためのガイドライン」が発表され，遅ればせながらも動き出しはじめている。

新しい保護主義の時代

　貿易には様々な利点があり，だからこそ日々活発な取引が世界中で営まれている。しかし，そこには多くの課題が残されていることも忘れてはならない。本来的には，貿易は少しでも多くの利益のためではなく，一人でも多くの人々の利益のためにおこなわれるべきである。ジャグディシュ・バグワティは，「貿易は往々にして調整支援がととのわないまま自由化されるため，そこに経済的，政治的なリスクが発生する[19]」と指摘する。効率性の重視に比べてバランスを欠いている公平性の保証が，自由貿易の弊害を増幅している現状がある。勝者の利益が敗者の被害額を上回れば，全体としての利益はプラスになるかもしれないが，敗者の被害は実際に補償される必要がある。そのような補償は，国内では財政を通じて実施されることになるが，今日ではその財源確保も困難になっている。各国は勝者になるために「優れた企業」の誘致をねらって法人税等の引き下げ競争をおこない，「優れた企業」はグローバルなネットワークやタックス・ヘイブンを駆使して租税回避に努めている。国際的な補償体制の確立など夢のまた夢である。

　かつてティム・ラングは「新しい保護主義」という概念を提示した[20]。それは３つの「Ｅ」で示されるが，環境（environment），経済（economy），公平（equity）を守ることである。自由貿易は環境を破壊し，多くの経済が構造的失業や債務，規制緩和によって損害を与えられ，世界的な（各国内および各国間）公平性が低下している。「自由」という言葉の響きは心地がよいかもしれないが，これらの本来優先すべき課題に取り組み，持続可能な世界を構築するためには，制限や保護も大切なのかもしれない。

---

19) バグワティ，ジャグディシュ（鈴木主税・桃井緑美子訳）『グローバリゼーションを擁護する』日本経済新聞社，2005年，357ページ。
20) ラング，ティム／ハインズ，コリン（三輪昌男訳）『自由貿易神話への挑戦』家の光協会，1995年，233ページ。

【次の課題を考えてみよう】

1）　貿易の利益と留意点を整理し，現在の貿易の状況に100点満点で点数
　　を付けてみよう。
2）　その得点を改善するためには何が必要か考えてみよう。

【参考・引用文献】
クルーグマン，P.R.／オブストフェルド，M.／メリッツ，M.J.（山形浩生，盛岡桜訳）『クルーグマ
　ン国際経済学　理論と政策』上，丸善出版，2017年。
小林尚朗「現代のアンフェアトレードの非継続性について」長坂寿久編著『フェアトレードビジネ
　スモデルの新たな展開──SDGs時代に向けて』明石書店，2018年。
スミス，アダム（山岡洋一訳）『国富論』上下，日本経済新聞出版社，2007年。
高橋信弘『国際経済学入門』改訂第2版，ナカニシヤ出版，2015年。
バグワティ，ジャグディシュ（鈴木主税，桃井緑美子訳）『グローバリゼーションを擁護する』日本
　経済新聞社，2005年。
服部正治『自由と保護──イギリス通商政策論史』増補改訂版，ナカニシヤ出版，2002年。
福田邦夫，小林尚朗『グローバリゼーションと国際貿易』大月書店，2006年。
福田邦夫監修，小林尚朗，吉田敦，森元晶文編著『世界経済の解剖学』法律文化社，2014年。
ブラウン，マイケル・バラット（青山薫，市橋秀夫訳）『フェア・トレード──公正なる貿易を求め
　て』新評論，1998年。
マルクス，カール（大内兵衛，細川嘉六監訳）『資本論』第1巻，『マルクス＝エンゲルス全集』第
　23巻b，大月書店，1965年。
ラング，ティム／ハインズ，コリン（三輪昌男訳）『自由貿易神話への挑戦』家の光協会，1995年。
リカードウ（羽鳥卓也，吉澤芳樹訳）『経済学および課税の原理』上，岩波書店，1987年。
リスト，フリードリッヒ（小林昇訳）『経済学の国民的体系』岩波書店，1970年。

第 3 章

貿易の政策

【あらすじ】

　貿易政策と聞いて，何を思い浮かべるだろうか？　本章では，まず貿易政策の主体と目的，そして政策を決定・実施する際の制約要因などを概観することによって，貿易政策とは何かを理解することから始める。

　次に，グローバリゼーションが進展する中で重要性を増している多角的貿易システムおよび国際協定について，歴史的経緯や現状を学び，その意義と課題を理解する。

　そして最後に，貿易政策の具体的な手段として，様々なタイプの関税政策を理解することを通じて，自由・無差別を原則とする今日の自由貿易体制下での政策運営を理解する。

【読者への問い】

　国際的経済関係が重要性を増す現代において，自由貿易や国際ルールと自国の利益とが両立可能なのか，考えてみよう。

1．貿易政策とは何か

　貿易政策とは何であろうか？　文字通りに解釈すれば，貿易取引に対して施される政策，つまり，輸出や輸入を規制（制限）あるいは奨励（促進）する諸方策ということになる。

　ただし，グローバリゼーションが進展した今日，貿易政策の対象範囲は，単なるモノの貿易に限られなくなっている。ここでグローバリゼーションと

は，モノ，カネ，人，情報，技術などが国境を越えて動きまわり，世界の相互依存関係が強まることを指しているが，それに伴い貿易政策の対象範囲も著しく広がっているのである。

　具体的には，モノの貿易に加え，サービス貿易，直接投資（企業の海外進出），知的財産権（著作権，意匠権，特許権など），対外援助，そして労働や環境に関連する政策など，今や国際経済活動に影響を与える一切の諸方策が，広義の貿易政策に含まれてくる。

貿易政策の主体

　今日では世界の多くの国々で，自由な経済活動（自由市場経済）が認められており，貿易その他の国際経済活動も，民間の企業や個人を中心に活発におこなわれている。ただし，自由と言えども，無秩序な自由放任状態を意味するわけではなく，一連の規制やルールのもとに置かれている。そこに現れるのが貿易政策であり，それを決定・実施する主体は，国家や地域の政権を担う政府である。

　貿易その他の国際経済活動の主要な担い手は民間部門であるが，その影響は直接・間接に広範囲に及ぶので，利害調整や円滑な取引を促すためのルール作りに関して，政府が役目を負うことになる。また，貿易その他の国際経済活動は国境を越えて展開されるので，二国間または多数国間での国際協定にもとづく規制やルールも少なくない。それらを交渉・締結する主体も政府である。法治国家における政策は，基本的にその国の法体系に反映されるが，現在の日本では**図表3-1**のような各種法令によって貿易が管理されている。

　なお，詳しくは後述するが，グローバリゼーションの進展に伴う国際経済活動の活発化は，世界的な共通ルール（グローバル・スタンダード）の拡充を要請・促進することになる。その理由は第1に，多国籍企業など世界各地で活動する経済主体にとっては，ルールがどこでも共通化されているほうが効率的で好都合なためである。第2に，とりわけ環境問題や自然保護，安全保障などの分野で世界規模の課題に取り組むためには，「抜け穴」のない多

図表3-1　日本の貿易管理制度について

輸出入に関連する基本法	・外国為替及び外国貿易法（外為法）：外国貿易の最も基本的な法律。 　＊個別の具体的な管理・手続きの方法は政省令などで規定 　　　→輸出貿易管理令，輸出貿易管理規則，輸入貿易管理令，輸入貿易管理規則，輸入公表（告示），外国為替令，貿易関係貿易外取引等に関する省令，など ・輸出入取引法：「外国貿易の健全な発展」のため，不公正な輸出入取引を禁止している。 　　　→知的財産権を侵害する貨物や，虚偽の原産地表示をした貨物，など
通関に関連する基本法	・関税法：関税の確定や納付，適正な税関手続きを図る。輸出入禁制品も定めている。 ・関税定率法：税率，関税価格の計算，減免税など，関税の具体的な内容を規定。 ・関税暫定措置法：暫定的特例を定め，経済事情などに応じて頻繁に改正される。
その他の輸出入管理令	・植物防疫法，家畜伝染病予防法，火薬取締法，医薬品医療機器等法，食品衛生法，など。
国際条約・協定	・世界貿易機関（WTO）協定，国際通貨基金（IMF）協定，ワシントン条約，など。

（出所）ジェトロ『ジェトロ貿易ハンドブック2022』日本貿易振興機構，2022年。
（注）戦後日本では1949年に「外国為替及び外国貿易管理法」（旧外為法）が制定され，1980年には大幅改正された（新外為法へ）。その結果，対外取引は「原則禁止・例外自由」から「原則自由・有事規制」へと自由化された。1998年にも大幅改正され，名称も「管理」が削除されて，「外国為替及び外国貿易法（外為法）」になった。その後も国際情勢の変化などに応じて改正が加えられている。

国間ルールの整備が不可欠となるためである。これらの理由から多様な国際協定が締結されてきたが，結果として貿易政策の主体である各政府にとっては約束事が増大し，自由度が低下しているのも事実である。言い換えれば，今日ではグローバリゼーションの拡大・深化に伴い貿易政策の対象範囲が広がっている一方で，その主体である各政府の自由裁量範囲は縮小しているのである。

貿易政策の目的

　政策とは特定の目的を達成するための方策であるので，政策を決定・実施するためには，明確な目的が不可欠となる[1]。現代の民主的な国家の場合，政策一般の究極的な目的は「国民の厚生」の増大になると考えられるが，貿易

政策の目的もそれに準ずるものとなるであろう。つまり，貿易その他の国際経済活動を規制したりルールを定めたりすることで，自由放任のもとで得られる以上に「国民の厚生」を高めることをめざすのである。

「厚生」とは，人々の豊かで健康的な生活を指している。とは言え，各国が望んでいる具体的な「国民の厚生」が何かと言えば，それぞれの経済状況，歴史的・文化的性格，価値観，あるいは地政学的位置などを反映して様々に異なってくる。国民所得の大きさ，所得配分の平等性，余暇の長さ，心の豊かさ，あるいは経済的自立性など，国ごとに，また個々人でも違いがあると予想される。

仮に「国民の厚生」＝「物質的な豊かさ」である場合も，国ごとに，あるいは同じ国でも時代によって，その実現のための適切な政策手段は異なるかもしれない。貿易自由化が望ましい国もあれば，むしろ反対に保護貿易などの貿易制限が必要な国もあるであろう。また，しばしば論争になるが，安価な食料を入手可能にするための農産物輸入の自由化と，食料安全保障や農業の多面的機能（環境保全，国土保全，水源の涵養，景観維持，地域社会の維持，etc.）を重視した国内農業保護とを比較した場合，果たしてどちらが「国民の厚生」にとってプラスとなるのか，答えを出すのは容易なことではない。

とは言え，普遍的な正答のない問題についても，政策を決定・実施する現場では，何らかの具体的な判断と方策が示されなければならない。そのため，現実の政策決定は，客観的に判断されることが望ましいとしても，その時の政府の政治的意向・経済思想が反映されることになる。つまり，政策には主体である政府の性格が映し出されるのである。

なお，貿易政策の目的は，経済的なことに限られない。例えば，特定国との貿易を遮断する禁輸措置（経済制裁）など政治目的の政策もあれば，発展途上国，とりわけ後発途上国（LDCs：Least Developed Countries）の経済成長

1）ノーベル経済学賞の初代受賞者であるヤン・ティンバーゲンは，複数の政策目標を実現するためには同じ数だけ政策手段が必要であるとしている（ティンバーゲンの定理）。また，同じく同賞受賞者のロバート・マンデルは，個々の政策手段は正負の両面を含めた様々な効果を生み出すが，政策目標に対して相対的に最も正の効果を発揮する政策手段を割り当てるべきであるとしている（マンデルの定理）。

を支援するための貿易優遇措置など社会的正義を目的とするものもある。また，安全保障や環境保護を目的とした国際的な取り決めや条約・協定も少なくない。例えば，通常兵器や関連汎用品・技術の移転に関する緩やかな紳士協定であるワッセナー・アレンジメントや，絶滅の恐れのある野生動植物の国際取引に関するワシントン条約，そして有害廃棄物の越境移動やその処分を規制するバーゼル条約など，広い意味で環境に関連する多国間の貿易制限条約もある。近年では米中貿易戦争に伴う制限的な通商政策も目立っている。

貿易政策に対する「制約」

　貿易政策を決定・実施する主体は各国・地域の政府であるとしても，各政府が完全に自由な政策選択をできるわけではない。その理由の1つは，貿易は一国で成り立つ経済活動ではないので，本来的に諸外国との関係を無視することができないからである。

　後述のように約1世紀前，1929年10月の米ニューヨーク・ウォール街における株価暴落を契機として，世界はかつて経験したことのない大恐慌に見舞われることになった。先進各国は不況から脱するために利己的な貿易・通貨政策を採用したが，それらは他国の利害を顧みないもので，近隣窮乏化政策と呼ばれた。貿易戦争さながらの保護主義が蔓延し，世界貿易の縮小とブロック化が引き起こされ，人類史上最悪の惨事である第二次世界大戦へとつながった。これは身勝手な貿易政策の危険性を物語る事例である。

　また，自由に政策を決定・実施したとしても，「合成の誤謬」によって，期待した成果が得られないこともある。「合成の誤謬」とは，個々の経済主体にとって適切な行動であっても，社会全体が同じ行動をすればそうではなくなることである。

　例えば，A国が国民所得を増大させるために製品Xの輸出を奨励すれば，輸出拡大が成功して目的を達成できるかもしれない。しかし，他の多くの国々もA国と同様の奨励策を採れば，製品Xの国際的な過剰供給で輸出が伸び悩み，価格が暴落し，A国さえも目的を果たせない可能性が高い。

さらに前述のように，各国の貿易政策は，多国間協定を含む他国との取り決めによっても「制約」される。例えば，現行の多角的貿易システムの柱である世界貿易機関（WTO：World Trade Organization）には164ヵ国・地域が加盟しているが（2022年末現在），それらのメンバーはすべて WTO の諸協定に「制約」される。また，今日では様々な目的で多国間の貿易制限条約が結ばれているが，ワシントン条約やバーゼル条約は180ヵ国以上の締結国に「制約」を与えている。

　もちろん，今は帝国主義時代のように条約や協定が一方的に強要されることは稀であり，各政府の自由裁量にもとづいて自主的に締結される。つまり，協定にもとづく政策と言えども，その協定を締結するか否かを選択するのは各政府の自由である。例えば，米国がバーゼル条約を批准していないように，国際協定を拒否することで「制約」を回避する余地は各国の側に残されている。

　とは言え，いったん協定を締結すれば，それに合致した政策，いわば「協定的政策」を採ることが求められ，政策選択が「制約」されるのも事実である。特に WTO の諸協定は「制約」の度合いがとても強い。もちろん，WTO 協定の締結も各政府の選択によるもので，それを望んで締結したことに違いはないであろう。しかし，現実問題として，世界160ヵ国・地域以上が参加する多角的貿易システムの柱に，参加しないという選択をするのは困難なことである。WTO を含む多角的貿易システムについて，節を改めてもう少し説明を加えておこう。

2．国際的ルールの形成と貿易政策

　貿易政策の主体は政府であるが，グローバリゼーションが拡大・深化する中，今やその自由裁量によって決定・実施するいわば「自主的政策」は減少しつつある。対照的に，WTO 協定や様々な複数国間協定にもとづく「協定的政策」の範囲が拡大している。本節では，多角的貿易システムの意義と現

状について，また地域貿易協定やプルリ協定について，それぞれ見ていきたい。

多角的貿易システムとその意義

　WTO は1995年 1 月に発足した国際機関であるが，その前身は第二次世界大戦後まもなく構築された GATT 体制であった。GATT（General Agreement on Tariffs and Trade：関税と貿易に関する一般協定）とは，1948年 1 月に暫定発効した国際協定であり，国際機関ではない。ところが，当時は貿易をつかさどる国際機関が存在しなかったため，GATT の事務局が50年近くにわたりあたかも国際機関のような役割を果たしてきた（IMF・GATT 体制や WTO 体制について，詳しくは第 6 章および第 7 章を参照のこと）。

　GATT 体制構築の背景には，世界大恐慌期の保護主義的な貿易政策に対する反省があった。米国は1930年に「史上最悪の立法」と非難されるスムート＝ホーリー関税法を導入し，保護関税率を史上最高水準に引き上げ，わずか数年で輸入額は 3 分の 1 にまで縮小した。それに対抗して英国，フランス，オランダ，ベルギーなどは報復関税を導入し，さらに英国は1932年に英連邦全体を独占的市場として確保するための特恵制度を樹立し，世界的なブロック化の動きを引き起こした。為替レートの切り下げや輸入制限などは他国の犠牲の上に成り立つ近隣窮乏化政策であり，前述のように第二次世界大戦の引き金のひとつとなった。戦後はそのようなことを二度とくり返さないため，国際的な通商上のルールを定め，自由で無差別な多角的貿易システムの構築がめざされた。国際貿易機関の設立には失敗したが，代わりに誕生したのが GATT 体制であった。

　GATT 体制の最大の特徴は無差別平等であり，最恵国待遇を締約国が自動的に与え合うことでそれが保証されている。最恵国待遇とは，ある国が第三国に与えている最も有利な待遇を，すべて無条件で相手国にも与えることであり，これを通じて GATT 締約国は相互に無差別待遇することを義務づけられている。また，国産品と輸入品とを同等に扱う内国民待遇も GATT

体制の柱のひとつで，国境を通過した輸入品に対して国産品よりも不利な待遇を与えない内外無差別原則が義務づけられている。これらによって，GATT の締約国は原則として他のすべてのメンバーからあらゆる差別的待遇を被ることがなくなり，多角的貿易システムの恩恵を受けることができるのである。これらの原則は，GATT を内包する今日の WTO 体制でも引き継がれ，その柱のひとつとなっている。

　ただし，GATT 体制下では主要な対象分野が農業と繊維製品を除くモノの貿易に限られていたのに対して，WTO では大幅に広がっている。すなわち，農業や繊維製品を含むすべてのモノの貿易に加え，サービス貿易，知的財産権，そして投資関連措置などが含まれるようになった。そのうえ，加盟国はそれらに関する諸協定を一括して受諾する義務を負うようにもなり，様々な協定から自国に都合の良い協定だけを選択して締結することは認められない。さらに，WTO の諸協定は国内法を改正してでも遵守する義務が明記されており，法的拘束力がきわめて強くなっている。貿易政策の対象範囲が広がる中，「自主的政策」の範囲は縮小し，「協定的政策」の範囲が拡大する実情が理解できるであろう。

複数国間協定の台頭

　貿易その他の国際経済活動が国境を越えて繰り広げられることをふまえれば，貿易政策の選択が「制約」を受けるのは当然でもあり，グローバリゼーションの拡大・深化が共通ルールの必要性を高めることも理解できる。また，過去の歴史をふり返れば，政策選択の「制約」要因とはなるものの，自由・無差別を原則とする多角的貿易システムの存在意義も充分に理解できる。その結果，「自主的政策」に比べて「協定的政策」のウェイトが次第に高まっている。

　とは言え，自国民の厚生に対して最終的に責任を負うのは，政策を決定・実施する各政府である。政府の裁量範囲の縮小は，政策上の選択肢を減らすことになるので，そのぶんだけ政策運営にも支障が出る可能性を否定できな

い。そこで，国家間のルール，国際的なルールを自らが設計できるならば，自国の利害との齟齬（そご）を最小化できる可能性も高まることになる。つまり，各政府がグローバリゼーションの時代に貿易政策の自律性を保持するためには，国際的なルール作り＝「協定的政策」の設計，に関与することが必要になるのである。

ただし，WTO は加盟国が160を超えるまで拡大したこともあり，新たなルール作りの場としては限界が見えはじめている。まず，多くの発展途上国にとって，WTO は広範な分野の一括受諾を求められるので，範囲が限定的で「抜け道」もあった GATT 体制と比べて，義務（ルール）の履行（りこう）が困難になっている（これを「実施問題」とも呼ぶ）。そのうえ，ルールのひな形を作成するのは先進諸国や途上国の中の大国であり，その過程に参加できない国も多い[2]。WTO 体制下で最初の多角的通商交渉であるドーハ開発アジェンダは，開始からすでに20年以上が経過したが，進展は限られている。グローバリゼーションの拡大・深化に伴い新たなルールの構築を急ぎたい先進諸国にとっても，WTO の場では一部の途上国との対立が根深く，コンセンサス方式という意思決定方法ではなかなか実現できないもどかしさがある[3]。

これらの事情もあり，国際的なルール作りの場が，広域経済連携とも呼ばれる地域貿易協定に求められるようになっている（地域貿易協定については第10章も参照のこと）。例えば，日本が TPP（Trans-Pacific Partnership：環太平洋パートナーシップ協定）の締結交渉に参加する際には，農産物の自由化などをめぐり賛否両論が巻き起こったが，推進派は「21世紀型の新たなルール」作りに参加することの意義を強調した。交渉に参加した日本や米国など12ヵ国の GDP（Gross Domestic Product：国内総生産）合計は世界全体の4割に達し，その影響力が重視されたのである。TPP が大筋合意に至った2015年10月，米国のオバマ大統領（当時）は，「TPP のもとで，中国のような国ではなく，

2）その理由は，一部の国々によって非公式な閉ざされた場でルール作りが進められることもあるが，たとえ開かれた場であっても様々な会議が同時並行的に開催されているため，国によっては資金や人材の不足からすべての会議に代表者を送れない事情もある。
3）コンセンサス方式とは，反対がなければ可決されていく意思決定方式である。全会一致とは異なるが，一国でも明確な反対があれば決定できないことになる。

われわれがグローバル経済のルールを書くのだ[4]」ともスピーチしている。

その後，トランプ政権が TPP から離脱したため，2018年12月に米国を除く11ヵ国が CPTPP（Comprehensive and Progressive Agreement for Trans-Pacific Partnership：環太平洋パートナーシップに関する包括的及び先進的な協定）を発効させた。さらに，ASEAN（Association of Southeast Asian Nations：東南アジア諸国連合）10ヵ国に日本，中国，韓国，インド，豪州，ニュージーランドの6ヵ国を加えた16ヵ国が RCEP（Regional Comprehensive Economic Partnership：地域的な包括的経済連携）協定の交渉を進め，2020年11月にインドを除く15ヵ国が締結した（2022年1月発効）。いずれも，ある種の「21世紀型の新たなルール」作りをめざしており，完成すれば大きな影響力をもつことが予想される。これらがかつての排他的なブロック経済となる恐れはないと思われるが，取り残される国も生じるのは避けられないであろう。

また，地域貿易協定のように参加国を限定した協定ではなく，参加したい国には門戸を開きながら対象を特定分野に絞った協定も注目を集めている。ワシントン条約やバーゼル条約のような多国間協定は以前からあるが，WTO 加盟国の有志により一括受諾の枠外の協定として発効した ITA（Information Technology Agreement：情報技術協定）などは，新たにプルリ協定（Plurilateral Agreement：複数国間協定）と呼ばれている。未発効の ACTA（Anti-Counterfeiting Trade Agreement：偽造品の取引の防止に関する協定）や交渉中の TiSA（Trade in Services Agreement：新サービス協定）などがある（いずれも2022年末現在）。これらは WTO の交渉合意を妨げているコンセンサス方式や一括受諾方式の問題点を回避できる特徴がある。取り残される国は出るが，特定分野の締結を避けるものなので，弊害は少ないかもしれない。

以上のように今日では，WTO という多角的貿易システムのもとで基本的なルールを維持しつつ，プラス・アルファの部分は地域貿易協定やプルリ協

4）"Remarks by the President After Meeting with Agriculture and Business Leaders on the Trans-Pacific Partnership," October 6, 2015（https://www.whitehouse.gov/the-press-office/2015/10/06/remarks-president-after-meeting-agriculture-and-business-leaders-trans 2023年1月31日閲覧）

定でカバーするという動きが強まっている。それは，「自主的政策」の範囲が狭まる中，「協定的政策」作りにおける各政府間の主導権争いを反映しているのである。

3．貿易政策の手段としての関税政策

　貿易政策の具体的な手段には様々なものがあるが，自由・無差別にもとづく多角的貿易システムのもとでは「ルール違反」となるものも少なくない。例えば，GATT・WTO体制の特徴として無差別平等と並び関税主義を挙げることができるが，国内市場を保護するための手段として認められているのは，原則として関税のみである。

　関税とは，国境を越える製品に課される租税であるが，たとえそれが高額であったとしても，支払いさえすればいくらでも輸入できるという意味で，完全な輸入障壁とはならない。それに対して数量制限などの輸入制限の場合，どれだけカネを積んでも輸入できないこともあるので，関税と比較して強固な輸入障壁といえる。そのため，GATT・WTO体制下においても，貿易自由化への第一歩としてまず数量制限をやめて関税に置き換え（関税化），次に高率の関税を引き下げるための交渉がおこなわれるのである。

　ただし，GATT時代には繊維製品や農産物が自由・無差別の対象外とされたこともあり，実際には各種の政策手段が実施されてきた。繊維製品は2005年1月に自由化されるまで国際的な枠組みにもとづく国別輸入割当制が実施されていたし，日本では現在でも非自由化品目である水産物（にしん，たら，ぶり，さば，いわし，さんま等，たらこ，ホタテ貝，のり，etc.）などが輸入割当品目となっているなど，輸入数量制限がなくなったわけではない。

　前述のように，今日ではグローバリゼーションが進展する中で広義の貿易政策の範囲が著しく拡大しているが，本節ではいわゆるモノの貿易に関連する具体的な政策として，関税政策を中心に見ていくことにする。

関税の目的

　関税とは租税の一種であり，国境を越えて取引されるモノに課される税金である。紀元前に地中海貿易で栄えたフェニキアの植民都市カルタゴがその起源とされるが，もともとは道路や橋梁，港湾施設などのインフラ使用料という性格が強く，国内取引に対する内国関税も多かった。古代アテネでは主要な財源であったように，所得税，法人税，消費税などの徴収システムが完備されていない時代には，その主眼は財源の確保に置かれていた。アダム・スミスは，「関税は物品税よりはるかに古くから使われている。英語の名称（customs）の由来も，はるか昔からの慣習として支払われてきたことにあるとみられる」と述べているが，もともとは商人の利益に対する税のようなものと推測している。[5]

　このような財政関税の場合，貿易政策の手段としての役割は限定的である。財政収入を確保する必要から，貿易を減殺させない程度の低税率を輸出入品のどちらにも課すのが一般的であった。発展途上国の中には現在でも財政収入の少なからぬ部分を関税に頼っている国もあるし，輸出関税を課している国もある。ただし，近年の日本の場合，関税収入は1兆円弱とそれなりの規模ではあるが，国全体の租税及び印紙収入に占めるその割合は1％強にすぎない。

　近代国家の成立後，関税は国境関税が中心となり，その目的も財政収入から国内産業の保護へと変化した。日本など現代の先進国で関税と言えば，輸入品に対して課される保護関税である。保護関税は，外国からの安価な輸入品の流入を防ぐことが目的なので，その税率は国産品との価格差を充分に上回る水準になる必要がある。今日の日本では貿易の自由化が著しく進展し，平均関税率はわずか3％程度であるが（自動車，機械類，鉄鉱石，綿花などは0％），後述のように農産物を中心に自由化に消極的な重要品目（センシティ

---

5) スミス，アダム（山岡洋一訳）『国富論』下，日本経済新聞出版社，2007年，471ページ。なお，関税は英語で customs の他に，duties あるいは tariff など，様々な呼ばれ方をしている。

ブ品目）には依然として高関税率が残っている。また，保護が目的のため，季節によって関税率が異なる季節関税品目もある。たとえばオレンジは，6月1日～11月30日は関税率が16％であるが，12月1日～5月31日はその倍の32％に上昇する。その理由は，後者の期間はみかんなど国産柑橘類の最盛期であり，それらを保護するために関税が引き上げられるのである。

　もちろん，今日の関税の目的がすべて保護だけにあるわけではない。先進国が発展途上国の輸出増大や経済成長を促進する目的で，通常の関税率よりも低い優遇税率を付与する一般特恵関税制度などもある。また，不当廉売品（ダンピング品）や輸出補助金を受けた製品に対して，公正な競争環境を維持する目的で課されるアンチ・ダンピング関税（Anti-dumping duty：AD関税）や相殺関税などもある。これらはいずれもGATT・WTOの無差別原則と矛盾する「差別的」な性格をもつため，その運用についてはルールや条件が定められている。

様々な目的をもつ輸出関税

　輸出関税とは，財政目的の他，特定製品の輸出を調整・防止するために課される関税である。輸出品に課税すれば，そのぶんだけ価格が上昇するので，輸出競争力は低下する。そのため，一般に先進国では輸出関税を課すことは少なく，貿易立国と言われてきた日本にとっては馴染みが薄いものである。

　しかし，発展途上国などでは，主に国内産業構造の高度化，すなわち国内で生み出される付加価値の増大を促す輸出代替政策の手段として輸出関税を用いることもある。例えば一次産品の産出国において，それを未加工のまま輸出すれば課税する一方で，それを製品に加工してから輸出する場合には無税または低税率を適用することで，国内での付加価値生産を促すのである。最近ではインドネシアが2014年1月から銅やニッケルなどの鉱物資源を原鉱石のまま輸出することを禁じたが（2017年1月には輸出を条件付きで認めると発表），その準備段階として輸出関税が導入された。

　図表3-2は丸太の例であるが，左半分のA国（輸出国）内を見ると，丸太か

図表3-2　産業高度化のための輸出関税（輸出国側）と傾斜関税（輸入国側）

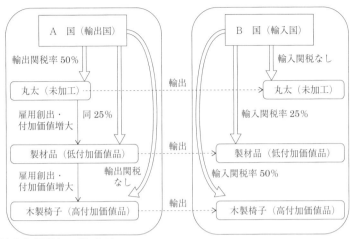

（出所）著者作成（関税率は一例である）。

ら製材品，木製椅子と加工度が上がるたびに輸出関税を引き下げ，国内の雇用や付加価値の増大を図っている。他方で，国内の付加価値を高めたいのは輸出国に限られるわけではない。輸入国側もできるだけ自国内の付加価値を高めたいと考える場合，図表の右半分のB国（輸入国）のように，逆に加工度が高い製品ほど輸入関税を引き上げる傾斜関税（タリフ・エスカレーション）を導入することもある。

　また，かつて中国は，2005年1月に国際的な繊維製品貿易が自由化されるのを受けて，繊維製品の輸出に課税したことがある。これは自由化の結果として中国からの輸出が急増し，輸出先との貿易摩擦が激化することを回避するための措置であった。具体的には，繊維製品148品目に従量税を課すことで，低価格品の輸出を抑制するだけでなく，中国政府が輸出急増を憂慮している姿勢を世界にアピールするものであった。従量税とは，製品の量（個数や重量など）を基準に課税するもので，消費税のように価格を基準とする従価税と比べ，貿易相手国が警戒する低価格品の関税負担が相対的に重くなり，競争力が減殺される。たとえば1着100元のシャツと10元のシャツにそれぞれ10％の従価税が課されれば，課税後の価格はそれぞれ110元，11元となる

が，シャツ1枚当たり1元の従量税が課されれば，それぞれ101元，11元となる。したがって，低価格品にとっては従量税のほうが相対的に関税負担は重くなるのである。

輸入保護関税

　前述のように，今日の関税の主要形態は，国内産業保護のための輸入関税である。なぜ保護するのかと言えば，当該産業の存続を図るため，あるいは従事する人々の雇用を守るためであろう。本来，国産品よりも安価な輸入品を入手できることは貿易の利点であり，関税を賦課することで国民の負担が増加することをふまえれば，国内産業を闇雲に保護すべきでないことは容易に想像できる。保護の対象となる産業を選択する際には，国民の負担という犠牲を払っても保護すべき産業か否か，そもそも保護が当該産業の存続・発展にとって有効か否か，これらの点が熟慮される必要がある。

　保護関税が効果的と考えられる例として，しばしば幼稚産業が挙げられる。幼稚産業とは，将来的に有望であるものの，現段階では経験不足などで競争力が不充分な産業である。そのため，一時的に高関税で外国製品から保護し，その間に技術の習得や資本蓄積を進め，将来の競争に備える。つまり，まだ幼少の産業が学習し，経験を積み，大人へと成長するまで，手厚く保護するのである。過去の歴史をふり返っても，世界で最初に産業革命を果たした英国でさえインド産綿布の輸入を制限・禁止していたし，英国に次いで工業国になった米国やドイツも保護主義下で重工業化を推進した。今日の発展途上国が工業化の初期段階で保護関税を導入するのも，このような幼稚産業論にもとづいている。

　また，消費者としての国民にある程度の負担が生じても保護する価値があると考えられるセンシティブ品目もある。日本の場合，コメに代表される農産物を中心に，品目によっては100％，200％を大幅に上回る保護関税が課されている。例えば，コメの関税率は1kg当たり341円の従量税であるが（WTO協定税率），従価税に換算すれば700％を超える高税率になっている。

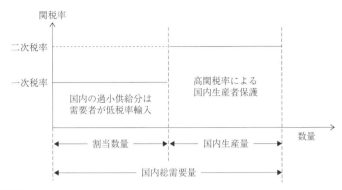

図表3-3　日本の関税割当制度（TQ 制度）

関税率

二次税率

一次税率

高関税率による
国内生産者保護

国内の過小供給分は
需要者が低税率輸入

数量

割当数量　　　　国内生産量

国内総需要量

（出所）著者作成。

高関税品目の多くは，関税割当（Tariff Quota：TQ）制度の規律下に置かれているものが多い。TQ 制度とは，国内生産を保護すると同時に，国内の過小供給分については安価な輸入品で補うための制度である。**図表3-3**のように，一定の数量枠（割当数量）までは無税または低税率を適用し（一次税率），需要者に安価な輸入品へのアクセスを保証する一方で，この一定枠を上回る輸入分には高税率を課し（二次税率），国内生産者を保護するという制度である。二次税率が高税率だとしても，高関税を支払いさえすれば自由に輸入できるので，TQ 制度は輸入数量制限とは異なる。そのため，ある製品の輸入を自由化する際などに，国内産業が急激な衝撃を受けることを回避するための過渡期的な措置として導入されるのが一般的である。日本でも，とうもろこしやナチュラルチーズなど元来の TQ 制度の対象である 7 品目（従来品目）に加え，初めて本格的に農産物を自由化した GATT ウルグアイ・ラウンド交渉（1986〜94年）では，バター及びバターオイルなど11品目が TQ 品目となった（関税化品目）。また，日本は 2 国間の経済連携協定（EPA）における農産物の自由化などにおいても，TQ 制度を様々に活用している。

なお，特定産品の輸入増大によって国内生産者に深刻な影響を与えるかその恐れがある場合に，緊急輸入制限措置（セーフガード）として採用されるのも，主に輸入関税の引き上げ（緊急関税の導入）である。セーフガードには，

一般セーフガードや特別セーフガードなどいくつかの種類があるが，一般セーフガードは特定の産品に対して発動するルールとなっており，輸出国を限定した対応（特定国の産品のねらい撃ち）は認められていない。

　ここまで，具体的な貿易政策手段として関税政策に絞って概観してきたが，各政府の裁量範囲が狭まる中で，関税政策は数少ない「合法的」な手段である。自由化の流れのもと，その余地も縮小する傾向ではあるが，他方で自由化に対する逆流の動きも高まりつつある。各国の国民厚生にとって適切な政策運営を採用できる国際空間が，今後も模索されなければならない。

【次の課題を考えてみよう】

1）　今日の日本の貿易政策に対する「制約」には何があるか考えてみよう。

2）　国際協定にもとづく規制やルールの意義と問題点を考えてみよう。

3）　最近の関税に関する世界あるいは日本のニュースを新聞で調べてみよう。

【参考・引用文献】
ジェトロ『ジェトロ貿易ハンドブック2022』日本貿易振興機構，2022年。
スミス，アダム（山岡洋一訳）『国富論』上下、日本経済新聞出版社，2007年。
福田邦夫，小林尚朗編著『グローバリゼーションと国際貿易』大月書店，2006年。
福田邦夫監修，小林尚朗，吉田敦，森元晶文編著『世界経済の解剖学』法律文化社，2014年。

第 4 章

貿易の実務

【あらすじ】

　本章では，個別企業と外国企業との実際の取引実務を通じて，企業の貿易経営活動を概観する。一国の貿易収支などの数字は，個別企業の貿易取引活動の結果であり，企業による貿易取引活動の総体は，一国の外国市場との結びつきの度合いを示している。

　わが国の貿易活動に従事する企業数はおおよそ10万社，そのうち輸出関連企業が3万社余り，輸入関連企業が7万社ほどである。輸出企業の6割，輸入企業の7割は中小企業が占めている。貿易取引における実務は，大企業でも中小企業でも，その内容に違いは全くない。基本的には，売買契約の締結と，その契約にもとづく当事者の義務履行の一連のプロセスから成っている。そこで本章では，輸出を中心にその実務内容を見ていく。

【読者への問いかけ】

　外国企業との貿易取引は，国内取引に比べてどのような点に留意しなければならないだろうか。

1. 貿易取引の概要

貿易取引の流れ

　貿易では，製品や物が国境を越えて国際間で移動する。この国境とは正確に言えば，経済的な国境線，いわゆる関税線（Customs Line）である。一般的な開港（Open Port）であれば，そこに隣接する税関がこれに相当する。輸出であれば税関を通して内国貨物を外国貨物にする必要があり，輸入であれば税関を通して外国貨物を内国貨物にして国内に流通させることとなる。

　貿易取引は，大きく４つのステップから成っている（**図表4-1**参照）。第１ステップは，海外企業との取引関係を築くことである。新規取引企業の選定や探索に関わる活動であり，信頼できる企業選択をいかにしておこなうかがポイントとなる。複数の候補先が有する製品技術，市場カバレッジの度合い，

図表4-1　貿易取引の流れ

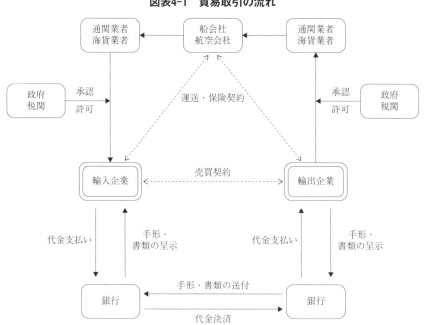

現地でのネットワークの充実度，財務的な健全性や資金力などを総合的に判断して企業選択をする。また，当該の海外市場の基本的属性や特徴を把握する市場調査やリサーチも充分に実施されなくてはならない。

第2は，選定企業との間で締結される売買契約の諸条件を交渉により取り決める段階であり，契約成立に向けて当事者間で交わされるビジネス交渉が本格化する部分である。

第3は，海外企業と締結した売買契約の条件にもとづいて，当事者双方が実行すべき義務を遅滞なく履行する段階である。基本的には，売り手の製品の引き渡しと買い手の代金支払いの準備を中心とした実務内容となる。

第4は，第3段階でおこなった準備を実際に実施する内容であり，売り手による取引製品の通関，船積，発送，買い手による売買金額決済である。

図表4-1からもわかるように，貿易取引は，当事者間の売買契約と，そこから派生する各種の契約の締結・実行が主たる内容となる。契約当事者以外に一連の実務に関わる当事者には，運送会社（陸，海，空），損害保険会社，外国為替銀行，政府機関（経済産業省その他関連省庁，税関），通関業者，在外公館，各種検査機関，商工会議所などがあり，売買契約成立以降，その義務履行に関わる様々な実務をこなしながら契約を完了させねばならない。

国内取引との違い

貿易取引には，国内取引で見られない多くの特徴がある。まず契約当事者の属する国が異なるために，法律，規則，商習慣やビジネスの方法が異なり，どちらの国のものを基準とすべきか，取引の過程で発生したトラブルをどう解決すべきかといった問題に直面する。例えば，双方で合意した条件でも，その解釈の仕方や受け取り方は往々にして異なる場合もあり，したがって売買契約における契約の概念や契約諸条件の正しい理解に，国内取引以上に留意する必要がある。さらに各国には，貿易取引自体を管理する個別の関連法規があり，当事者は自国の法律のみでなく相手国の貿易に関連する法体系や法規を前提として実務をおこなわねばならない。こうした問題を極力避ける

ためのツールとして，各種の貿易取引に適用可能な国際的規則が存在する。これは，こまごまとした条件内容を詳細に打ち合わせることなく円滑に日常の取引を進捗（しんちょく）させるために各種国際機関が設定した，いわば世界共通のルールであり，こうした実務上の規則が重要な役割を果たしている。

　次に，貿易には運送上のリスク，代金回収のリスク，為替変動のリスクがあるが，最後の為替変動リスクは貿易取引に固有の課題である。現在の変動為替相場制では，ドルをはじめとした外国通貨で貿易契約する場合には避けて通れないリスクである。一般に対外的取引では内国通貨，日本であれば円を用いれば，為替変動のリスクはない。内国通貨による決済では，相手方企業が為替変動のリスクを負担することとなるからである。しかしながら，決済通貨の選択は交渉により決められるので，すべての取引を内国通貨で決済することは不可能で，ドルなど外国通貨を利用する場合が多い。貿易では契約成立から実際に代金が決済されるまでに相当の時間的なズレが生じるが，この間の為替相場の動向いかんで売買代金に大きな差が生じうるため，こうした為替変動に対応する手段も講じる必要がある。

　英語によるコミュニケーションの問題も，国内取引にない重要な点である。現在，海外企業とのいわゆるビジネス交渉は，ほとんどが英語による。電話やメールなどによる打ち合わせ，正式な売買契約書の内容表記，運送，保険，あるいは決済に関わる文書などは，国内でも大方は英語が使用されている。交渉におけるコミュニケーション・ギャップや，各文書における表記内容の当事者間における誤解や異なる解釈などは，契約遂行を妨げる大きな問題となるため，相手企業との丁寧な意思疎通が求められる。

貿易取引の諸形態

　一口に貿易取引と言っても，その種類は実に様々であるが，取引製品の種類や相手国市場の規模，状況に応じていくつかに分類される（**図表4-2**参照）。輸出取引で見ると，まず一般的な輸出では，輸出入者ともに本人として取引に臨む形態となり，直接輸出と言われる。本人とは，自らの責任と費用で取

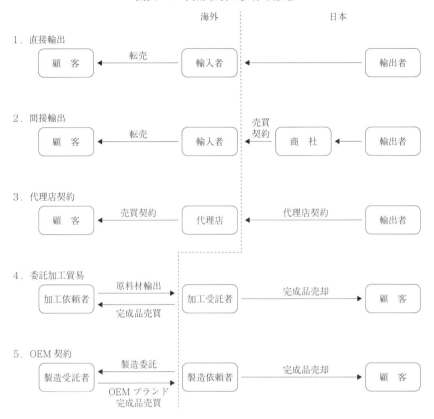

図表4-2　貿易取引の多様な形態

引に関与する者を指し，あらゆるリスクを負担する者である。これに対して，
商社などの代理人を通じて取引をおこなう形態を間接輸出と言う。

　相手国市場でより積極的に活動する場合には，代理店が利用される。これ
は標的とする海外市場に在る企業を指定して代理店契約を結び，現地での販
売やプロモーションを委託する内容である。指定する海外企業は，現地市場
での販売網や市場カバレッジの強みを持った有力企業が選定される。

　委託加工貿易は，長きにわたりわが国がおこなってきた主要な取引形態で
ある。これは，原材料を輸入してそれを加工・組立して輸出するいわゆる順
委託加工貿易と，逆にわが国から原材料を輸出して海外企業に加工させて輸

入する逆加工委託貿易に分けられる。近年では国内の生産コスト上昇による合理化のために，後者の加工貿易の比率が高まっている。同様の理由で，依頼者側の製品仕様にもとづいて海外企業に製品製造を委託する OEM 契約（Original Equipment Manufacturing），相手先ブランドによる製造も盛んである。

2. 取引企業の選定と評価

取引関係の創設

　近年の海外市場では，取引企業を新規に開拓することはきわめて難しい。世界中に物があふれ，技術革新のスピードが速い業界ではさらに企業間競争が厳しい現状であるし，また新興国における企業の技術力やマーケティング活動あるいは価格競争力も従前に比べて格段に進化しており，新規市場の開発は経験の浅い貿易企業にとって最も努力を要する課題である。

　取引企業選定にあたっては，世界的な企業を紹介する商工人名録などもあるが，最も簡便な方法は公的機関，例えば日本貿易振興機構（JETRO）や商工会議所，官公庁などが実施する支援プログラムなどに登録したり，この種のコンサルタント会社に依頼することである。これらプログラムは有料・無料も含めて候補となる市場環境の多様な分析から始まり，海外企業の具体的な情報やその経歴などを網羅的に把握して的確な支援を受けることができる。

　例えば東京都庁の関連部門が実施する，経験の浅い中小企業向けの支援プログラムでは，クライアント企業1社につき貿易実務の経験豊富なコンサルタントが1名はりつき，企業選定から最初の売買契約成立に至るまで，必要に応じてアドバイスしながら契約終了まで支援する体制をとっている。

　大手企業でも，すでに取引のある膨大な数の取引相手との契約関係が，将来にわたって安定的に継続できるものでもない。取引の製品や技術のレベルとその価格との兼ね合いにより，長期間の契約関係が瞬時に解消してしまう可能性も充分にある。したがって企業規模や貿易の経験の長短を問わず，既

存の取引相手に加えて常時，新規の取引企業を探索することが必要となる。

貿易取引における信用リスクの回避

　相手企業の選定が終わり，取引関係の目処がついた場合でも，即座に具体的なビジネス交渉を始めることはできない。国内取引も同様であるが，取引関係を結ぶためには相手企業が取引に対して誠実であることが条件となる。しかしながら，慎重に選定した，市場評価も高い外国企業が，実際に信頼に値する企業であるかどうか，判断はこの段階ではなされていない。新規の相手企業と1回目・2回目それぞれ200万円・500万円の成果を上げた後，3回目の取引で2000万円の契約を結び製品出荷したが，決済の段階で相手企業の登録が抹消されていたり，計画的な破産がなされたりして結局大損害を被る，などといった事例は国内取引でも頻繁に発生するし，貿易取引でも同様の事例は枚挙にいとまがない。

　このように，市場評価の高い企業であっても，その企業の実際の姿は容易には判断できないことが多い。そこで，こうした事態を未然に防ぐうえで必要となるのが，候補となる企業の信用調査（Credit Inquiry）である。信用調査は，対象企業を多角的に判断して，取引に足る企業かどうかを判定するために利用される。調査の内容で第1に必要な項目は，当該企業が売買契約に対して誠実に向き合うかという点であり，代金の支払いや製品の引き渡しといった契約における義務を誠実に履行するか，あるいは過去にしてきたかということである。第2は，企業の資本関係を中心とした，財務の健全性である。特に企業が抱える負債は重要で，将来性のある負債なのか，単なる資金繰りの困窮かといった判断をせねばならない。資本金100万円の企業に5億円相当の製品を出荷するには，それなりの覚悟がいる。第3は，企業が有する取扱い製品，技術力，組織，営業力，経営者の特性などといった総合的な項目で，主に企業の全体としての組織の能力を調査する。これらに加えて最後に，相手企業が属する市場の政治，経済，社会的な環境が挙げられる。特に途上国や政情不安な地域にある企業との取引は，不可抗力的な要因

で契約が瞬時に無効となる事例も多い。

　ではこの信用調査は，具体的にどのような方法で実施されるのであろうか。最も簡単な方法は，選定企業と取引関係にある現地市場の銀行に依頼して，当該企業の調査内容を受けることである。取引銀行であるので，企業の状態や内部の一般的情報は入手しやすい。また，同じ業界に属する同業者などへの依頼もおこなわれる。しかしながらこれらの方法では，完全に正確な情報が得られる保証はない。そこで，調査専門の企業に依頼する方法がある。調査企業には，世界中に張りめぐらした独自のネットワーク網があり，どの国のどこの企業であっても，短期間のうちに企業の詳細かつ正確な情報を入手できるシステムが備わっている。基本的には相手企業の取引銀行への依頼をおこなうと同時に，こうした専門調査会社へも依頼をして，企業の信用性を正確に把握することが肝要となる。

3．取引における諸条件の交渉

一般的取引条件とその内容

　この段階で本格的に相手企業との交渉が開始されるが，交渉の内容は主に，売買契約に関わる諸条件である。これら契約の諸条件は，売買契約書に記載されるが，この契約書の表面には個別の取引条件が記載され，これを表面（ひょうめん）条項とも言う。一方，契約書の裏面には，契約当事者間で実施すべき基本的な条項が記載されており，これを裏面約款（りめんやっかん）とも言う。スポットの単発輸出や1，2回限りの取引では考慮する必要もないが，長期や継続的取引となれば，契約の法的側面や契約自体の効力などといった点を取引のたびに両者で打ち合わせていては，取引自体が円滑に進まないし，実務上煩雑（はんざつ）で時間の浪費となる。そこで長期の取引関係を結ぶ場合には，あらかじめ両者間で契約の基本条項を細部にわたり交渉して，共通の理解を得ておく必要がある。こうした打ち合わせ済みの条項が裏面約款と言

われるもので，これは企業の契約書のフォームにあらかじめ印刷されている部分となる。他方，取引する製品の数量や価格といった表面条項は，毎回の取引ごとにその内容が変わるので，そのつど記載される。

　裏面約款は一般的取引条件（General Terms and Conditions of Business）と言われ，前述のように契約の基本項目に関わる内容であるが，主だった内容は以下の通りである。
- 価格に関する追加費用やその調整
- 代金支払いとそれに関する諸費用の負担
- 製品の発送，船積み
- 製品に付保する保険の内容
- 契約における債務不履行とその対応
- 特許や商標などの知的所有権の侵害およびその対応
- 不可抗力の発生とその処理
- 契約の譲渡および権利不放棄
- 仲裁および貿易条件と準拠法

　一般的取引条件は，いわば契約関係の土台に相当する部分であり，前述のように各企業は自社の契約書のフォーム裏面に印刷済みであるが，条件の交渉にあたっては両者が互いのフォームを提案して相互の理解や合意を得ることが望ましい。しかし，例えば問題が発生した場合の解決法では，相互に自国における解決を主張して利害が対立し，しばしば合意に至らない場合もある。いわゆる書式の戦い（Battle of Form）であるが，長期の契約関係を維持する場合には，できるだけ妥協点を見いだして合意に至るようにすべきである。

個別の売買条件

　一般的取引条件は，交渉により一度合意すれば，以降の打ち合わせは必要ない。他方で個別の売買条件については，毎回の取引ごとに交渉して契約を成立させる必要がある。個別の売買条件には多くの内容があるが，ここでは

取引に最低限必要な，品質，数量，価格，納期，決済の5つの条件を概観する。

① 品質条件（Quality Terms）

　製品の品質打ち合わせは，簡単なようで厄介^(やっかい)な問題である。代価としての価格のわずかな差による品質の違いを説明する場合には，製品に対するそれなりの専門知識と経験がなければ容易ではない。そこで今日の製造加工品や耐久消費財のかなりの部分は，見本（Sample）による売買が一般的である。契約のもととなる見本であれば，製品の機能や型，デザイン，色など，相手企業が最も確認しやすい。見本以外では，統一規格（Grade）や仕様書（Specification）なども利用される機会が多いが，こうした打ち合わせに関するツールは，製品に応じて慣用的な打ち合わせ方法が選択される。

② 数量条件（Quantity Terms）

　交渉では製品の数量単位が決定されるが，貿易で利用される数量単位には，各種製品ごとにやはり慣用的な利用法がとられる。ただし，同じ重量や容積の単位でも，適用される国や地域でメートル法やヤード法の解釈が異なり，事前の打ち合わせが詳細におこなわれる。

③ 価格条件（Price Terms）

　価格条件では，取引通貨の決定と貿易条件（Trade Terms）とが交渉される。日本の世界全体の輸出取引で使用される通貨は，2021年下半期で米ドルが約5割，円が約4割となっており，この比率はほぼ毎年変わっていない（通関ベース）。ドルをはじめとする外国通貨を使用する場合には，円との交換において変動為替相場の影響を直接受けるため，企業は輸出入において邦貨建（円）決済を望むが，逆に相手側が為替変動のリスクを負担することになるので，通貨の決定は取引の重要なポイントとなる。

　貿易条件は，契約品を売り手が発送してから買い手に届くまでの間に，契約品の費用負担と危険負担の範囲を両当事者間で決定する条件であり，パリ

に本部がある国際商業会議所がそのルール作りをおこなっている。これは古くから認められた国際規則であり，11の条件があり世界の貿易取引に共通のルールとなっている。

④　納期（Delivery Terms）

　わが国の場合，納期は，特段の取り決めがない場合ほとんどが船積み・発送の時期であり，相手国の港や空港，企業に到着する時期ではない。納期の種類には単月納期，連月納期，特定日の指定などがあるが，最も汎用性の高い納期は単月納期であり，決められた月の末尾が最終船積み期限となる。

⑤　決済条件（Payment Terms）

　貿易取引における決済方法は，大きく電信為替（Telegraphic Transfer, T.T.）による送金決済，為替手形（Bill of Exchange, Draft）による決済，それに信用状（Letter of Credit, L/C）による決済に分けられる。近年では，企業内取引の増加と銀行のチャージとの関係から，送金決済の割合が急増している。しかし途上国や信用不安のある取引相手には，銀行の支払い保証がある信用状決済の利用頻度も依然としてある（**図表4-3**参照）。

申込（Offer）と承諾（Acceptance）

　上記の5条件を中心とした個別の売買条件の交渉は，一方の当事者が相手方に対して条件を付しておこなう申込によって開始されるが，ほとんどの申込は有効回答期限を付した確定売り申込（Firm Offer）であり，期限内に相手方が承諾すればその時点で契約が成立する。申込の法的効力の観点からは，回答期限のない申込（Free Offer）は事後のトラブルを招きやすいため，契約成立の直前段階ではこうした期限付き申込を使用するのが慣例である。

　申込による交渉のやり取りは，当然何度となくくり返される。契約が成立するには，一方の当事者による相手方の申込に対する絶対的な承諾，いわゆる無条件の承諾（Unconditional Acceptance）が必要で，条件付きの承諾や依

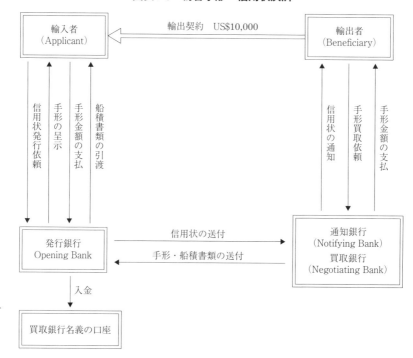

図表4-3　為替手形・信用状決済

（図表内のテキスト）

輸入者（Applicant）

輸出契約　US$10,000

輸出者（Beneficiary）

信用状発行依頼

手形の呈示

手形金額の支払

船積書類の引渡

信用状の通知

手形買取依頼

手形金額の支払

発行銀行　Opening Bank

信用状の送付

手形・船積書類の送付

通知銀行（Notifying Bank）買取銀行（Negotiating Bank）

入金

買取銀行名義の口座

頼付きの承諾などでは成立しない。申込や承諾の効力の発生時期やそれらの撤回に関しては，その法体系について，わが国を含む大陸法の地域と英米法地域とで解釈の違いが見られるが，2009年にウィーン売買条約に日本が加入して効力をもつこととなったので，同条約の加盟国との取引では，こうした問題をはじめ準拠法（Governing Law）など当事者間で争点となる課題には比較的容易に対応できるようになっている。

4. 貿易契約成立後の実務

売買契約の確認

　国内取引では，契約成立とその確認の作業は，実務的に比較的安易に捉えられているかもしれない。売買契約は諾成契約であり，契約成立の意図が当事者同士にあれば契約は即座に成立し，特に売買契約書を作成する必要もないからである。ただ，事後に問題が発生した場合，契約書なしで当事者が問題の争点を主張するのはきわめて困難である。貿易取引では，当事者間の意思疎通の失敗や誤解を極力避ける意味から，契約成立と同時に売買契約書（Sales Note, Order Sheet）を作成して相互にクロスチェックする。前述のように，契約書は当事者がおのおの自社の契約書のフォームを作成しており，表面条項や裏面約款が記載されているが，特に表面条項の個別の売買条件に関しては入念に確認する必要があるし，表面条項の内容は裏面約款に優先するので，具体的な契約の諸条件をできるだけ詳細に記載することとなる。

　契約書作成の必要性はまた，貿易取引が未履行条件付の売買（agreement to sell）であることからもわかる。一般的な店頭売買であれば，製品の引き渡しと代金の支払いは同時におこなわれ，問題が発生する余地はない。こうした売買は既済売買（executed sale）と言われ，契約成立とその終了が同時である。他方，貿易取引では，契約成立と終了との間に時間差があり，契約で定めた当事者の義務や履行条件が終了して契約が完了するので，いわゆる未済売買（executory sale）となる。したがって，契約成立後に完了に向けた当事者の義務を確認するうえでも，その契約書の作成は欠かせない。

契約当事者の実務

　売買契約書の作成および当事者間での確認が終了すれば，次の段階は，それにもとづいた義務履行へと進む。契約成立後，契約書にもとづく当事者の実務は，契約の種類や内容に応じて様々であるが，大方の場合は前述の貿易

条件によって自動的に決定される。ここでは運送契約および保険契約を中心に，その内容を見ていく。

①　運送契約

　現在の貿易製品の運送は，数量ベースで9割以上が海運によるが，金額ベースでは海運が8割，航空が2割で，比較的高い付加価値の製品が航空運送による。海運にせよ航空にせよ，製品運送において不可欠な存在が，利用運送業者（Non-Vessel Operating Common Carrier, NVOCC）である。

　かつて貿易の運送を担っていたのは，船舶や航空機を実際に所有する船会社や航空会社（Vessel Operating Common Carrier, VOCC）であったが，実際に運送手段を所有しないNVOCCでも，いわゆる運送人の立場で広く運送事業を手がけることが可能となった。利用運送業者は世界に幅広いネットワーク網を有し，多数の荷主から小口貨物を集荷し大口貨物として運送可能であり，その利便性も手伝って，その貨物取扱高が急増している。

　海上輸送では通常，コンテナ船による定期船が利用されるが，海運業界は世界的に価格カルテルが認められている珍しい業界でもある。これは不当な価格競争の防止や業界の保護のためであるが，運賃体系に関する海運同盟（Freight Conference）を組織して，それに加盟した船会社を利用する荷主とそうでない荷主とで差別的な運賃を提示することで，業界の維持を図っている。しかしこうしたカルテルも，近年の海運企業間での激しい競争環境の中ではほとんど意味をもたなくなっており，したがって船会社との価格の取り決めは個別企業の交渉によって決められるのが現状である。

　運送契約では，輸送企業や利用運送業者は，運送契約を証明した内容が記載された船荷証券（Bill of Lading, B/L）を発行するが，これは有価証券でもあり，後の製品の引き渡しと代金決済において重要な役割をもつ。貿易は国際間での製品の売買ではあるが，実際には貨物の引き渡し権限を象徴化したこの船荷証券を売買していることになる。

　ところで，運送契約における製品の運搬途中において事故が発生し当事者が損害を被った場合，その荷主は運送会社に損害賠償請求ができるであろう

か。船舶輸送でのこうした取り扱いは，世界的な船荷証券統一条約，つまりヘーグ・ルール（Hague Rules）において決められている。それによると，製品などの積みつけや仕分けといった商業過失については船会社の責任を認めるが，操船ミスなどの航海過失は免責となっている。したがって，貨物を無保険のまま輸送する場合には甚大な損害を受けることとなる。

② 保険契約

　貿易取引では契約品の流通過程が長期にわたるため，運送途中での事故などに対応する保険契約は不可欠である。海上保険契約では保険証券（Marine Insurance Policy）が発行されるが，この書類も一連の取引のプロセスにおいて船荷証券同様に重要な役割がある。輸出者が保険契約をする場合，契約時の被保険利益は輸出者にあるが，付保行為の目的は輸入者のためにあるから，取引の過程でこの被保険利益は白地裏書き（blank endorsement）により輸入者に移転される。

　実際の実務において，この製品への付保はしばしば忘れられる場合が多い。この保険の付け忘れを回避するため，あるいは年間を通じて貿易額が大きい企業は，包括予定保険（Open Cover）を保険会社と取り決め，一定期間の当該企業の取引製品に対して自動的に付保する仕組みを講じている。

　保険契約の締結では，付保の対象となる貨物に発生が予想される危険や損害の程度に応じて定められた保険条件がある。海上の危険には，座礁や沈没，あるいは衝突や海賊といった海上固有の危険に加えて，個々の貨物の特性で発生する特別の危険，あるいは非常危険といったものがある。また，予想される貨物の損害の程度に応じて全損（Total Loss）あるいは分損（Particular Average）などがあるが，これらを総合的に勘案した保険条件を保険会社が提供する。この条件のうち最も塡補の範囲が広い条件はICC（A）条件であり，以下ICC（B）条件，ICC（C）条件となっている。これらは歴史的に海上保険の中心であったロンドン保険業者による協会貨物約款（Institute Cargo Clauses）であり，今日では広くこのフォームが利用されている。2009年以前では上記の条件それぞれに対応して全危険担保（Against All Risks, AAR），分

損担保（With Average, WA），分損不担保（Free from Particular Average, FPA）として利用されてきたが，基本的にはどちらの条件でも利用可能である。

　保険の料率は保険会社との交渉で決まるが，運賃，保険料込みの価格である CIF 条件や CIP 条件で売り手が付保する場合には，売買契約金額の10％増しで付保するのが一般的である。これは輸入者に事故なく引き渡された製品の転売利益分を上乗せして保険契約をすることを意味し，この上乗せの部分を買い手の見込み利益（expected profit）と言う。なおこの見込み利益部分は一般的に10％増しであるが，この割合は取引製品の種類によって異なる。

③　為替変動リスクの回避

　1 円の円高基調が長期にわたって継続すれば，大手企業は年間数百億円の為替差損を被るが，輸出入企業はこの為替変動危険を回避する手段を立てねばならない。この変動危険を回避する方法は，例えば輸出入ともに決済の時期を意図的に早めたり遅らせたり，通貨オプションにより外国通貨の将来の売買を選択する権利を契約したり，外国通貨の売り買いを同時期におこなうなどいろいろとあるが，企業規模の大小を問わず利用できる手段は，先物為替の予約（Forward Exchange Contract）を銀行に依頼することである。

　輸出の場合，契約した時期から数ヵ月後に決済という場合がほとんどだが，銀行は独自の分析と判断により，およそ半年先まで毎月の相場（先物相場）を立てており，将来の決済月の相場で外国通貨を売買する予約をおこなうことで，変動リスクが回避できる。

④　政府の事前承認

　およそ輸出入されるすべての製品は，税関を通す時点で輸出入の許可（Export Permit, Import Permit）が必要となるが，それ以外にも外国為替貿易法やその他関連法にもとづく様々な規制を受ける場合があり，こうした事前の承認（License）は充分に前もって申請せねばならない。特に今日では，大量破壊兵器につながるような原材料などは，たとえそれが民生用であろうとも，特定の仕向国やブラックリストに掲載されている国や地域向けであれば即座

に規制の対象となる。いわゆるキャッチオール規制であるが，これ以外にも各種の世界的な条約，ワシントン条約やモントリオール議定書といった条約から，製品取引が困難となる事例も多い。また輸入においても，特に農産物や魚介類など，特定の国内産業保護や業界維持のために厳しい規制が設けられている。取引製品の自国および相手国における法的規制状況の把握は，取引開始からでは遅すぎる結果となる。

5．製品の引き渡しと決済

通関および船積み

すべての実務が終わり，製品発送の準備が完了すると，以降の実質的な実務は海運貨物取扱業者（Freight Forwarder）が執り行う。このフォワーダーは通関業者であり，船積みや運送代行業者である。製品は，必要な書類，商業送り状（Commercial Invoice），包装明細書（Packing List）などとともに税関の保税地域（Bonded Area）へ搬入され，必要な検査やチェックを受け，許可が下りればコンテナヤードに置かれて船積みとなる。

かつては通関作業で多くの書類作成の実務が必要であったが，近年は税関における作業がシングルウィンドウ化され，荷主，税関，船会社，航空会社，倉庫会社，銀行などをネットワークで結び，輸出入企業が端末に輸出入の申告をすれば直ちにその情報が関連機関に伝達され，情報共有が容易になっており，税関業務が飛躍的に合理化されている。このシステムは通関情報処理システム，別名 NACCS（Nippon Automated Cargo Clearance System）と言われ，2008年に民営化され現在に至っている。

代金決済の実務

貿易取引の決済は，概ね送金決済，手形決済，信用状決済の３つに大別

される。もちろん契約の種類や相手国により，前払い決済（Payment in Advance），繰り延べ払い決済（Progressive Payment）などがあるが，ほとんどの一般取引ではこの3つのどれかが使用される（**図表4-3**参照）。

①送金決済

　電信送金為替（Telegraphic Transfer, T.T.）が主流であり，輸入者が現地銀行に契約金額を支払い，同銀行は電信により輸出地の銀行に通知して，輸出者に支払われる仕組みである。この方法は，銀行に支払うチャージも安価で，しかも迅速(じんそく)に決済できることから，近年では本支店間などの企業内取引や信頼のおける輸入者との取引で利用され，その頻度も高い。

②外国為替手形の決済

　国内取引の決済では約束手形（Promissory Note）が主流であり，買い手が一定期日に一定金額を支払うことを証した手形を売り手に発行するが，外国為替手形も基本的内容は同じである。ただ外国為替手形の場合は，契約金額の債権者たる輸出者がこの手形を振り出す点が，約束手形と異なっている。

　この為替手形にはいくつかの種類があるが，輸入者の代金支払いの時期を基準にして，Draft at sight のように記された一覧払い手形（Sight Bill）と，Draft at 90 d/s（days after sight）のように記された期限付き手形（Usance Bill）に分けられる。前者は書類支払手形（Document against Payment），またはD/P手形とも言われ，輸入地の銀行にまわってきた手形を輸入者が一覧してすぐに支払いをする手形であり，その支払いと交換に書類が引き渡される。一方後者は，書類引受渡し手形（Document against Acceptance），またはD/A手形とも言われ，輸入地の銀行で手形を一覧して一定期間の後に代金を支払う手形である。

　D/P手形であれD/A手形であれ，輸出者は製品を船積みして直ちに船積み書類（Shipping Documents）を整え，輸出地の買取銀行（Negotiating Bank）に手形買取を依頼するが，銀行はほとんどこれを取立扱い（B/C, Bill for Collection）にして輸入地の銀行にまわし，輸入者からの入金を受けて輸出者に

代金を支払うことになる。したがって，D/P 手形に比べれば D/A 手形は輸出者への入金が遅れるうえに，輸入者に一定期間の与信を与えているので，信頼できる輸入者以外には容易に利用できない（**図表4-3**参照）。

③信用状決済

　信用状（Letter of Credit, L/C）は，代金決済に不安を抱える輸出業者にとってきわめて有利な決済手段であるが，これは輸入地の銀行が輸入者の代金支払いを保証したもので，為替手形と共に利用される。輸入者は発行銀行（Opening Bank）に信用状の発行を依頼し，その信用状は輸出地の通知銀行（Advising Bank）を経由して輸出者に送付される。信用状を入手すれば輸出者は発行銀行の保証を得たことになるので，以降は為替手形決済同様，船積み書類を整え，輸出地の買取銀行で手形の買取を依頼する。買取銀行は信用状決済であるからその手形を直ちに買い取り，輸出代金を輸出者に支払うが，これを買い取り扱い（Bill Bought, B/B）と言う。それ以降は手形決済同様，手形の期限があるなしに応じて輸入者が代金を支払う手順となる。

【次の課題を考えてみよう】

1 ）過去の為替相場変動の推移を調べて，それが企業の輸出入にどのような影響を与えてきたかを調べてみよう。

2 ）お気に入りの製品を1つ取り上げて，それを自分が輸出する場合の価格（単価）がどのくらいになるか算定してみよう。輸出価格算定にはどのようなコストを考えねばならないだろうか。

【参考・引用文献】
石田貞夫『貿易の実務』日本経済新聞社，1980年。
石田貞夫，中村那詮『貿易用語辞典』白桃書房，2013年。
勝田英紀『貿易実務のエッセンス』中央経済社，2012年。
寺田一雄『現代の貿易ビジネス』中央書院，2008年。

第 5 章

国際収支と外国為替

【あらすじ】

　今日も次のようなニュースが流れた。「日本の貿易収支は赤字が続き，第一次所得収支は黒字となっています」。「今日の為替相場は 1 ドル130円です」。

　この意味をつかみ，世の中の経済動向を知るために，本章では第 1 に，国際収支の基礎的な見方を学び，世界の様子を捉えていく。また，私たちの日々の暮らしにはモノがとても重要であるが，現代ではカネが支配的な世界となっている。本章では第 2 に，相場変動のメカニズムを考えながら，外国為替の理解を深めていく。

【読者への問いかけ】

　国際収支を読み取ることによって，何が明らかとなるのか。世界の国々はどのような特徴をもっているのか。

1．国際収支とは

　国際収支（balance of payments）統計とは，一国が，一定期間におこなったすべての対外的な経済取引を，複式計上の原則にもとづき体系的に整理したものである。国際収支統計を見ることによって，ある国が外国との間でおこなった財（商品），サービス，証券等の各種取引や，それに伴う資金の流れなどがわかる。統計の特徴として，①国籍などに関係なく，その国に居住性がある個人・企業をその国の居住者であると考え，居住者（自国）と非居住者

（外国）との間でおこなわれた取引を集計したものであり，②四半期や1年などの一定期間で取引された金額のみ計算され，③複式計上の原則にそって整理されている。日本の国際収支統計を見れば，世界における日本の経済的位置づけ，日本の対外経済関係の特徴がわかる。つまり，国際収支統計を理解すれば，国際経済，世界経済を読み取る力がつくのである。

なお，複式計上とは，1つの取引を貸方と借方の2つの項目（勘定）に分けて（仕訳して），どちらにも同額を計上することである。**図表5-1**を使って簡単に説明しよう。例えば，非居住者（米国の居住者）に対して自動車を輸出し（財貨の輸出），米国の銀行に開設している口座に代金を振り込んでもらった場合（資産の増加），貸方（左側）の①欄と，借方の③欄の2ヵ所に計上するのである。そのため原則的に，貸方の合計と借方の合計は一致することになる。

各国の対外経済関係を，共通の尺度で把握できるように，世界各国は国際通貨基金（IMF：International Monetary Fund）のマニュアルに準拠した国際収支統計表の作成および提供を求められている。現行の国際収支の勘定体系は，2008年に新しく改訂され，日本では2014年から採用されている。旧項目との対応関係および変更点について，**図表5-2**に示しておく。

統計（表）の項目は大きく分けて，①経常収支，②資本移転等収支，③金融収支，④誤差脱漏である。最も重視される動向は，「モノやサービスに関

図表5-1　複式計上の方法

貸　　方	借　　方
①財貨・サービスの輸出	①財貨・サービスの輸入
②所得の受け取り	②所得の支払い
③資産の減少	③資産の増加
④負債の増加	④負債の減少

（出所）日本銀行国際局『「国際収支統計（IMF国際収支マニュアル第6版ベース）」の解説』（https://www.boj.or.jp/statistics/outline/exp/exbpsm6.htm/　2023年1月31日閲覧）をもとに作成。

1）日本の外国為替及び外国貿易法（外為法）では，居住性は基本的に住所の有無によるが，例えば日本人の場合，外国で働いたりするなどして，2年以上滞在していれば非居住者とみなされる。また，外国人の場合は，日本国内で勤務するなどして，6ヵ月以上滞在していれば居住者となる。

図表5-2 国際収支統計の改訂版（日本は2014年から採用）

旧項目　　　　　　　　　　　　　　　　　　　現行項目

国際収支統計

| 経常収支 |
| 　貿易・サービス収支 |
| 　　貿易収支 |
| 　　　一般商品 |
| 　　　加工用財貨 |
| 　　　財貨の修理 |
| 　　　輸送手段の港湾調達財貨 |
| 　　　非貨幣用金 |
| 　　サービス収支 |
| 　　　輸送 |
| 　　　旅行 |
| 　　　その他サービス |
| 　　　　通信 |
| 　　　　建設 |
| 　　　　保険 |
| 　　　　金融 |
| 　　　　情報 |
| 　　　　特許等使用料 |
| 　　　　その他営利業務 |
| 　　　　文化・興行 |
| 　　　　公的その他サービス |
| 　所得収支 |
| 　　雇用者報酬 |
| 　　投資収益 |
| 　経常移転収支 |
| 　　労働者送金 |
| 資本収支 |
| 　投資収支 |
| 　　直接投資 |
| 　　証券投資 |
| 　　金融派生商品 |
| 　　その他投資 |
| 　その他資本収支＊ |
| 外貨準備増減 |

国際収支統計

| 経常収支 |
| 　貿易・サービス収支 |
| 　　貿易収支 |
| 　　　一般商品 |
| 　　　仲介貿易商品 |
| 　　　非貨幣用金 |
| 　　サービス収支 |
| 　　　輸送 |
| 　　　旅行 |
| 　　　その他サービス |
| 　　　委託加工サービス |
| 　　　維持修理サービス |
| 　　　建設 |
| 　　　保険・年金サービス |
| 　　　金融サービス |
| 　　　知的財産権等使用料 |
| 　　　通信・コンピュータ・情報サービス |
| 　　　その他業務サービス |
| 　　　個人・文化・娯楽サービス |
| 　　　公的サービス等 |
| 　第一次所得収支 |
| 　　雇用者報酬 |
| 　　投資収益 |
| 　　その他第一次所得 |
| 　第二次所得収支 |
| 　　個人間移転 |
| 資本移転等収支＊ |
| 金融収支 |
| 　直接投資 |
| 　証券投資 |
| 　金融派生商品 |
| 　その他投資 |
| 　外貨準備 |

本邦対外資産負債残高

| 直接投資 |
| 証券投資 |
| 金融派生商品 |
| その他投資 |
| 外貨準備 |

本邦対外資産負債残高

| 直接投資 |
| 証券投資 |
| 金融派生商品 |
| その他投資 |
| 外貨準備 |

＊非金融非生産資産（鉱業権等）の取得・処分，および資本移転を計上する項目。
（出所）日本銀行「国際収支関連統計の見直しについて」日本銀行国際局，2013年，3ページ，図表1。

わる取引を示した①経常収支」と「カネ（株など）に関する取引を示した③金融収支」である。その項目が黒字か赤字かで，その国の強みや弱みがわかる。経常収支の黒字は，それだけ余分に外国にモノ・サービスを売っている（モノやサービスを多く生み出し，提供できている）ことを意味し，経常収支の赤字は，それだけ余分に外国からモノ・サービスを買っていることを意味する。金融収支の黒字は，それだけ余分に外国にカネを貸している（上手く運用している，提供できている）ことを意味し，金融収支の赤字は，それだけ余分に外国からカネを借りていることを意味するのである。

　経常収支に含まれる項目を以下で押さえよう[2]。

　①　貿易収支は，かたちある財貨の海外取引（輸出入）の収支である。目の前にある商品の貿易と考えておこう。

　②　サービス収支は，輸送，旅行，その他サービスからなる（サービス貿易については第13章も参照）。輸送には船舶や航空機による旅客（人）や貨物の輸送，旅行には宿泊費，飲食費，娯楽費，現地交通費，土産代などが含まれている。その他サービスには，**図表5-2**からもわかるように多様なサービスが含まれている。すなわち，(a)財貨の委託（加工・組立など）で発生する手数料，(b)修理・保守点検などのアフターサービス，(c)海外での建設工事で生じる現地の資材費や人件費，(d)保険料・保険金の支払・受取，(e)外貨や証券などの売買における取引手数料，(f)研究開発された技術や商品などの使用料，著作物（音楽，映像，キャラクターなど）の使用料および上映・放映権料，(g)電話，インターネット，コンピューター（ソフトウェアの開発・設計・製作・維持・修理ほか）などの利用・情報処理で取引される代金，が主な項目として挙げられる。

　③　第一次所得収支では，ある国の居住者が，非居住者から受け取る給与などの雇用者報酬と，海外に進出した系列会社などから得られる配当金などの投資収益，およびその他第一次所得を計上している。例えば，日本の居住

2）経常収支，金融収支，資本移転等収支，誤差脱漏における内容については，日本銀行国際収支統計研究会『入門　国際収支』東洋経済新報社，2000年，および日本銀行（https://www.boj.or.jp/）参照，援用。

者が海外で働いて受け取る所得はプラス，日本で働く海外の居住者に支払われる所得はマイナスで示される。

④　第二次所得収支は，政府による無償資金協力や国際機関への拠出，労働者送金[3]，民間の災害援助，慈善活動・文化関連などの拠出が計上されている。海外からの提供がプラスに，海外への提供がマイナスになる。

次に，金融収支に含まれる項目を以下で押さえよう。

①　直接投資は，株式の取得に見られるような，企業経営を目的にした投資である。現地の不動産売買もこの項目に計上される。

②　証券投資は，株式や債券（中長期債，短期債）といった証券への投資のうち，直接投資と外貨準備に該当しないものである。企業経営を目的としない投資である。

③　金融派生商品はデリバティブとも呼ばれるもので，その名の通り，株式，債券，通貨などの金融商品をもとにして生まれた商品である。基本的なものには，将来の取引価格をあらかじめ取り決めた先物取引や，その売買の権利が取引されるオプション取引などがある。要するに，市場におけるリスク（金利リスク，為替リスク，株価・商品価格リスク，信用リスクなど）が商品化され，金融商品として取引されるものである。

④　その他投資は，①〜③と次の⑤で計上されないその他の現金・預金，貸付・借入などの取引が該当する。

⑤　外貨準備は，通貨当局が保有する外貨建ての金融資産である。その増減についての項目となっている。現金（ドル）や国債，金などを持って，市場が不安定な時や経済状態が悪くて資金が必要な時に，国が介入してすぐ利用できるものである。

その他，大きく分けた項目のうち，資本移転等収支は，売買取引などで生じる損益ではなく，相続・贈与に関わる税や権利の移転，債務の免除，施設整備・インフラ形成を支援する無償の資金協力などで，道路や港などの設備

3）外国で雇用され，その国の居住者として扱われることになった個人が，現地で稼いだ報酬を，出身国にいる家族などに対して送金すること。

投資に使われる場合が含まれる。

　また，誤差脱漏は，上記の国際収支統計の項目で集計できなかった（漏れた）取引を調整する項目で，統計の性質上（複式計上の原理），収支尻を合わせるようにしている。

2. 国際収支の分析──主要国の特徴を知る

　本節では，国際収支の動向を具体的に読み取ってみよう。以下の国際収支の図は，近年の日本のものである。

　日本の経常収支（**図表5-3**）は黒字であることがわかるが，その特徴は，貿易収支が黒字や赤字の時がある一方で，第一次所得収支の黒字の幅が継続的に大きいことである。どういうことなのか。これはつまり，私たちが思い描いている「モノづくり大国日本」，「貿易立国日本」は停滞していて，個人および企業が海外進出し，海外で経済活動をおこなって，海外で稼いでいるのである。

　また，金融収支（**図表5-4**）も黒字となっている。その牽引役は，安定的な黒字を記録している直接投資である。国際取引によって資産が増えているという意味だが，どういうことなのか。これはつまり，株式の取得（経営権の獲得）や土地・建物を買う，そういった企業の海外展開が（第一次所得収支とあわせて）著しいのである。

　貿易収支における輸出額は，どの項目より突出して大きい数値であるものの，その伸びは低調で，「製造業に強みをもつ日本」から「製造業に強みをもつ日本の企業が海外へ」といった様相がうかがえる。1980年代半ばから1990年代にかけて，「産業の空洞化」と言われてきたが，それでも当時は貿易黒字を継続して計上してきた。つまり，これまで農業や製造業に支えられてきた自国で安定的な基盤を構築してきた日本の経済構造が，急速に変容しつつある。

　他の国の特徴を考察してみよう[4]。日本との違いはあるのだろうか。まずは，

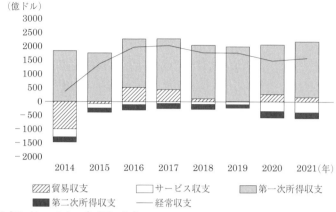

図表5-3　日本の経常収支

（億ドル）

凡例:
- 貿易収支
- サービス収支
- 第一次所得収支
- 第二次所得収支
- 経常収支

（出所）IMF（http://www.imf.org/）参照，作成。

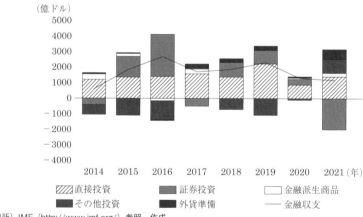

図表5-4　日本の金融収支

（億ドル）

凡例:
- 直接投資
- 証券投資
- 金融派生商品
- その他投資
- 外貨準備
- 金融収支

（出所）IMF（http://www.imf.org/）参照，作成。

最近の米国の国際収支である。米国の経常収支は，赤字が続いている。経常収支のうち，第一次所得収支とサービス収支はある程度の黒字を計上しているものの，貿易収支の赤字は著しく，商品の輸出には力がなく輸入に頼る動

4）IMFのウェブサイト（http://www.imf.org/）などにアクセスして，様々な国の国際収支のデータを取得してみよう。

向となっている。その結果として，金融収支も，証券投資などによって赤字
が続き，外国から入る資金によって経済を起動させている状況となっている。

　次に，最近の中国の国際収支である。中国の経常収支は，商品輸出の黒字
が特徴的である。金融収支は，世界最大の外貨準備（米国債，米国株など）の
保有によることから，その動向によって黒字と赤字の時がある。また，金融
収支の中では，直接投資が赤字として計上されていることが多いが，それは
外国企業による中国市場への参入である。

　なお，このように，世界の国々の国際収支を読み取っていくと，日本や中
国，アジア新興国，石油輸出国などでは経常収支黒字が，米国では経常収支
赤字が増大し，世界で経常収支の不均衡が拡大していることに気づく。
図表5-5に示されている通りであり，これを「グローバル・インバランス」
と言う。最近の動向も同様であるが，この局面が続くと，どのような状況と
なってしまうのか。

　図表5-6を見てほしい。まず，グローバル・インバランスの問題は，新興
国・途上国（中国，アジア諸国）が働いて作ったモノ（最終財）が，豊かな米国
に売られ，米国で消費されていることである。本来であれば，モノが必要な
のは，相対的に貧しい国（人たち）が多い新興国・途上国であるはずなのに，

図表5-5　グローバル・インバランスの動向（経常収支の対GDP比）

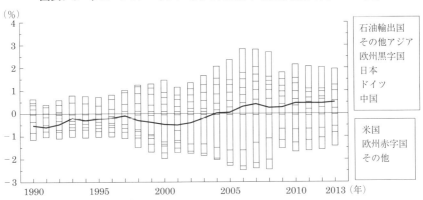

（出所）IMF（http://www.imf.org/）。
（注）図の右に記した国々は，0から積み上げられた順になっている（ただし，2002年以後からである）。図で示さ
　　れているそれぞれの国は，それぞれの地域で重複のないように算出されている。なお，折れ線は，Discrep-
　　ancyである。

図表5-6　グローバル・インバランス拡大の構図

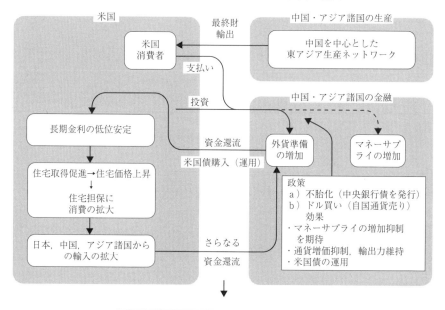

（出所）経済産業省『通商白書2010』，第1-1-2-17図。

　このような構図になっているのである。経済力をつけたい新興国・途上国は，輸出によってカネを稼いでいるのだが，自国でカネがあふれて過度なインフレにはならないように中央銀行債を発行したり，国際取引の決済において主に使われるドルでの運用を考えて米国の国債を買ったりする。その結果，米国に資金が還流する。ゆえに，新興国・途上国は，米国の赤字を支えている状況となる。米国は，世界最大の債務国でも，自国の赤字を気にしなくてもよいほどに，ドルに対する持続的な需要があるのだ。そのため，米国においては，金利を必要以上に上げたり下げたりすることもない。長期金利の低位安定によって，借入も増えることになり，米国での消費は進行することになる。

　ただ，こうした生産と消費，モノとカネの世界的なインバランスの拡大は，

どこかの国が不安定になったら，世界の経済がいよいよ立ち行かなくなってしまう，危うい事態を孕んでいると考えられる。

　以上のように，国際収支を分析することで，その国の対外経済関係の特徴や，世界経済をめぐる動向まで，基礎的な視座を得られるのである。

　また，国際収支の見通しについては，「国際収支の発展段階説[5]」をはじめ，経常収支の決定要因が検証・分析されており，様々な理論やアプローチによって国際収支の予測が論究されている。

3．外国為替の仕組み
――円高ドル安・円安ドル高を理解する

　外国にお金を支払うのは，どのような時であろうか？　個人では，海外旅行先での買い物や食事・ホテル代などが思い浮かぶし，海外から何か財貨を輸入した際の支払いなども想像がつくであろう。実際に，2021年の世界総輸出額は20兆ドルを上回り[6]，そのぶんだけ国境を越えた決済がおこなわれたはずである。ところが，今日，世界で一日当たり国境を越えて動くマネーは驚くほど膨大で，わずか数日で1年間の世界総輸出額に匹敵するマネーが国境を越えてやり取りされている。目の前でスマートフォンやタブレット，パソコンを操作するだけで，天文学的なお金を動かせるようになっている。株の超高速取引（HFT：High Frequency Trading）は，1000分の1秒単位で売

---

5 ）1957年に，ジェフリー・クローサーが，英国と米国の経済の局面を説明するために提起したものである。この説によれば，「第1段階（未成熟な債務国）：経常収支は赤字であり，外国から資本を輸入する→第2段階（成熟した債務国）：貿易・サービス収支は黒字化するが，経常収支は赤字のまま→第3段階（債務返済国）：経常収支は黒字化し，黒字が対外債務の返済に充てられる→第4段階（未成熟な債権国）：第一次所得収支が黒字化し，対外純資産がプラスとなる→第5段階（成熟した債権国）：貿易・サービス収支は赤字化するが，経常収支は黒字のまま→第6段階（債権取り崩し国）：経常収支は赤字であり，対外債権の取り崩しおよび資本の輸入を行う」とされている（清水順子・大野早苗・松原聖・川崎健太郎『徹底解説　国際金融』日本評論社，2016年，87ページ，一部加筆。あわせて経済産業省『通商白書』2006年，を参照）。世界の国々が，どの段階に位置しているのかがわかる説明である。

6 ）JETRO（https://www.jetro.go.jp/）参照。

買されており，もはやバーチャルな世界である。

　本節では，国際取引におけるこうしたカネのやり取りについて，重要なし
くみである外国為替市場について学ぶ。カネと言っても，ドルやユーロ，元，
ルーブル，レアル，ペソ，ウォンなど，世界には多くの国にたくさんのカネ
の種類があるが，外国為替市場で決まる「異なる通貨の間の交換比率」が，
為替レート（為替相場）である。とは言え，為替相場の制度も，国によって
違い，IMFによると**図表5-7**に示されている通り様々である。このような為
替相場の制度は，大きく分けて変動相場制，固定相場制，中間的制度と把握

図表5-7　為替相場制度の種類について（2018年4月30日）

固定相場制度	他通貨固定相場制（ドル化等） (No separate legal tender)	特定の外貨と自国通貨を固定された為替レートで交換（法的保証はなし），米ドルが単一の法定通貨として流通するドル化など	13ヵ国	エルサルバドル，パナマ，マーシャル諸島，エクアドル等
	カレンシー・ボード制度 (Currency board)	特定の外貨と自国通貨を固定された為替レートで交換することを法的に保証し，外貨準備によって裏づけられた通貨発行をおこなう	11ヵ国	香港，ドミニカ，ボスニア・ヘルツェゴビナ等
中間的制度	従来の固定ペッグ（釘付け）制度 (Conventional peg)	自国通貨を主要国通貨または複数国通貨のバスケットに，固定レートでペッグする制度。目標値から最大プラスマイナス1％の狭い範囲内での変動を認める制度	43ヵ国	サウジアラビア，UAE，カタール，ニジェール，リビア，ネパール等
	その他安定化したアレンジ (Stabilized arrangement)	―	27ヵ国	シンガポール，ベトナム，ミャンマー，クロアチア等
	クローリング・ペッグ制度 (Crawling peg)	ペッグした公定平価を定期的に調整する制度	3ヵ国	ホンジュラス，ニカラグア，ボツワナ
	クローリング的制度 (Crawl-like arrangement)	定期的に調整される中心レートの周辺を特定の幅で変動することを許容する制度	15ヵ国	バングラデシュ，中国，チュニジア等
	ホリゾンタルバンド・ペッグ制度 (Pegged exchange rate within horizontal bands)	従来のペッグ制度と同様だが，自国通貨の変動幅を，プラスマイナス1％以上の大きな範囲で認める制度	1ヵ国	トンガ
	その他　管理制度 (Other managed arrangement)	―	13ヵ国	カンボジア，アルジェリア，シエラレオネ，ベネズエラ等
変動相場制度	管理フロート制度 (Floating)	通貨当局が外国為替市場への積極的な介入を通じて為替レートの動きに影響を与える制度	35ヵ国	アルゼンチン，マダガスカル，ブラジル，韓国，フィリピン，タイ，インド等
	自由フロート制度 (Free floating)	為替レートは為替市場の需給関係によって決定され，為替レートを適正なものとし，過度の変動を防ぐために外国為替への介入がおこなわれる制度	31ヵ国	日本，米国，英国，フランス，ドイツ，ロシア等

（出所）IMF, "Annual Report on Exchange Arrangements and Exchange Restrictions 2018", pp. 5-8。表の作成
　　　およびそれぞれの制度の説明にあたっては，野崎久和『通貨・貿易の問題を考える』日本経済評論社，
　　　2014年，79ページ，援用（直接引用を含む）。

されている。

　また，本節では，外貨の需要と供給によって（反映されて），為替レートが決まっていく（変動する）ことを念頭に，日本の円と米国のドルの間の為替レートを事例として，円高ドル安，円安ドル高について考えてみよう。

　1 ドル＝100円であった為替レートが，1 ドル＝80円になった時と 1 ドル＝120円になった時，円高ドル安と円安ドル高はそれぞれどちらだろうか？**図表5-8**に示した通りである。

　この表に見られるような変動を，日本にいる私たちの生活に寄せて検討すると，海外旅行には円高のほうが良いとされる。少ない円でたくさんのドルに換えて現地に行けるからである。円高の時には，海外の商品を少ない円で購入できるため，輸入商品が割安となる。百貨店やスーパーで実施される，海外の商品を対象にした「円高還元セール」である。こうしたことから，輸入企業にとっては，円高が良いとされる。

　他方，輸出企業にとっては円安が良いとされる。なぜなら，例えば80円の製品を 1 ドル＝80円の時には 1 ドルで販売していたが，1 ドル＝100円の円安になれば，0.8ドルで販売しても同じ80円を回収できることになる。輸出先の人から見れば，同じ商品が安く買えることになる。そのため，需要が伸びて輸出も伸びることになるのである。輸出企業として知られるトヨタは，1 円の為替変動で，数百億円もの損益があると言われている。

　こうした為替レートの変動については，**図表5-9**のように，円とドルの需要と供給の関係で把握されている。需要線と供給線が交わり一致したところ

図表5-8　為替レート　変動の一例

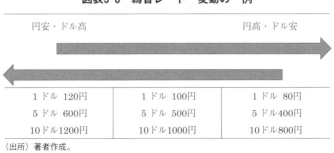

円安・ドル高		円高・ドル安
1 ドル 120円	1 ドル 100円	1 ドル 80円
5 ドル 600円	5 ドル 500円	5 ドル400円
10ドル1200円	10ドル1000円	10ドル800円

（出所）著者作成。

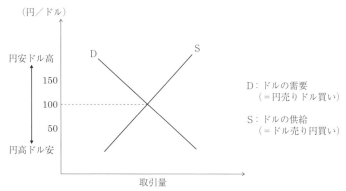

図表5-9　為替レートの需要と供給

（円／ドル）

円安ドル高

150

100

50

円高ドル安

取引量

D　D：ドルの需要
　　　　（＝円売りドル買い）

S　S：ドルの供給
　　　　（＝ドル売り円買い）

（出所）高橋信弘『国際経済学入門』改訂第2版，ナカニシヤ出版，2015年，12ページ，援用，作成。

が，為替レートの値となる。それは，ドルの供給が増加したり（右方にシフト），ドルの需要が減少したりすることで（左方にシフト），円高ドル安に進み，ドルの供給が減少したり（左方にシフト），ドルの需要が増加したりすることで（右方にシフト），円安ドル高に進む。図を用い，需要線と供給線をシフトさせながら，理解を深めてほしい。

　それでは，需要と供給の変動は，どのような局面で生じているのか。例えば，「日本の経済社会は安定しているな，日本の企業はこれからも利益を上げて成長していくな」と考えれば，安全な資産として運用できる日本の企業の株を買ったりするだろう。ドルが円に交換される。すなわち信用の高い円を買い，ドルを売る。**図表5-9**で言えば，ドル売り円買い（ドルの供給）が増え，円売りドル買い（ドルの需要）が減るので，円高に推移する。また，金利の影響もよく言及されるところである。例えば，ドルの金利が引き上げられ高くなったりすると，ドルによる運用を考え，ドルを買う。つまりドル高となる。円の金利が低ければ，円を持っていても得をしないので，円を売って手放す。**図表5-9**で言えば円売りドル買い（ドルの需要）が増え，ドル売り円買い（ドルの供給）が減るので，円安に推移する。

　外国為替の相場は，このように需要と供給によって日々変動するが，その背景には，金利，景気，物価，株式，貿易・投資，政治，戦争・紛争・テロ，

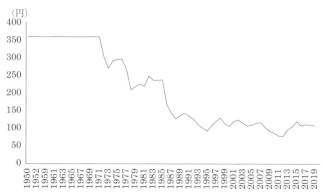

図表5-10　円の対ドル為替レート（年平均）

（出所）IMF（http://www.imf.org/）参照，作成。

　自然災害などの動向が，深く関わってくる。**図表5-10**は円の対ドルレート
の推移である。変動の著しい時期があるが，どのような出来事（背景）があ
ったのか，本書を手がかりに考えてみよう[7]。

　なお，為替取引には，直物レートでの取引，先物レートでの取引がある。
直物取引とは，為替取引の契約成立後，当日または数日内に受け渡しがおこ
なわれる取引である。例えば，円とドルの決済の場合，日本の銀行と米国の
銀行とのやり取りでは時差や休日など重なることがあるため，契約が成立し
てから2営業日後に受け渡しがおこなわれる。先物取引とは，契約成立後，
1ヵ月後とか3ヵ月後，あるいはその前後の数日間など，将来に受け渡し
がおこなわれる取引である。そのため，為替の変動リスクおよび不確実性が
回避されることになる。また，これら取引の組み合わせ，および調整をして
いくスワップ取引もおこなわれている。

　さて，実際に取引される外国為替市場は，2つに区分される。**図表5-11**
に示したように，インターバンク（銀行間）市場と対顧客市場である。イン

7）また，為替レートの決定理論としては，購買力平価説（為替相場における通貨の交換比率は，そ
　れぞれの国の通貨の購買力（物価水準）の比によって決まる）をはじめとして，様々なアプロー
　チやモデルで考えられているが，複雑な現実を論理的に解明することは難しく，捉えきれていな
　い側面がある。

図表5-11　外国為替市場のしくみ

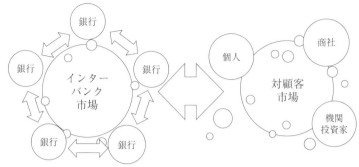

（出所）著者作成。

図表5-12　世界の主な外国為替市場の取引時間

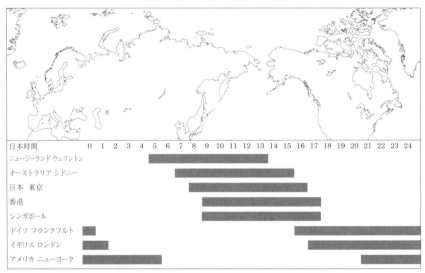

（注）サマータイムなどの夏時間および冬時間によって，日本時間で考えると取引時間は前後する。
（出所）著者作成。

ターバンク市場においては，膨大で秒単位のお金の取引が24時間おこなわれている。日本においても，夜のテレビのニュースで為替レートの変動が見られるのは，**図表5-12**に示したように，世界の主要な国の外国為替市場のどこかが開いており，そこで外貨の取引があるからである。

　インターバンク市場では，市場の信用を保つため，参加者は中央銀行や大

手の銀行（・銀行の外国為替ディーラー），銀行間取引を仲介するブローカーを中心に限定されている。一方で，私たち個人や会社がやり取りしている為替相場は，そのインターバンク市場で円やドルなどの外貨がどれだけ市場に出回っているのかを見て，銀行が午前10時頃に「今日は1ドル○○円○○銭」といった，今日の相場を決めているのである。これが私たちの取引する為替相場で，対顧客市場と言われる。こうして，カネがやり取りされる国際的な場が成立しているのである。

> 【次の課題を考えてみよう】
>
> 　円高ドル安，円安ドル高によって影響を受ける身近な事例を，たくさん考えてみよう。

【参考・引用文献】
アイケングリーン，バリー（畑瀬真理子，松林洋一訳）『グローバル・インバランス』東洋経済新報社，2010年。
浦田秀次郎，小川英治，澤田康幸『はじめて学ぶ国際経済』有斐閣，2011年。
小川英治編著『グローバル・インバランスと国際通貨体制』東洋経済新報社，2013年。
奥田宏司，代田純，櫻井公人編『現代国際金融』第3版，法律文化社，2016年。
上川孝夫，藤田誠一編『現代国際金融論』第4版，有斐閣，2012年。
川本明人『外国為替・国際金融入門』中央経済社，2012年。
クルーグマン，R・ポール／オブズフェルド，モーリス（山本章子訳）『クルーグマン国際政治経済学』下，丸善出版，2014年。
清水順子，大野早苗，松原聖，川崎健太郎『徹底解説　国際金融』日本評論社，2016年。
高橋信弘『国際経済学入門』改訂第2版，ナカニシヤ出版，2015年。
日本銀行国際収支統計研究会『入門　国際収支』東洋経済新報社，2000年。
野崎久和『通貨・貿易の問題を考える』日本経済評論社，2014年。
深尾光洋『国際金融論講義』日本経済新聞出版社，2010年。
福田邦夫，小林尚朗編『グローバリゼーションと国際貿易』大月書店，2006年。

英語コラム

Supply Chain in Covid-19

With the global pandemic of COVID-19, the global supply chain was disrupted as some parts of the production processes were obstructed by the pandemic. In addition to the pandemic, trade disputes, political unrest, and increased natural disasters are creating higher risks to the supply chain. For the management of the global supply chain today, the situation has changed considerably from what it was until 2019.

One of the purposes of organizing a global supply chain is to allocate different production processes in different countries and use the comparative advantages of each country to cut costs to maximize profits. Thus, until the pandemic, in supply chain management, cost management was considered more important than risk management. But the global supply chain itself is built on the premise that each production process can be carried out smoothly. Now we are starting to focus more on supply chain stability and resilience.

Despite the increased costs, companies are also beginning to focus on risk management. For example, distributing suppliers across more countries, reshoring some production processes, and investing in visual management of the supply chain, etc.

While the pandemic has exposed the possible risks in the global supply chain, it has also brought more attention to the problems that global supply chains as a form of production organization bring to our society. For example, the increase in carbon emissions from multiple cross-border transportations of parts and components, and human rights issues such as the employment conditions of subcontractors in developing countries, have also received more introspection.

第 II 部

貿易の展開

第 6 章

戦後貿易の制度　IMFとGATT

【あらすじ】

　1929年の大恐慌後，帝国主義国は排他的な貿易政策をとるが，これが第二次世界大戦を引き起こす主な要因となった。その歴史的反省の上に立って，連合国は戦後，自由・無差別・多角的な貿易体制をめざすことになった。金・ドル本位制にもとづく IMF＝GATT 体制の構築である。しかし西欧諸国や日本の経済復興による国際競争力の向上，さらには膨大な戦費により，米国の国際収支は悪化し，同体制の根幹である固定相場制は1970年代初頭に崩壊を迎える。そして IMF＝GATT 体制は，変動相場制移行後に再編された。GATT のラウンド交渉および IMF は，新たな局面を迎えたのである。

【読者への問いかけ】

　IMF＝GATT 体制は何のために作られ，どのように変容したのか？

---

1. 大恐慌とブロック経済

世界貿易の縮小

　米国では1788年の合衆国憲法により，議会に関税率の決定権限が与えられていた。したがって，議会は国内の産業保護を求める勢力の要求に応じて，外国製品に高関税をかける傾向があった。一言で言えば，米国は「伝統的に孤立主義とナショナリズムに立脚した保護主義的な通商政策」をとってきた

のである。

これに拍車をかけたのが大恐慌であった。1929年10月，米国はウォール街の株価大暴落を契機として深刻な不況に突入した。金融機関を含む企業の倒産が相次ぎ，街は失業者であふれ返ってしまった。それへの対応として米国議会は，1930年6月にスムート＝ホーリー法を制定し，課税対象品目の関税率を平均で約53％まで引き上げた。保護貿易の強化によって国内経済を立て直そうとしたのである。

では，英国やフランスなど先進工業国は，米国の超高関税政策にどう対応したのか？　それは，報復措置としての保護貿易政策であった。そもそもこれらのヨーロッパ諸国は，米国への輸出によってドルを獲得し，経済復興をめざしてきた。それが他ならぬ米国自身によって制限されてしまった。こうして英仏両国は，関税の引き上げ，課税対象の拡大，輸入割当・輸入制限を導入し，いわゆる近隣窮乏化政策を実施した。その結果，世界の貿易量は，1929年から1932年までの間に60％程度縮小したのだった。

ドル供給の停滞と債務返済停止

この間の米国発世界恐慌に端を発した経済危機によって，多くの国では景気が悪化していた。そして恐慌によって，米国から各国への資本輸出（対外投資）も大幅に落ち込んだ。それは言い換えれば，世界へのドル供給が減少したということである。

こうして，債務を抱える国は，次第に債務返済用のドル調達が困難となっていった。とりわけ第一次世界大戦後，米国資本に支えられながら巨額の賠償金を支払いつづけてきたドイツへの影響は大きかった。米国からの資本流入が滞ったドイツ経済は，破滅的打撃を受けた。1931年，ドイツはついに英国，フランス，ベルギー，イタリアに対する賠償金の支払い停止を宣言したのである。

1）中川淳司『WTO』岩波書店，2013年，4ページ。

これを受けて米国のフーヴァー大統領は，賠償・戦債支払いの１年間猶予を発表した。しかし効果は上がらなかった。先に述べたように，英仏などヨーロッパ諸国は米国の超高関税政策によって対米輸出（その対価としてのドルの獲得）が制限されていた。したがってこれら諸国は，ドイツからの賠償金支払いが滞るならば，米国に対する自国債務の返済を停止（制限）するほかなかったのである。

金本位制とは何か？

　ここで，当時の国際金融体制について確認したい。大恐慌発生時，先進工業国の多くは金本位制をとっていた。金本位制とは簡単に言えば，１ポンド＝金7.99グラム（1816年英国貨幣法）といったように，各国の通貨価値が金を基準にして決定される制度である。したがって，各国通貨の価値は，それぞれ金の重量に還元できる。各国通貨の交換比率（為替相場）も，各国通貨の金価値（金平価）を比較して決めていた。例えば，純金１オンス＝20.67米ドル＝4.247英ポンドと定義されていたので，英ポンドの対ドル為替平価は，１ポンド＝4.866米ドルであった。

　金本位制においては，各国の中央銀行は，発行する銀行券（紙幣）と金の一定比率での引き換え（兌換）を，常に保証しなければならなかった。なぜなのか？　それは，常に兌換用の金を保有することで各国通貨に信用を与え，国際貿易を促進することを目的としていたからである。

英国はなぜ金本位制を離脱したか？

　それでは英国を中心に金本位制について確認しよう。英国は19世紀以降，世界貿易・資本市場の中心であった。英国は慢性的な貿易赤字を抱えていたが，大幅な貿易外収支（海運料，保険料，利子・配当など）の黒字によって，国際収支は受け取り超過（黒字）となっていた。英国はこれを帝国植民地はじめ海外へ再投資して利益を拡大した。それは一方で，他国の国際収支の赤字

が英国の金（きん）によってファイナンスされることで，他国からの金の流出が防止されていたことを意味する。したがって，金本位制は英国の資本投資によって維持されていたとも言える。

けれども大恐慌後，とりわけドイツが賠償金支払い停止を宣言した1931年以降，金本位制下の英国における国際収支の悪化は著しかった。英国経済に対する不安から，通貨ポンドに対する信用は失われていき，ポンドと金の兌換（その引き換えの結果，イギリスから保有していた金が流出すること）が激増したのである。同年9月，英国のマクドナルド挙国一致内閣はついに，金本位制を続けていくほどの金保有を維持することができなくなった。それゆえ金本位制からの離脱を発表し，管理通貨制度に移行した。そしてポンドは金とのつながりを断ち切られ，信用を減じさせたことで価値を下げ，約20％切り下げられた。

管理通貨制度では，金の保有量に縛られず，しかも実質経済の成長に合わせて通貨を発行することが可能となる。それは何を意味するか？ 要するに，貿易相手国との間で，金を媒介としない二国間の為替相場において，輸出入の条件が変化するということである。したがって，金本位制下とは反対に，自国通貨安となれば，当然ながら輸出に有利に働くことになる。こうして英国では，金本位制離脱に伴うポンド安により輸出拡大が図られた。加えて，1932年2月には輸入関税法が制定され，英国は輸出を増やす一方で輸入を減らすという保護貿易政策へと転換した。

ブロック経済と米国の対応

英国に続き各国は，輸出競争力強化による経済浮揚をめざした。そして，世界規模の「通貨切り下げ競争」が巻き起こった。英国，フランス，ドイツなどの列強は，それぞれ排他的なブロック経済圏を形成し，「自給自足」体制を構築することで，自らの「帝国」の延命（えんめい）を図った。しかし，大内力が指摘するように，日本の大東亜共栄圏形成の試みも含め，これらのブロック経済が「世界経済を分断し，国際的な経済的紐帯（ちゅうたい）を希薄にする結果を生み，

ひいては第二次世界大戦を避け難くする原因のひとつになった[2)]」のである。

　米国のローズヴェルト政権は，大恐慌が長期化する中，国内の金融不安を解消して金の流出を防ぐため，1933年4月に金本位制を停止した。ポンドの時と同じメカニズムでドルは切り下げられ，いわゆるニューディール政策が実施された。そして国務長官に就任したコーデル・ハルらが中心となり，1934年には相互主義・無差別原則にもとづく互恵通商協定法が制定され，高関税政策からの転換が図られた。こうして米国では，他国と交渉して関税を引き下げる権限が大統領（行政府）に与えられたのであった。

　また同じ年，米国はドル安となり有利となった輸出をいっそう促進するため，ワシントン輸出入銀行を設立した。同銀行の主な役割は，海外のバイヤーに米国の物資・サービス購入のための長期信用を供与することである。こうした中，米国は3年間の時限法だった互恵通商協定法を3度延長し，貿易の拡大を図っていった。

2．IMF 誕生への道

ブレトンウッズ会議

　第二次世界大戦終結前の1944年7月，連合国44ヵ国の代表が，米国のニューハンプシャー州ブレトンウッズに集結した。ここで連合国通貨金融会議（通称ブレトンウッズ会議）が開催され，戦後国際経済秩序についての討議がおこなわれた。新たな体制の目標は，大きく分けて3つある。①自由で無差別かつ多角的な国際貿易体制を構築すること，②通貨切り下げ競争を防ぎ，為替相場を安定化させること，そして，③高水準の雇用維持および生活向上のために，経済開発を促進し，高い経済成長を達成することである。

2）大内力，藤谷築次編『日本農業年報41　総括：ガット・UR農業交渉』農林統計協会，1995年，2ページ。

また米国にとっては，欧州戦線や太平洋戦争の特需で急激に生産量が増えたため，それにより抱えた過剰生産能力の処理が課題となっていた。多くの生産を生み出すために多くの生産設備への投資をおこなったものの，急に戦争の終了が近づき，需要が減少しはじめたことへの対応を迫られたのである。そこで米国は，戦後恐慌に陥らないためにも，世界規模の円滑な貿易体制，換言すれば米国の過剰な生産物のための輸出市場の拡大が急務だったのである。

　このブレトンウッズ会議の中心にいたのが，ヘンリー・モーゲンソー，ハリー・ホワイトらが率いる米国代表と，ジョン・メイナード・ケインズ率いる英国代表だった。

ケインズ案の特徴

　ここで，英国代表ケインズの案を簡潔に確認しよう。ケインズには，管理通貨制度下でおこなわれた通貨切り下げ競争およびそれに伴う世界経済の混乱を未然に防ぐという目的があった。そこでケインズは，信用（貨幣）を創出する機能を有する「世界の中央銀行」として，国際清算同盟（ICU：International Clearing Union）の設立を主張した。ケインズは，グローバル経済の視点から貿易黒字国と貿易赤字国を均衡させること，すなわち各国間の国際収支不均衡を是正することをめざしていた。

　とりわけケインズは，国際収支不均衡の責任を貿易黒字国にも負わせようと考えていた。もちろん第一次世界大戦以降，莫大な量の金（貿易黒字の蓄積とその兌換による金）を自国に蓄積してきた「一人勝ち」状態の米国を念頭に置いていたことは言うまでもない。ケインズは，米国などの大国は国際主義にもとづき，むしろ輸入を増やすことによって国際的な総需要を喚起し，各国からの対米輸出の拡大を支えるべきと考えていた。要するにケインズは，「世界各国のアンバランスを取り除き，世界経済の一様な発展を意図しながら，戦後の，疲弊したヨーロッパあるいはイギリスの利益を守ろうとした」のである。

ホワイト案の特徴

　それでは，米国代表ホワイトの案はどのようなものだったのか？　結論から言うならば，ホワイト案は，基本的に「連合国安定基金」の創設を目的としており，ケインズの国際清算同盟のような信用創出機能は想定されていなかった。ホワイト案は，出資金による基金方式（出資額最低50億ドル）をとり，議決権は出資額に応じて配分され，各国は出資割当額の最大300％まで借り入れが可能であった。こうして一時的な国際収支の赤字に苦しむ加盟国に資金を供給すると同時に，赤字国は返済義務と緊縮財政の実施を義務づけられるのである。

　当時，米国は世界で唯一の国際収支黒字国であり，世界全体の金保有額（約380億ドル相当）のうち約200億ドル相当を保有していた。対する英国は約7億ドル相当にすぎず，両国の国力の差は明らかだった。米国は自国に不利となるケインズ案の「黒字国による赤字国への資金支出」という仕組みを断固拒否した。

　両者の議論は紛糾したが，最終的には米国代表が主導権を握った。そして，ホワイト案の「ドルを基軸通貨とする国際通貨体制の構築」と「国際収支調整の負担は（黒字国ではなく）あくまでも赤字国が負う」という原則が盛り込まれたのである。

IMF・世界銀行の創設

　こうして1944年7月のブレトンウッズ協定にもとづき，中短期の融資機関として国際通貨基金（IMF：International Monetary Fund）が1945年12月に設立された。また戦後の復興と開発を担う長期貸付機関として，世界銀行＝国際復興開発銀行（IBRD：International Bank for Reconstruction and Development）が併せて設立され，1946年6月に業務を開始した。本部はワシントン

3）伊東光晴『ケインズ』岩波書店，1979年，190ページ。

に置かれたが，初代 IMF 専務理事および初代世界銀行総裁に任命されたのはケインズだった。1946年３月，ケインズはジョージア州サヴァンナで開催された両機関の除幕式に参加するため渡米した。しかし，戦後国際経済秩序の構築のために奔走したこの経済学者は，米国から帰国した２週間後にこの世を去ったのである。そして初代 IMF 専務理事にはベルギーのカミーユ・ギュート元財務相が就任し，初代世界銀行総裁には米国の元 FRB（連邦準備制度理事会）議長ユージン・メイアーが就任した。それ以来，世界銀行総裁には米国人が，IMF 専務理事には欧州人が就くことが慣例となっている。

3. IMF の役割と機能

IMF 協定第１条

　ここでは IMF の主要な目的を考えてみよう。それは，IMF 協定第１条に高らかにうたわれている。すなわち，①「国際通貨問題に関する協調と協議の場を与える常設機関として国際通貨協力を促進すること」，そして，②「国際貿易の均衡ある発展を促進し，すべての加盟国の第一の経済政策として，雇用と実質所得を高水準に維持すること，生産的資源の開発に貢献すること」である。

　したがって IMF は，大戦前の経験から国際経済にとって有害とされる人為的な為替相場の変更（国家間の為替切り下げ競争）を厳しく制限し，各国に対して為替制限の撤廃を義務化した。そのため IMF は，加盟国が一時的な国際収支の赤字や外貨準備不足に陥った際には，各国が拠出した基金をもとに資金供給（対外支払手段の一時的な追加）をおこない，危機克服の手助けをする必要がある。同措置によって，加盟国が恣意的な為替管理を実施することを防ぐのである。

調整可能な固定相場制

　IMF は第 1 条に掲げた目的を遂行するために，固定相場制を採用した。基本から確認しよう。IMF は協定第 4 条において，1944年 7 月 1 日時点で金 1 トロイオンス（約31.1グラム）＝35米ドルという交換比率によって両者の価値を結びつけた。これを基準にして，加盟国に自国通貨の価値（平価）を決定させた。そして，外国通貨当局によって原則的にいつでも金と米ドルの交換が可能となり，米ドルの価値は金によって保証された。要するに，米ドルが金に代わって，対外決済や通貨間取引を媒介するようになったのである。このことにより，米ドルは「基軸通貨」となった。IMF の固定相場制が，金・ドル本位制と呼ばれるゆえんである。加盟国は，IMF との間で決定した平価の変動幅を上下各 1 ％に抑えるため，為替相場への介入を義務づけられた。とは言え，加盟国が構造的・慢性的な国際収支の基礎的不均衡に陥った場合は，平価の変更が認められていた。つまり，IMF の固定相場制は，厳密な意味での「固定」相場制ではなく，調整可能な「アジャスタブル・ペッグ制」であった。

通貨の交換性の維持

　さらに，IMF の重要な協定として第 8 条が挙げられる。IMF は加盟国に対して，国際収支の赤字などを理由とした経常取引（商品・サービスの国際的支払い）における「為替制限」や「差別的通貨措置」を認めないのである。そして，加盟国に対して「通貨の交換性」を義務づけている。通貨の交換性（convertibility）とは何だろうか？　それは，ある国の通貨（対内支払手段）が外国通貨（対外支払手段）と自由に交換できる（兌換）状態を指している。

　しかしながら，IMF が業務を開始した1947年当時，外貨準備高の少ない加盟国に通貨の交換性を義務づけることは事実上困難であり，また戦後復興を妨げる要因と考えられた。そこで IMF は協定第14条において，「戦後の過渡期」に限り，通貨の交換性を制限することを認めていたのである。

外貨の融資機能

　先に述べたように IMF は，第14条の適用国以外に，平価の自由な変更および支払制限を認めていない。それゆえ加盟国は，国際収支の不均衡を調整する必要が生じた際に，IMF の融資を受けることになる。IMF は融資の資金源を確保するために為替安定基金を設立した。これに各国が通貨準備高，外国貿易量，国民所得の大きさなどを基準として決められた割当額（quota）を出資する。その25％は金（きん）で，残りの75％は自国通貨で払い込んできた。

　IMF による外貨資金供与は実質的には融資だが，実際には加盟国が IMF から自国通貨を対価として買う為替取引の形がとられている。これを「引き出し（drawing）」と呼ぶ[4]。そして IMF 独自の通貨単位として特別引出権（SDR：Special Drawing Right）がある。SDR は1960年代に米ドルへの信認が低下する中，新たな外貨準備資産として創設されたものである。SDR は，IMF 内の払込や決済にのみ利用され，市場に流通することはない。SDR の価値は主要国通貨との加重平均にもとづき，その交換比率は変動する。現在は，各国割当額の25％は SDR または特定の外貨で払い込む。

　なお，ここで重要なことは，IMF では重要事項を決める際には85％以上の賛成を必要とする点である。各加盟国は250票の基礎票に加え，割当額10万 SDR ごとに追加投票権１票が与えられる。要するに，経済規模の大きな国はそれだけ多くの投票権を有していることになる。2023年２月現在，米国の割当額は17.43％を占め，16.50％の投票権が与えられている（IMF 設立直後の1948年４月時点ではそれぞれ34.48％，30.41％に上っていた）。したがって，IMF の運営は，最大投票数をもつ米国の意向に沿った形になることが多い。

構造調整プログラムの実施

　こうした中，IMF は加盟国経済の監視と調査・研究をおこなってきた。

4）小島清『外国貿易』四訂，春秋社，1979年，113ページ。

国際収支の困難に直面した加盟国に対し，外貨準備高を補填するための融資をしたり，金融部門への技術支援を実施したりするためである。

そして，融資受入国に対しては，短期的な財政収支の改善を目的として，厳しいコンディショナリティ（付帯条件）を伴う，画一的な構造調整プログラムを要求する。しかし多くの場合，プログラム受入国に課せられる緊縮財政は，当該国の景気を低迷させ，かえって税収を悪化させてきた。また外資誘致のための各種規制緩和，国営企業の民営化，市場の開放なども IMF から要求されるが，これも必ずしもプログラム受入国の産業の活性化にはつながらなかった。

4．IMF＝GATT 体制と戦後復興

IMF＝GATT 体制の誕生

　米国は，1946年に国連貿易雇用会議準備委員会を立ち上げた。そして，多角的自由貿易の促進および貿易に関する紛争処理を担う国際貿易機関（ITO：International Trade Organization）設立をめざした。1947年11月，国連貿易雇用会議がキューバのハバナで開催され，ITO 憲章の起草作業が進められた。それと同時に，すでに1947年4月から10月にかけてジュネーブでおこなわれていた多角的関税交渉の成果について，これを早期実施するための協定が求められていた。

　こうして ITO 創設を前に，1948年1月1日，関税および貿易に関する一般協定（GATT：General Agreement on Tariffs and Trade）が暫定的に発効されたのである。GATT は戦前の「保護・差別・双務主義」に代わる「自由・無差別・多角主義」にもとづく国際貿易体制の構築を掲げていた。

　しかし，ITO 憲章自体は同年3月に採択されたものの，これを強力に推し進めてきた肝心の米国を筆頭に各国の議会が批准を拒否したため，結局 ITO は創設されなかった。各国議会が ITO に反対したのはなぜか？　それ

は，超国家的権限を有する ITO に加盟することで自国の貿易主権を喪失するのを恐れたからである。そこで，暫定的に締結された GATT が，国際通貨の安定を司る IMF と共に戦後の自由貿易体制の制度的基盤となった。

GATT の基本原則とは？

では，次に GATT の内容を考えていこう。GATT には，①最恵国待遇，②内国民待遇，③数量制限の原則的禁止，④関税主義，⑤相互互恵主義，といった基本原則がある。GATT における①最恵国待遇とは，ある 2 国間で合意された，「最も有利な待遇」の貿易取り決め（関税率）を「即時かつ無条件」にすべての GATT 締約国に自動的に適用することである。したがって，同種の産品については，他の国に与えている最も有利な待遇を，すべての締約国に与えねばならない。つまり最恵国待遇は，GATT 締約国間における差別的待遇を禁じていると言える。一方，②内国民待遇とは，国内市場において国内産品と輸入産品の間の差別的待遇を禁じるものである。同種の産品について締約国間の内外差別をなくすことを定めている。

③数量制限の原則的禁止，④関税主義に関しては，**図表6-1**を確認してほしい。すなわち各国は，関税障壁，非関税障壁，輸入数量制限という三重の壁によって諸外国の競合品の輸入を妨げることで，国内産業を保護していたのである。一般的には，関税によって輸入品の国内販売価格が高くなったとしても，そのぶん多くのお金を支払い購入する者さえいれば，自由に輸入することは可能である。他方，輸入数量制限および非関税障壁の多くは，国の法律や政府の命令（指導）などによって築かれており，お金をいくら払ったとしても乗り越えられない鉄の壁と言える。とりわけ政府が一方的に輸入を禁止したり，輸入量を制限（割当）したりできる「輸入数量制限」は最も強力な壁とされている[5]。自由貿易を使命とする GATT において，これが禁止されるのは当然であった。

5）岡茂男『ガット交渉と関税政策』日本関税協会，1992年，90～91ページ。

図表6-1　三重の国内産業保護体制

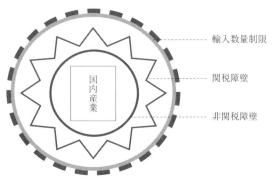

輸入数量制限

関税障壁

国内産業

非関税障壁

(出所) 岡茂男『ガット交渉と関税政策』日本関税協会，1992年，93ページより著者作成。

　また⑤相互互恵主義とは，米国の互恵通商協定法から連なる理念であり，締約国相互の利益と犠牲が同じになるようにする原則である。また補助金付き輸出に対抗するための相殺関税措置や，ダンピング輸出に対抗するためのアンチ・ダンピング措置について，恣意的ないし過度の措置をとることがないように一定のルールを規定している。

　ところがGATT では，IMF協定14条国および国際収支不均衡に陥った国に対し，例外規定として輸入数量（価額）制限の適用（第12条）が認められていた。さらに農水産物の輸入制限（第11条第2項C），国家貿易企業の輸入制限（第17条），発展途上国の経済開発のための輸入制限（第18条）も一定の条件を満たせば認められていた。そして，第19条は，特定の産品の輸入が急増した際に国内産業を保護する目的でおこなわれる緊急輸入制限措置（セーフガード）をも，併せて定めている。

　また先に述べたように，IMF協定とGATT の基本原則は，加盟国・締約国間において輸入数量および為替取引の制限をおこなったり，差別的関税を適用したりすることを禁じている。しかし，GATT 第24条では，関税同盟や自由（地域）貿易協定などが，域外加盟国に対して差別的となる関税制度を形成したとしても，例外的に認めている。またGATT 第25条第5項（ウェーバー条項）では，GATT 締約国の3分の2以上の多数決によって特定の産品について貿易自由化の義務が免除される（輸入制限が可能となる）。したが

って，GATT は自由貿易の理念を掲げているものの，同時に例外を認める
"柔軟な運用"が可能な制度となっていた。ここが，"厳格な運用"が求めら
れる WTO（World Trade Organization）との大きな違いである（第 7 章を参照）。

日本の IMF 加盟と GATT 締約国入り

　日本は1952年 8 月，サンフランシスコ講和条約および日米安全保障条約
の発効をもって，独立国として IMF・世界銀行への加盟を許され，GATT
締約に向けた交渉も開始された。しかし，日本製品の競争力を警戒する英国
など西欧諸国からの反対も根強かった。これらの国は，GATT 第35条の
「特定の締約国に対する GATT 規定の不適用」を援用し，対日輸入制限を
継続したのである。この時期，ちょうど日本は高度経済成長の時代に突入し
たが，日本の GATT 締約は1955年を待たなければならなかった。GATT 締
約後，日本は1960年に「貿易・為替自由化計画大綱」を定め，段階的に工
業製品および農産物の貿易自由化を進めていった。1955年から10年間で輸
出は約 4 倍，輸入は3.3倍に拡大し，1964年にはついに IMF8条国へと移行
したのである。同時に日本は，米国を中心とする先進国市場への輸出を急増
させたことで，激しい貿易摩擦を引き起こしていった。

5．IMF＝GATT 体制の再編成

ドル危機の発生

　IMF＝GATT 体制を支える基盤とは何か？　1つは，金_{きん}に関連づけられた
（金と兌換可能な）米ドルを「基軸通貨（金 1 トロイオンス＝35ドル）」とする固定
相場制である。それゆえ IMF 加盟国は，為替相場維持のために時に為替介
入が必要となるので，充分な量の金またはドルの保有が必要不可欠となる。
　しかし，金は物理的に保有量（産出量）に限りがある。欧州や日本の復興

と高度成長に伴う世界の実体経済の拡大に見合うだけの国際流動性（決済のための対外支払い準備）を維持するにはどうすればよいか？　そのためには，最終的に米国が自国の金準備を超えてドル紙幣を増刷し，加盟国に供給するほかない。

その結果，ドルが市場にあふれ，加盟国はIMF＝GATT体制の根幹である金とドルの交換性に疑念を抱くようになり，ドルへの信認が失われていく。1949年に245億6300万ドルあった米国の金準備は，1960年には178億ドルに減少した。一方で外国の公的機関が保有するドル総額は213億ドルとなった。

米国は，1960年代を通じてベトナム戦争に巨額の軍事支出をおこない，世界支配のための対外軍事援助および開発援助を続けた結果，財政赤字が急増した。米国はこれをさらなるドルの発行でまかなおうとしたため，ドルの信認低下（金の大量流出と外国保有ドルの増大）は決定的となった。そして西欧と日本の国際競争力の大幅な上昇に伴い，米国は相対的に経済力が低下した。米国の貿易黒字は大幅に減少し，国際収支危機に陥っていく。この間，米国はドルの価値を守るための様々なドル防衛策を実施したが，1969年には市場価格で金1トロイオンス＝約42ドルまでドルの価値は下落したのである（**図表6-2**参照）。

固定相場制の崩壊と変動相場制への移行

西ドイツは固定相場制を維持するべくドルの買い支えを続けたが，ついに限界を迎え，1971年5月に同国政府は変動相場制へと移行した。これを受けて各国は平価切り下げおよび為替管理の強化をおこない，国際通貨制度は危機的状況を迎えた。

1971年8月，米国のニクソン大統領は，公的機関に対しても金とドルの交換性を停止することを発表した。いわゆる「ニクソン・ショック」である。同年12月，先進10ヵ国蔵相はワシントンに集結し，固定相場制の再建のため，ドルの切り下げ（金1トロイオンス＝35ドル→38ドル，1ドル＝360円→308円），新たな各国平価にもとづく為替相場変動幅の拡大（上下各2％）を決定した

図表6-2 米国からの金流出経路

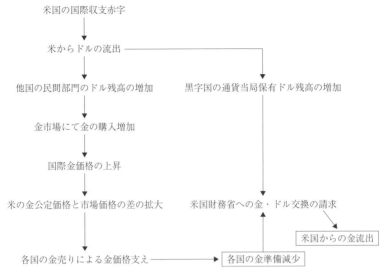

（出所）松浦一悦『現代の国際通貨制度』晃洋書房，2015年，109ページより抜粋，一部著者加工。

（スミソニアン協定）。しかし，その後も経常収支赤字を拡大させつづける米国を前にドルへの信認は回復せず，結局1972年から1973年までの間に主要国は変動相場制に移行した。こうして戦後 IMF＝GATT 体制の根幹となってきた金・ドル本位制は崩壊したのである。

1970年代は，とりわけ石油危機以降，世界的規模の「スタグフレーション」により，世界経済は深刻な危機に陥っていた。IMF 加盟国は，変動相場制を採用することで，実体経済に見合った伸縮的な通貨価値の変動によって輸出入を増減させ，経常収支の自動調整を図ることを目論んだ。

こうした中，1976年にジャマイカで開催された IMF 暫定委員会も，変動相場制を正式に承認した（キングストン合意）。とは言え，加盟国の多くは通貨当局による介入の余地を残しており，純粋に外国為替市場における需給関係で為替相場が決定する「自由」変動相場制ではなく，実質的には「管理」変動相場制（管理フロート制）であった。そのため，自国の国際収支均衡を優先する通貨当局が恣意的に介入をおこなう余地を残すことになった。つまり，

第二次世界大戦前のような為替切り下げ競争や保護主義を招く状況がふたたび現れたのである。

さらに，米国が資本移動の自由化を推進したため，投機マネー（短期資本移動）が活発化し，為替市場が乱高下するリスクが高まった。そして，変動相場制への移行に伴って，IMFはこれまでのような主に「先進国の通貨体制を支持する役割」から，「債務危機に陥った途上国向けの構造調整融資機関」へと変貌していくのである。

GATT 交渉の開始

IMF＝GATT 体制下，GATT の多角的貿易交渉は，**図表6-3**に示されるように，第1回からウルグアイ・ラウンド交渉までの計8回おこなわれてきたが，回を追うごとに長期化してきたことがわかる。それは交渉の結果，自国の関税の壁が低くなると，国内産業保護のため，さらなる関税引き下げが困難となるからである。第1回から第3回までは，戦前に史上最高水準まで高まった関税障壁を除去していく段階であった。米国の互恵通商協定法および戦後復興援助もあり，対米輸出拡大を希望する参加国が，積極的に大

図表6-3　GATT における多角的貿易交渉の歴史

時期	交渉名	参加国数	交渉成果
1947年	第1回交渉	23	関税の引き下げ（約4万5500品目）
1949年	第2回交渉	32	関税の引き下げ（約5000品目）
1950〜51年	第3回交渉	34	関税の引き下げ（約8700品目）
1956年	第4回交渉	22	関税の引き下げ（約3000品目）
1961〜62年	ディロン・ラウンド	25＋EEC	関税の引き下げ（約4400品目）
1964〜67年	ケネディ・ラウンド	46＋EEC	関税の引き下げ（約3万300品目）アンチ・ダンピング協定，穀物協定，化学品協定
1973〜79年	東京ラウンド	99＋EC	関税の引き下げ（約3万3000品目）非関税措置などに関する10本の協定類の策定。
1986〜94年	ウルグアイ・ラウンド	124＋EC	関税の引き下げ・譲許（約30万5000品目），農産物の関税化，WTO設立協定およびサービス貿易，知的財産権などに関する協定の策定。

（出所）筑紫勝麿『ウルグァイ・ラウンド』日本関税協会，1994年，4ページより抜粋，一部著者修正。

幅な関税譲許を求めていた。なお，関税譲許とは，GATT 締約国が特定産品に対する関税を引き下げ，一定の関税率で合意することである。

　しかし，日本が初参加した第4回交渉になると，各国が復興を達成しはじめたことで，国内産業の保護のため，関税引き下げに消極的になっていったのである。したがって第5回のディロン・ラウンドでは，交渉期間に比して芳しい成果を上げることができなかった（関税譲許は約4400品目で，これらの貿易額は約49億ドル）。

ケネディ・ラウンド

　こうした状況を打破すべく，1962年に米国では通商拡大法が成立し，大統領権限が強化された。そして1964年にケネディ・ラウンドが開始された。同ラウンドでは，それまでの産品別交渉方式（主要輸出入国による品目別の関税引き下げ交渉の結果を，最恵国待遇にもとづきすべての締約国に適用する）から，「関税一括引き下げ方式」に変更された。これにより，一律に50％の関税引き下げが合意された後，各締約国が産品別の例外リストを作成して最終的に関税譲許を決定する方式が採用され，約3万300品目（主に工業製品）において平均35％の引き下げが達成された。一方で，1971年にはGATT の最恵国待遇の例外として農産物はじめ開発途上国産品への一般特恵関税制度（GSP：Generalized System of Preferences）が認められた。各種一次産品の国際商品協定と共に，当該国の輸出収益増大および経済成長を後押しする体制作りも開始されたのである（第8章を参照）。ここでも例外を認める「柔軟」な GATT であった。

東京ラウンド

　関税以外の問題が本格的に俎上に載せられたのが，第7回の東京ラウン

6）ただし，輸入数量制限やその他の非関税障壁が多い農産品については産品別交渉方式がとられた。

ドだった。例えば，非関税障壁の規律強化として，補助金相殺措置，貿易の技術的障害，輸入許可手続きなどの分野で協定が結ばれた。当時，自由貿易よりもむしろ公正な貿易が求められていた。そこには1970年代の貿易摩擦激化に対し，米国が1974年通商法301条を根拠として一方的な制裁措置をおこない，相手国に輸出自主規制および市場開放を迫ってきた経緯がある。

最終的に東京ラウンドでは約3万3000品目の関税譲許がおこなわれ，先進国の鉱工業品については平均33％の関税引き下げが達成された。また非関税措置などに関する10本の協定類が策定された。1960年代に先鋭化した南北問題を受け，開発途上国に対する優遇措置である「異なるかついっそう有利な待遇」を与える，いわゆる授権条項（Enabling Clause）が合意された。

ウルグアイ・ラウンド

ケネディ・ラウンドと東京ラウンドは，工業製品の関税譲許については大きな成果を上げたと言えよう。しかし，農産物の自由化交渉は遅々として進まなかった。それはなぜか？　大きな要因は，前述したように最も重要なGATT締約国である米国が，GATT第11条や第25条第5項の義務免除を受ける中，ヨーロッパでもEECの共通農業政策に特例が適用されてきたからである。要するに農産物においてGATT第11条は形骸化していたと言える。したがって欧州共同体（EC：European Communities）は保護貿易政策のもと，米国に次ぐ世界第2位の農産物輸出国となっていた。そして，世界市場では農産物の「輸出補助金合戦」が繰り広げられてきた。さながら米欧農業貿易摩擦の勃発であった。1986年9月に開始されたウルグアイ・ラウンドは，貿易関連知的所有権やサービス貿易など新たなテーマを含む15の交渉分野を包括するものであった。

とは言え，同ラウンドの骨子は，農業を多国間貿易制度に組み込み自由化することであった。なかでも米国＋農産物の自由貿易を求める14ヵ国で構成される「ケアンズ・グループ」は輸出補助金全廃を掲げ，交渉に臨んでいた。ECはすでに域内の過剰生産と共通農業政策への支出増大により財政が

逼迫していた。さらに EC は世界の開発途上国（農業国）の輸出を阻害しているとして各国からの批判が高まっていた。EC は1992年に第一次共通農業政策改革に踏み切った。そして域内農産品を厚く保護してきた「価格支持」政策から「直接所得補償」政策に切り替え，GATT に適合した農業政策へと大転換した。こうして1992年11月，ついにウルグアイ・ラウンド最大の争点だった米国と EC の間の農業補助金削減問題が合意されたのである。

　1994年 4 月15日，モロッコのマラケシュでウルグアイ・ラウンド最終合意文書の調印式がおこなわれ，WTO 設立をもって GATT が解消された。

【次の課題を考えてみよう】

1）　現代の日本にはどのような非関税障壁があるか，調べてみよう。

2）　世界最大の金（きん）取引市場はどこか，調べてみよう。

【参考・引用文献】
伊東光晴『ケインズ』岩波書店，1979年。
井村喜代子「大戦後資本主義における『実体経済と金融の関連』の変質」『政経研究』第107号，
　2016年。
大内力，藤谷築次編『日本農業年報41 総括：ガット・UR 農業交渉』農林統計協会，1995年。
大田英明『IMF（国際通貨基金）』中央公論新社，2009年。
岡茂男『ガット交渉と関税政策』日本関税協会，1992年。
木下悦二編『貿易論入門』有斐閣，1979年。
木下康彦，木村靖二，吉田寅編『詳説世界史研究』改訂版，山川出版社，2008年。
小島清『外国貿易』四訂，春秋社，1979年。
筑紫勝麿『ウルグァイ・ラウンド』日本関税協会，1994年。
トゥーサン，エリック（大倉純子訳）『世界銀行』つげ書房新社，2013年。
中川淳司『WTO』岩波書店，2013年。
中村隆英『昭和恐慌と経済政策』講談社，1994年。
福田邦夫，小林尚朗編『グローバリゼーションと国際貿易』大月書店，2006年。
松浦一悦『現代の国際通貨制度』晃洋書房，2015年。
松村敦子『入門　国際貿易』多賀出版，2010年。

【参考 URL】
財務省　http://www.mof.go.jp/index.htm
International Monetary Fund　https://www.imf.org
World Trade Organization　https://www.wto.org/index.htm

第7章

グローバル化とWTO体制

【あらすじ】

　今日，世界の貿易はすさまじい勢いで拡大している。それは，モノに限らず，カネやサービスまで広範にわたる。ヒトの移動も活発になっている。多様な世界の秩序を保つため，国際機関がある。貿易に関しては，世界貿易機関（WTO）である。WTOは，より自由で公正な貿易の形を掲げて，前身であるGATTを引き継ぎ1995年に発足した。2022年現在，WTOの加盟国は164ヵ国・地域で，WTOにおいて取り決められた貿易のルールを守る約束が加盟国の間で取り交わされている。本章では，WTOのビジョンから貿易の役割を紐解いてみよう。

【読者への問いかけ】

　コンセンサス方式による意思決定のあり方は，上手く機能していると言えるのか。

1．WTOの発足

　1995年1月，世界貿易機関（WTO：World Trade Organization）が発足した。WTOの設立は，前章で述べられてきた第二次世界大戦後における国際経済体制の機能を発展的にするものであった。関税および貿易に関する一般協定（GATT：General Agreement on Tariffs and Trade）の役割を引き継いだWTOは，GATT同様に自由・無差別・多角的を原則としている。

　戦後の世界の貿易は，多くの国々の経済成長に伴い飛躍的に増大してきた。

そのため，**図表7-1**からもわかるように，その貿易体制については，物品貿易に関する取り決めだけではなく，サービス貿易，知的財産権，紛争解決処理，資源・環境にまで，多角的で共通の議論が必要となったのである（ウルグアイ・ラウンドまでの経緯と背景については，第6章を参照）。世界のあらゆる国や地域に簡単にアクセスできる社会となり，私たちの生活に関わる産業も多種多様になり，不公正で不利益な貿易によって，貧困や格差を拡大させないためでもある。経済基盤が脆弱な途上国のことを考えた制度も，形式上は盛り込まれている（第3節を参照）。

　また，前身の一般協定 GATT とは違い，国際機関としての多角的貿易システムである WTO は，こうした新たな分野のルールを強化し，規則を守らない国に対して法的措置を講じることができる体制となった。WTO への加盟にあたっては，1995年に発効した「世界貿易機関を設立するマラケシュ協定」のもと，その条約本文と附属書（複数国間貿易協定を除く）の一括受諾（シングル・アンダーテイキング）が求められることになった。WTO 協定の中身は**図表7-2**に示した通り多種多様であるが，加盟国ごとに都合のよい協定だけを受諾できるわけではないのである。

図表7-1　多角的貿易体制の発展

（出所）外務省（http://www.mofa.go.jp/mofaj/）参照，作成。

図表7-2　WTO協定（WTO設立協定およびその附属協定）の内容

世界貿易機関を設立するマラケシュ協定（WTO設立協定）
附属書1
(1)附属書1A：物品の貿易に関する多角的協定
(A)1994年の関税および貿易に関する一般協定（1994年のガット）
(B)農業に関する協定
(C)衛生植物検疫措置の適用に関する協定（SPS協定）
(D)繊維および繊維製品（衣類を含む）に関する協定（繊維協定）
(E)貿易の技術的障害に関する協定（TBT協定）
(F)貿易に関連する投資措置に関する協定（TRIMs協定）
(G)1994年の関税および貿易に関する一般協定第6条の実施に関する協定（アンチ・ダンピング協定）
(H)1994年の関税および貿易に関する一般協定第7条の実施に関する協定（関税評価協定）
(I)船積み前検査に関する協定
(J)原産地規則に関する協定
(K)輸入許可手続きに関する協定
(L)補助金および相殺措置に関する協定
(M)セーフガードに関する協定
(2)附属書1B：サービス貿易に関する一般協定（GATS）
(3)附属書1C：知的所有権の貿易関連の側面に関する協定（TRIPS協定）
附属書2：紛争解決に係る規則および手続きに関する了解（紛争解決了解）
附属書3：貿易政策審査制度
附属書4：複数国間貿易協定
(A)民間航空機貿易に関する協定
(B)政府調達に関する協定
(C)国際酪農品協定（1997年末に終了）
(D)国際牛肉協定（1997年末に終了）

(注) 附属書1～3については，WTO加盟国となるために，一括受諾しなければならない。附属書4については，WTO加盟国であっても一括受諾の対象ではなく，お互いの国の受諾によって効力を有する。また協定末尾のカッコ内の記述は，附属書4を除き，一般的な通称を記している。

(出所) WTO（https://www.wto.org/），外務省（http://www.mofa.go.jp/mofaj/），経済産業省（http://www.meti.go.jp/）参照，作成。

WTO の位置づけ

　GATTからWTOへ，その変容にあたっては，国際経済・世界経済における時代の大きなうねりを背景とした，1980年代半ばから1990年代半ばにかけてのいくつかの動向がある。

　それは，第1に，戦後の世界を形づくってきた「米国をはじめとする資本主義（西側諸国）とソ連をはじめとする社会主義（東側諸国）」の対立の構図が，ベルリンの壁の崩壊やソ連の崩壊などで，なくなったことである。いわ

ゆる冷戦体制の解体は，資本主義による経済社会のシステムを全世界的に広めることになった。

　第2に，インターネットをはじめとする情報化の波が，Windows95（米国マイクロソフト社）の開発に見られたように，それまで主に軍事で使われてきた情報技術が民間に広まり，多くの人たちが世界の様々な情報を得られるようになった点である。貿易に関わる物流や通信などの手段においても，これまでにないほどの効率化と合理化が図られるようになった。

　第3に，世界から「東アジアの奇跡」と称された日本を含む東アジアの急速な経済成長が，保護主義的な政策よりも自由主義的な政策を重視したことで成功を収めたと評価されたことである。すなわち，自由貿易を是とする信条や理念が，推進されるようになった。

　第4に，前章で述べられたブレトンウッズ体制の崩壊に至るプロセスですでに明らかになっていたように，1970年代から1980年代の米国の赤字は深刻で，世界における相対的地位の低下をいかにストップさせるかが危機的状況として立ち現れていた点である。1985年のプラザ合意で輸出に有利な円高ドル安を米国が推し進めたように，制度の書き換えが必要となっていた。

　WTOは，このように見られた経済の秩序への模索と対応の中で，展開されていくことになった。

WTOの交渉

　WTOの発足後，新たな話し合いの場（新ラウンド）を立ち上げるのには時間がかかった。本来なら規制の対象であるルールを国際基準として打ち立てていこうとする米国やEUの思惑もあり，先進国と途上国との対立，農業分野における攻防，会議運営の進め方や意思決定のあり方に反発が起こり，グローバリゼーションに反対する人たちの激しい抗議行動もあった。

　新ラウンド（ドーハ開発アジェンダ）は，2001年にようやく始まった。このドーハ開発アジェンダにおける主な交渉分野は，農業，鉱工業品，サービス，貿易円滑化，開発，環境，知的財産権となっているが，今日になっても意見

の最終的な合意には至っていない。2000年代以後，BRICS（ブラジル，ロシア，インド，中国，南アフリカ）をはじめとする新興国の台頭は著しく，とりわけ2001年にWTOへの加盟を果たした中国の大国化は，世界の貿易のプレゼンスにおいて，米国と肩を並べるほど大きな影響をもつようになった。この間，米国は，テロや戦争の対応に追われ，ITバブルの崩壊，リーマンショックによる経済の不況感はぬぐえず，欧州では，財政赤字の解消されないギリシャ危機による欧州債務危機がくすぶり，経済社会は不安定であった。日本でも，バブル崩壊後の「失われた20年」の只中にあって経済の停滞が続いた。今もなお，不確かでいびつな様相を呈している世界ゆえに，交渉はなかなかうまくいかず，いろいろな国で自国の市場を守るための保護主義的な対応をとるようになってきている。

　こうした動向の中，2011年末には，交渉妥結において採用されている一括受諾方式ではなく，交渉分野の部分合意を積み上げていく新たなアプローチ（バリ・パッケージ）が提案され，2013年12月の第9回WTO閣僚会議で貿易円滑化，農業の一部，開発からなる3分野での合意がなされた。2022年6月に開かれた第12回WTO閣僚会議では，新型コロナウイルスのワクチンに関する知的財産権保護義務の一部免除の内容が合意に至った。この合意によって，途上国においては，新型コロナウイルスのワクチンの製造や輸出が，5年の間によることなどの条件つきではあるが，容易にできることになる。このように，交渉のあり方をめぐる新たな動きが見られてきている。

WTO の機能

　WTOにおける意思決定は，原則としてコンセンサスによるものとなる。提出された事項を決定するための会合において，反対する姿勢がなければ，その対象事項は決定されたものとみなされる。また，審議事項によっては，多数決でおこなわれることもあるが，加盟国すべてが1票を有する。そのため，加盟国の中で多くを占める途上国などが反対にまわれば，不合理な結果とはならないのが普通である。このような意見の協議が，WTOで話し合

われている様々な分野での合意を慎重なものとさせているのだろう。

　しかしながら，留意しなければいけない点がある。**図表7-3**における
WTO の組織について，説明しよう。すべての加盟国の代表で構成される閣
僚会議が，多角的貿易協定に関するすべての事項についての決定の権限を有
する最高意思決定機関である。閣僚会議は，２年に一度おこなわれる。閣
僚会議が開催されていない間は，一般理事会が閣僚会議の任務を遂行する。
一般理事会もすべての加盟国の代表で構成される。一般理事会は，紛争解決
機関と貿易政策検討機関の任務もある。一般理事会の下部機関として，物品
理事会や貿易関連知的所有権理事会，サービス貿易理事会が設置され，その
ほか数多くの委員会が設立されている。特徴的な点は，これらの下部機関に
おいても，参加を希望するすべての加盟国の代表に開放されていることであ

図表7-3　WTO の機構

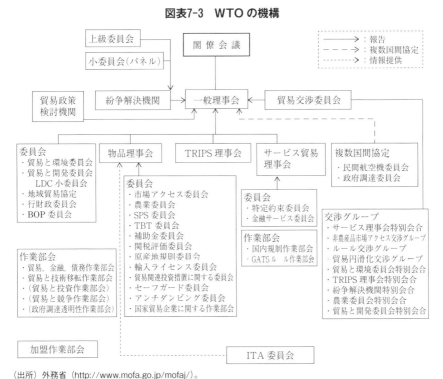

（出所）外務省（http://www.mofa.go.jp/mofaj/）。

る。

　気づいたであろうか。組織自体の巨大さゆえに，数多くの委員会や部会，会合があっても，それらの交渉が同時におこなわれている場合，多くの人材が同時にそれだけ必要となるのである。財政に余裕がなく，人的資源が充分ではない途上国にとっては，参加を希望していても，出席が難しい事態となっている。そのため，WTO での意思決定がコンセンサス方式ゆえに，グリーン・ルーム[1]で実質的な話し合いが進められている，と言われている。

2．WTO の貿易ルール

　本節では，WTO が推進する貿易の自由化において，GATT から引き継がれている原則や規律を含め，協定内容に関わる基礎的で重要なポイントをピックアップし，理解を深めていく。

　WTO 協定では，最恵国待遇と内国民待遇が，最も重要な基本原則である。最恵国待遇とは，取引相手国に対して，他の国に与えている条件よりも不利にならない条件を与えることである。例えば，同一の商品をいくつかの国から輸入する時，その商品に課される関税率はすべての加盟国に対して同じでなければならない。内国民待遇とは，内国税や国内規則の適用などで，輸入産品を国産品に比べて不利に扱わないという原則である。また，輸出入品の数量制限禁止の原則や，関税の上限が約束されている関税譲許の取り決めがある。

　とは言え，いくつかの例外が認められている。それは，これら基本原則の例外を認めたほうが，物品貿易の自由化や公平性が促される場合などである。自由貿易協定（FTA：Free Trade Agreement）の枠組みなどがこれに相当する。

1）非公式に少数の国の代表を集めて事前に意見を合わせていく，いわば秘密会合。事務局長室の壁の色にちなんでグリーン・ルームと呼ばれている。

貿易救済措置について

　また，不公正な貿易に対しては，主に３つの貿易救済措置がとられている。１つめは，「アンチ・ダンピング」である。輸出国の国内価格よりも安い価格で産品を輸出していることなどによって，輸入国の国内産業が損害を被っている場合に発動できる追加の関税の措置で，その価格差を正当な価格に是正できるものである。２つめは，「相殺関税措置」である。政府の補助金を受けて生産した産品の輸出が，補助金を受けたぶん，安い価格で輸出されていることなどにより，輸入国の国内産業に損害を与えている場合に発動できる追加の関税の措置で，国内産業を保護できるものである。３つめは，「セーフガード」である。特定の産品の輸入が急増し，それによって国内産業が損害を被っている場合で，国民経済に重大な影響があり，緊急に回避する必要がある時に発動できる追加の関税の措置や輸入数量制限の措置である。なお，日本が関わる貿易救済措置の発動事例など，その申請手続きや具体的な措置内容については，経済産業省のウェブサイトから情報を得られる。[2]

よく取り上げられる協定について

　その他にも重要なルールがいくつかある。SPS 協定（Sanitary and Phytosanitary Measures：衛生植物検疫措置の適用に関する協定）では，人・動物・植物の生命や健康を守るため，この分野の貿易において，国際基準や国際規格にもとづき，または科学的根拠によるリスク評価で適切な保護水準が決定されている場合，その指針や勧告の適合が奨励されている。例えば，遺伝子組み換え製品の輸入禁止などの措置である。[3] TBT 協定（Agreement on Technical Barriers to Trade：貿易の技術的障害に関する協定）では，主に，工業製品の

2）経済産業省「貿易救済措置」（http://www.meti.go.jp/policy/external_economy/trade_control/ boekikanri/trade-remedy/index.html　2023年１月31日閲覧）を参照されたい。

3）小林友彦，飯野文，小寺智史，福永有夏『WTO・FTA 法入門』法律文化社，2016年，65〜72ページ。

規格・基準について，国ごとに違う取り決めが貿易の障害とならないように，適合性評価手続きなどをおこない，国際的に共通の規制・認証制度が促されている。例えば，生活用品の安全基準や，環境保護のための自動車の排ガス基準などの措置である[4]。また，繊維協定では数量制限の廃止を定め，TRIMs協定（Agreement on Trade-Related Investment Measures：貿易に関連する投資措置に関する協定）では自国に進出してきた企業に対して課してはならない禁止措置を定めるなど，貿易の円滑化が図られている。

　また，WTO協定には，知的財産権に関するルール（TRIPS：Agreement on Trade-Related Aspects of Intellectual Property Rights）が新たに加えられた。TRIPS協定によって保護される対象は，第1に文学・音楽・芸術・ソフトウェアなどの創作に対する著作権である。第2にブランドのマークやロゴなどの商標権である。第3に工業製品，衣服などのデザインに対する意匠権である。第4に工業製品などの発明に対する特許権である。第5に集積回路における回路設計・レイアウトに対する回路配置権である。第6に（例えば，シャンパンやカマンベールなどに見られるような）品質・名声の由来となる産地の記載が価値あるものとなる地理的表示である[5]。

　もちろん，以上の様々なルールを適用・実施させるためには，厳密な判断水準と細かな手続きが必要となる。

協定が守られなかったら

　これらの貿易活動において協定違反が見られたら，被害を被った加盟国は紛争解決処理手続きに申し立てて是正を求めることができる。紛争解決処理手続きでは，**図表7-3**に示されている小委員会（パネル）と上級委員（小委員会の報告で不服があった場合に上訴できる）の二審制でもって審理され，報告の採択や措置の承認などにおいて，ネガティブ・コンセンサス方式がとられて

4）同上書，65〜67ページ，72〜76ページ。
5）滝川敏明『WTO法』第2版，三省堂，2010年，210ページ，表12-1。

いる。ネガティブ・コンセンサス方式では、すべての国が反対しないかぎり手続きが採択される。貿易のルールを守らなかった時のこのような手続きについては、GATTの時にもあった規定だが、勧告や裁定の決定についてはコンセンサス方式であった点で、WTOとの大きな違いがある。また、WTOのもとでは、それぞれの手続きにおいて期限も設けられた。紛争解決処理手続きは、GATTの時代でおよそ300件であったが、WTOの時代ですでにおよそ600件となっている。ただし、実効性が高まっている一方で、パネル会合が原則非公開とされている点などは、利害の反映において透明性が充分に確保されているのか、考えなければならないことである。さらに、上級委員会における委員選任のプロセスのコンセンサスが形成されていないため、任期を終えた上級委員の後任が決まらず、2020年11月には7名で構成されるはずの上級委員は空席となった。[6] 上級委員会での審理は進まず、WTO協定違反の判断が確定しない機能停止状態が続いている。

なお、日本が関わる紛争解決の具体的な事例などについては、外務省のウェブサイトから情報が得られる。[7]

貿易がおこなわれている背景には、以上に見られるような制度が、国際的・世界的な規律として詳しく取り決められているのである。

農業をめぐる制度的な論点

WTOが描く世界においては、農業分野が常に議論の的となっている。その交渉の論点は、市場アクセスの改善（数量規制の撤廃と関税化、関税率引き下げ）、国内助成（補助金による国内の農家や農業の支援）、輸出補助金（輸出補助金の禁止）であり、貿易自由化をめぐる各国のせめぎ合いが、いわば市場規模の大きい国の間で**図表7-4**のように解消されないままでいることも指摘してお

6）経済産業省「通商白書2022」（https://www.meti.go.jp/report/tsuhaku2022/pdf/2022_zentai.pdf　2023年1月31日閲覧）381ページ。

7）外務省「紛争解決」（http://www.mofa.go.jp/mofaj/gaiko/wto/funso/index.html　2023年1月31日閲覧）を参照されたい。

図表7-4　多角的貿易体制下の主要な論点

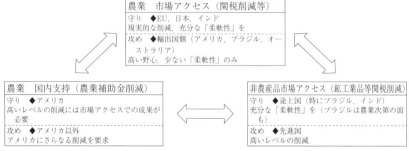

農業　市場アクセス（関税削減等）
守り　◆EU，日本，インド
現実的な削減，充分な「柔軟性」を
攻め　◆輸出国側（アメリカ，ブラジル，オー
　　　ストラリア）
高い野心，少ない「柔軟性」のみ

農業　国内支持（農業補助金削減）
守り　◆アメリカ
高いレベルの削減には市場アクセスでの成果が
　必要
攻め　◆アメリカ以外
アメリカにさらなる削減を要求

非農産品市場アクセス（鉱工業品等関税削減）
守り　◆途上国（特にブラジル，インド）
充分な「柔軟性」を（ブラジルは農業次第の面
　も）
攻め　◆先進国
高いレベルの削減

（出所）経済産業省（http://www.meti.go.jp/），外務省（http://www.mofa.go.jp/mofaj/）参照，援用。

こう。農業をめぐる具体的な動向については，第12章を参照してほしい。WTO が掲げる自由で公正な貿易のあり方とは相違する，大国の利害が渦巻く対立である。

3．より良い貿易，豊かな世界を

　WTO が取り組む貿易自由化交渉は，行き詰まっている。ドーハ開発アジェンダでの話し合いは，先進国と途上国との対立および産業分野における対立という構図で，先行き不透明になっており，WTO の機能マヒや機能停止とまで言われている。今後，世界の貿易は，新しい枠組みへの取り組みが加速しそうだ。

　新しい貿易の形や新たな貿易の課題は，本書において，FTA や TPP，地域統合，公正貿易などのトピックで詳しく学ぶことができる。本節では，WTO の中での途上国の位置づけに目を向けて，考えてみよう。

　WTO の加盟国は現在164ヵ国・地域となっているが，そのうち途上国は何ヵ国あるだろうか？　WTO では途上国の明確な定義はなく，自分の国が途上国だと言えば，途上国として理解される。今，加盟国の3分の2を超える150ヵ国余りが途上国のようである。[8] なお，途上国に対する様々な開発

支援や優遇措置が受けられるかどうかは，加盟国の間で決められていく。

途上国に対する WTO の取り組み

　途上国（の人たち）は，世界の貿易にどのような形で参画することができるのであろうか。WTO においては，ドーハ開発アジェンダの交渉分野の「開発」という項目の中で，途上国に対して以下のような取り組みの具体化が試みられている。

　例えば，途上国には「特別かつ異なる待遇（S&D：Special and Different treatment)」が認められており，貿易における様々な優遇措置がとられている。一見すると，この条項には，規定の義務の免除や緩和，協定を実行するまでの期間の猶予，貿易取引の機会を増やすための関税率の有効な適用，などの裁量が与えられている。だが，制度としての規定は充分ではなく，多義的で様々な解釈ができてしまうことから，途上国にとって良いことなのかという課題がある。加えて，WTO のもとでは，貿易の様々な取り決めを一括受諾方式（シングル・アンダーテイキング）で受け入れなければならないため，途上国は，先進国が求める貿易の政策と抱き合わせで，すなわち結局のところ自国市場の保護よりも自由化に向かって，S&Dを実施していることになる。

　また，途上国は，経済社会の発展のために，国際機関や先進国から援助をもらっている。WTO は，「貿易のための援助（Aid for Trade)」に取り組んでおり，途上国に対する技術支援やインフラ供与で協力し，道路，鉄道，電力，通信などの面で，途上国における貿易関連能力を向上させ，経済発展と貧困削減をめざしている。援助を受けることは，途上国にとっても，より良い条件と状況で世界の貿易に参加できる重要な機会である。しかし，援助は，必ずしも無償で提供されるというものではない。有償による支援もある。借りたお金には，利子が付く。つまり，援助は債務（借金）として，借りたぶんより多くのお金を返済しなければならないのである。

---

8 ）WTO（https://www.wto.org/）参照。

それでは，なぜ途上国は，援助による協力と貿易における特別な待遇を求めているのだろうか。世界の貿易から取り残されたら，途上国の経済がどのような状況に直面してしまうのか，以下のように示唆されている。

途上国における援助と貿易について

　「援助よりも貿易を」——これは，1964年に世界の格差をなくすため（南北問題を解決するため），そして途上国の発展を促すために設置された国連の会議の場，国連貿易開発会議（UNCTAD：United Nations Conference on Trade and Development）において，初代事務局長になったアルゼンチン出身のラウル・プレビッシュが第1回会議で掲げたスローガンである。続くUNCTADの第2回会議では，「援助も貿易も」というスローガンに変わったが，途上国にとって貿易をする公平で平等な環境が整っていれば，貿易によってもたらされる成果は非常に大きいと言われている。

　貧困のない世界をめざして様々な実践的活動をしている国際協力団体のオックスファムは，世界銀行やIMF，英国海外開発研究所の資料やレポートから，途上国が世界貿易（輸出市場）のシェアを1％ポイント増やした時に見られる影響などについて，**図表7-5**のように考察している[9]。**図表7-5**からは，途上国における貿易の重要性が指摘されている。

　貿易の拡大が投資を誘発し，様々な産業が興り，多くの分野で雇用が創出され，所得も増えていけば，生産・分配（交換）・消費が活性化され，生活の向上にも結びついていく。だが，オックスファムも指摘するように，貿易をおこなう産業が，農業であるのか，製造業であるのか，サービス業であるのかによって，輸出や輸入を推し進める形は異なり，他方で，インフラ・教育・保健医療などへのアクセスやジェンダー（社会的文化的性差）といった，機会や利益の分配のあり方を左右する社会構造によっても，貧困の削減に寄

9）オックスファム・インターナショナル（渡辺龍也訳）『貧富・公正貿易・NGO』新評論，2006年，60〜65ページ。

図表7-5　途上国をめぐる貿易の影響について

分析課題 ➡ 分析結果	
◆途上国が輸出市場のシェアを１％ポイント増やした時に増える一人当たりの所得は，援助額の何倍か	・低所得国：４倍近く ・サハラ以南のアフリカ諸国：５倍 ・南アジア諸国：10倍
◆世界貿易に占めるシェアを１％ポイント増やした時に得られるであろう所得の増加が，国内の所得格差が小さい場合，どれだけ貧困削減に結びつくか	・サハラ以南のアフリカ：6000万人 ・南アジア：5600万人 ・東アジア：900万人以上 ・中南米：200万人近く
◆世界貿易のシェアを１％ポイント増やした時にもたらされる（得られる）外貨額	・サハラ以南のアフリカ諸国：700億ドル ※先進国が供与する援助と債務救済は合わせて146億ドル

(注) 2000年頃のデータであることに留意しなければならない。
(出所) オックスファム・インターナショナル（渡辺龍也訳）『貧富・公正貿易・NGO』新評論，2006年，60～65ページ。

与できる形は異なる。[10]発展の度合いによっても，選択する政策などの違いで，利益を享受できる形は異なるだろう。加えて，途上国を取り巻く時代状況と国際環境も早いスピードで移り変わっていくため，現実には難しい対応が迫られている。

　図表7-6は，途上国（地域）における援助額（一人当たり換算）と，世界の輸出額における途上国（地域）割合について，それぞれ1990年から2014年までの中南米，南アジア，サハラ以南のアフリカの動向に焦点を当て，その推移を示したものである。これらの図からわかることは，1990年から今日に至っても，途上国における「援助と貿易」の構図が"変わっていない"ことである。むしろ，援助額は増えている。10年前や20年前と比べると，（世間では）多くの途上国で経済の成長が達成されてきたと言われている。だが，やはり，自立した経済の構造（仕組み）にはなっていないようである。途上国すべてをくくって一般化してはいけないが，途上国の厳しい状況を物語っていると考えられる。

　本章のみを読むと，先進国と途上国との関係性に目を奪われがちだが，もちろん，こうした世界の貿易をめぐる状況には，利益が得られる国や地域を

---

10) 同上書，67～75ページ。

図表7-6　地域別の援助額（一人当たり換算）と世界の輸出額に占める割合

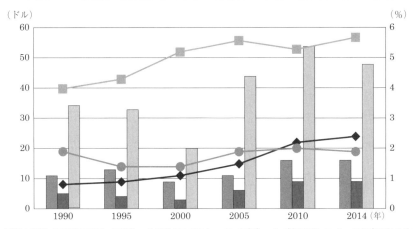

（注）棒グラフは左軸で援助額，折れ線グラフは右軸で世界の輸出額に占める割合となっている。
（出所）世界銀行（http://www.worldbank.org/）参照，作成。

選んで海外に進出する多国籍企業の影響が大きいことも忘れてはならない。

【次の課題を考えてみよう】

　本章で見た様々な協定内容について，具体的な事例やケースを調べてみ
よう。

【参考・引用文献】
阿部顕三『貿易自由化の理念と現実』NTT出版，2015年。
オックスファム・インターナショナル（渡辺龍也訳）『貧富・公正貿易・NGO』新評論，2006年。
小林友彦・飯野文・小寺智史・福永有夏『WTO・FTA法入門』法律文化社，2016年。
滝川敏明『WTO法』第2版，三省堂，2010年。
中川淳司『WTO』岩波書店，2013年。
西川潤『新・世界経済入門』岩波書店，2014年。
福田邦夫・小林尚朗編『グローバリゼーションと国際貿易』大月書店，2006年。
渡邊頼純『GATT・WTO体制と日本』増補第2版，北樹出版，2012年。

第 8 章

貿易と開発（南北問題）

【あらすじ】

　第二次世界大戦後，多くの旧植民地が政治的独立を勝ち取る中，貧困か
ら脱出し，経済的な自立を図ることが，開発途上国の中心課題であった。
しかし実際には，工業品の生産と輸出により経済発展を遂げた先進国とは
対照的に，多くの開発途上国は，特定の農産物や天然資源などの一次産品
の生産と輸出に依存する「モノカルチャー経済」から抜け出せずにいた。

　南北問題は，こうした豊かな「北」の先進国と貧しい「南」の開発途上
国との経済格差をめぐる歴史的背景のもと登場した。そこで本章では，戦
後の資本主義世界体制の中の南北問題の本質を捉えたうえで，その変容に
ついても検討を加える。

【読者への問い】

　「南北問題」の本質とその変容をどう理解すべきか，考えてみよう。

1．南北問題とは？

　グローバル化時代において，交通・情報通信の発達に伴い，ヒト・モノ・
カネの移動が世界規模で活発化している。その結果，私たちは日常生活でグ
ローバル化時代の恩恵を享受しながら，政治・経済・社会・文化等の分野に
おいては，国境を越えた様々な交流を体験することができる。

　しかし，近年急速に進む経済のグローバル化は同時に，貧富の格差，環境
汚染などの深刻な負の側面を露呈している。日本においても，所得格差の拡

大や非正規労働者の増加など課題は多く，無視できないほど深刻化している。つまり，経済のグローバル化による恩恵は均一にもたらされているわけではなく，繁栄の裏にはとてつもない格差が存在しているのだ。

　本章で取り上げる「南北問題」は，第二次世界大戦後の先進国と開発途上国をめぐる国際経済秩序の変容を捉えるうえで，重要な言葉として多用された。先進国（developed countries）と開発途上国（developing countries）の経済格差を指すこの言葉は，特に目新しくはない。しかし経済のグローバル化に伴い，先進国と開発途上国に存在する大きな富の偏在，および途上国の貧困問題は，消えるどころか，むしろ拡大する傾向にある。以下では，戦後の南北問題の推移と変容をたどり，その展望を描く。

「南北問題」の提起

　そもそも「南北問題」とは何か。先進国が北半球に，開発途上国が南半球に位置するケースが多いことから，南北間の経済格差で生じる諸問題を「南北問題」（North-South divide）と呼ぶ。この呼び名の歴史は意外に浅く，1959年11月に英国ロイド銀行会長のオリヴァー・フランクスが，ニューヨークでの演説で初めて使った。フランクスは，戦後の社会主義陣営（東側）と資本主義陣営（西側）との政治・軍事的対立を基調とする諸問題を指した「東西問題」とともに，先進工業国と低開発国（旧植民地）との「南北問題」の重要性を強調したのである。

　このように「南北問題」という言葉は，社会主義陣営と資本主義陣営が激しく対抗した「東西問題」との関連で登場した。そして1961年12月に「国連開発の10年計画」が採択された後，先進国と開発途上国との経済格差の広がりに伴う諸問題を表す用語として，国際的に広く認識されるようになったと言われている。

植民地時代の終焉とバンドン会議

　第二次世界大戦が終結してから1960年代前半頃にかけて，現在「開発途上国」と呼ばれるアジアと中近東の国々が，新たな国家として次々と独立を達成していった。また欧米列強の植民地とされていたアフリカ各地においても独立運動が活発になり，植民地から脱却する国が増えた。特に独立運動のピークを迎えた1960年は17ヵ国が独立を果たし，「アフリカの年」と呼ばれた。[1]

　植民地時代の終焉と開発途上国の国家主権の獲得を世界に宣言したという意味で，歴史上最も重要な出来事のひとつとなったのが，1955年にインドネシアのバンドンで開かれた「アジア・アフリカ会議」（バンドン会議）であった。この会議には，インドのネルー首相，インドネシアのスカルノ大統領，中国の周恩来総理，エジプトのナセル大統領らの呼びかけで，アジア・アフリカの29ヵ国（うち23ヵ国がアジア諸国）の代表がバンドンに集まり，反植民地主義や平和共存などの原則を含む「平和10原則」（バンドン原則）を採択した。以後，中近東やアフリカなどの旧植民地では，民族解放運動がいっそう盛んになり，独立国が続々と誕生する。

　また，戦後の「第一世界」（西側の資本主義陣営）でも「第二世界」（東側の社会主義陣営）でもない国々を「第三世界」とする呼び方も1950年代に生まれ，バンドン会議以降，国際社会において頻繁に使われるようになった。

　バンドン会議に続いて，1961年9月にはベオグラードで第1回「非同盟諸国首脳会議」が，1963年5月にはアジスアベバで「アフリカ独立国首脳会議」が開催された。さらに1960年9月にイラク，イラン，クウェート，サウジアラビア，ベネズエラの産油5ヵ国からなる原油価格の国際カルテル組織「石油輸出国機構」[2]（OPEC：Organization of the Petroleum Exporting Countries）が結成されると，天然資源は独立を果たした開発途上国の所有物

1）1960年代だけではなく，アンゴラやモザンビークのように欧米諸国の軍事的介入を受けて，1970年代半ばに独立を達成した国も存在する。福田邦夫「UNCTADと第三世界」福田邦夫，小林尚朗編『グローバリゼーションと国際貿易』大月書店，2006年，146ページ。

であるとする「資源ナショナリズム」の考え方が国際社会に広まり，開発途上国の覚醒を促していった。

なお1960年代以前は，政治的に独立した国は「低開発国」(under-developed countries) と呼ばれていた。しかし，進歩の遅れを意味する差別的な響きがあり，適切ではないと反発した当の国々が，1960年頃から自らを「開発途上国」，もしくは「発展途上国」(developing countries) と呼ぶようになった。[3]

「南」の困難な経済的自立

戦後の脱植民地化の動きと東西問題の激化を背景に，旧植民地だった南側諸国が経済の「低開発」から「開発」に向かうという考え方が，国際社会に浸透した。「南」の開発途上国は，不平等な国際分業体制のもと，「北」の先進国の一次産品・原燃料供給地にすぎなかったが，先進国と対等の地位につくことをめざしていた。しかし政治的に独立したこれらの国の多くは，植民地時代から続く天然資源と特定の農産品の生産・輸出に依存する脆弱な経済構造から抜け出せずにいたため，経済的自立の達成は容易ではなかった。

開発途上国の多くは，鉄鉱石，銅，錫，石油などの天然資源を，依然として旧宗主国（先進国）資本に支配されていた。また綿花，コーヒー豆，カカオ豆，バナナ，ゴムなど特定の農産物の生産・輸出によって得た資金で，輸出作物（一次産品）以外の，日常生活に必要なあらゆる工業品等を輸入しなければならない状況に置かれていた。その結果，輸出作物以外の産業を育成できないまま，対外貿易の伸び悩み，国際収支の不均衡などの深刻な問題に直面した。

2）2022年現在では，イラン，イラク，クウェート，サウジアラビア，ベネズエラ，インドネシア，リビア，ガボン，アラブ首長国連邦，アルジェリア，ナイジェリア，アンゴラ，エクアドルの13ヵ国が OPEC に加盟している。

3）近年は，「開発途上国」（もしくは発展途上国）に経済成長が進んでいる国が多いため，「新興国 (emerging countries)」と呼ばれることが多い。

2．南北問題と UNCTAD

　ここまで見てきたように，南北問題の原因は歴史的に形成された。すなわち，先進国と開発途上国の対立の図式は，戦前の西欧を中心とする「北」の宗主国による「南」の植民地支配という「支配と被支配（服従）の対立関係」の歴史によって培（つちか）われたのである。そして戦後，政治的に独立した後も，多くの開発途上国はモノカルチャー（単一栽培）経済を継承した。

　一次産品・天然資源の生産・輸出に依存する開発途上国の経済構造は**図表8-1**のようになる。開発途上国は，一次産品の輸出により獲得した外貨を使って，先進国から工業品を輸入し，また先進国から借り入れた資金の利子と元本を支払う。一次産品・天然資源の生産・輸出は，工業品の輸入と経済的な近代化を図る開発途上国にとっての命綱であるため，なかなかそこからは脱却できない。つまり，一次産品・天然資源を輸出するほど，さらに輸出の必要性が増すという，貧しさが貧しさを生む構造なのである。

国連開発の10年

　先進国と開発途上国との経済格差を解消する試みとして，アメリカ第35代大統領ジョン・F・ケネディは1961年末の国連総会において，1960年代を「国連開発の10年」とするよう提唱した。この総会で採択された「国連開発の10年計画」では，1960年代末までに開発途上国全体の国内総生産

図表8-1　外資借り入れによって近代化を図る一次産品途上国

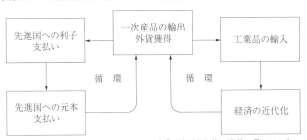

（出所）阿部清司「南北問題とグローバリゼーション（上）」『経済研究』第15巻第1号，2000年，4ページ。

（GDP）の年平均成長率を5％以上に引き上げることが具体的な目標として規定された。この計画は，南北問題の解決に焦点を当てた初の国際的な取り組みであり，「北」の先進国がこぞって開発途上国の経済的な近代化を支援する気運を生み出した。

　同時に1960年代は，米ソを盟主とする資本主義国陣営と社会主義国陣営との対立が深刻化した「冷戦」時代であり，米ソ両国が開発途上国への援助合戦を繰り広げた。したがってこの時期における南北問題は，「南」の開発途上国の経済的な自立を「北」の先進国がどのような形で戦後の資本主義体制に組み込んでいくか，もしくは，「北」対「南」の国際協力をどのように具体化するかという問題であった[4]。

　ところが，「国連開発の10年」は，既存の国際経済秩序の部分的な修正にとどまったため，経済成長率の数値目標は達成されたものの，必ずしも理想通りには進まなかった。開発途上国の一人当たりGDPの成長率は年平均約2.5％程度にとどまり，先進国の3.8％よりはるかに低く，南北間の格差はむしろ拡大の一途をたどっていた。貿易面においても，世界貿易に占める開発途上国のシェアは減退し，また対外債務は1960年代には年間16％の割合で累積していった。その結果，1960年代を通じて先進国はますます繁栄する一方，開発途上国の経済成長は遅々として進まず，その間の南北間の格差は拡大したのである[5]。

UNCTAD の発足

　1960年代は，貿易条件を改善することが，多くの開発途上国の重要命題であった。「南」の開発途上国の指導者たちは1962年7月にカイロに集結し，南北問題の解決を目的に，国連に対し貿易と開発に関する会議の開催を強く

4）堀中浩「南北問題の展開と新国際経済秩序について」『明大商学論叢』第60巻第6号，1978年，35ページ。

5）外務省「わが外交の近況 昭和46年版（第15号）」（http://www.mofa.go.jp/mofaj/gaiko/bluebook/1971/s46-1-1-14.htm　2016年12月20日閲覧）。

求めた。そして度重なる審議を経て，1964年12月の国連総会で，ジュネーブに本部を置く「国連貿易開発会議」（UNCTAD：United Nations Conference on Trade and Development）を国連機関として設置する決議が採択された。

　こうして UNCTAD は「国連開発の10年計画」の具体的政策手段を審議する機関として発足したが，今日まで一貫して，貿易と開発，それに金融，投資，技術，持続可能な開発の諸問題に総合的に対応している[6]。また毎年，「貿易開発報告（TDR）」「世界投資報告（WIR）」「アフリカ経済開発報告」「後発開発途上国（LDC）報告」「UNCTAD 統計ハンドブック」「情報経済報告」「海上運輸レビュー」など，様々な出版物を発行している。

　その後も UNCTAD に次いで，開発問題を取り扱う国連の主要機関として，「拡大技術援助計画」（1949年創設）および「国連特別基金」（1958年創設）が統合され，1966年1月に「国連開発計画」（UNDP：United Nations Development Programme）が設立された。さらに翌年には，開発途上国の工業化を促進することを目的として，国連工業開発機関（UNIDO：United Nations Industrial Development Organization）も新設された。

　1964年開催の第1回 UNCTAD 総会では，「開発のための新しい貿易政策を求めて」（いわゆる「プレビッシュ報告」）が討議資料として提出され，これがその後の南北交渉の基本的な枠組みとなった。具体的には，開発途上国は先進国に対し「援助よりも貿易を」をスローガンに掲げ，①開発途上国の一次産品に対する先進国の輸入数量目標の設定，②一次産品価格安定のための国際商品協定の締結，③開発途上国からの製品輸入に対する一般特恵関税制度（GSP）の供与，④開発途上国の輸出品の価格低下に対する補償融資制度の採用を求めたのである。さらに UNCTAD の初会合に合わせて，開発途上国77ヵ国は「77ヵ国グループ」[7]（G77）を発足し，「北」の先進国への対決色を強めていった。

6）2016年現在，UNCTAD の加盟国は194ヵ国である。UNCTAD の活動の詳細についてはウェブサイト（http://unctad.org/）を参照されたい。

7）2016年現在，G77の加盟国は134ヵ国に拡大している。その活動の詳細についてはウェブサイト（http://www.g77.org/）を参照されたい。

プレビッシュ＝シンガー理論

　UNCTAD の初代事務局長として活躍したアルゼンチンの経済学者ラウル・プレビッシュは，第1回 UNCTAD 総会において「プレビッシュ報告」を提案した。同時期にアメリカの経済学者ハンス・シンガーもほぼ同じ内容の理論を展開したため，彼らの主張は「プレビッシュ＝シンガー理論」と呼ばれる。工業品と一次産品との国際貿易は「比較優位」の原理にかなうと考える伝統的な貿易理論に対し，「プレビッシュ＝シンガー理論」は世界経済の基本構造を，一次産品を輸出する「周辺国」と工業品を輸出する「中心国」の関係として捉えた。[8]

　一次産品は自然条件により生産量が大きく変動し，供給が不安定となる。そのため国際価格の短期的な大幅変動と世界需要の停滞によって，対工業品の交易条件が長期的に悪化する傾向がある。したがってプレビッシュは，周辺国が一次産品を輸出して工業品を輸入するかぎり，一次産品の輸出価格の下落による不利益が発生し，いわゆる「交易条件の悪化」につながると指摘した。さらにその対策として，周辺国は保護関税主義のもとで工業化を推進し，一次産品の輸出に依存するモノカルチャー経済を変革して自立的な経済発展をめざすとともに，既存の国際分業関係の是正に取り組むべきであると主張した。

NIEO の樹立

　南北問題解決の気運が高まる中，1973年9月にアルジェで開催された第4回「非同盟諸国首脳会議」において，資源保有国の自国資源についての主権を回復・確立する「経済宣言」が採択された。同年10月に勃発した第四次中東戦争を契機に，資源保有国（開発途上国）の資源ナショナリズムが高揚し，OPEC 諸国が石油の輸出削減および原油価格の大幅な引き上げを強

8）福田邦夫，前掲書（注1），149〜150ページ。

行した結果，巨額の国家収入を実現した一方で，先進国のみならず，世界経済全体にも大きな打撃（いわゆる「第一次オイルショック」）を与えた。同時にこの経験を通して，「南」の開発途上国は大いに自信をもったと言われている。

1974年4月，「原料および開発の諸問題の検討」を議題とした第6回国連特別総会において，開発途上国のイニシアチブのもとで，「新国際経済秩序（NIEO：New International Economic Order）の樹立に関する宣言および行動計画」が採択された。NIEOの基本的な特徴としては，主に次のような点が挙げられる。第1は，天然資源開発およびその経済活動に対する恒久主権を実現すること。第2は，一次産品の世界市場における価格を安定させ，開発途上国の充分な輸出収入を保障すること。第3は，先進国の多国籍企業に対する規制を実現し，多国籍企業のもつ技術力，経営ノウハウなどを開発途上国の開発のために開放すべきこと。第4は，国際通貨制度などへの開発途上国の参加を実現すること。第5に国際通貨基金（IMF），関税および貿易に関する一般協定（GATT）などに対する国連の管理をより具体化すること，などである。[9]

こうしてNIEOは，IMF・GATTに象徴されるような，先進国を中心とした既存の国際経済秩序を突き崩し，先進国が開発途上国に対して歴史的に形成した支配・被支配関係（もしくは搾取・被搾取関係）を是正する新体制の確立運動となった。つまり，NIEOは単に開発途上国の要求を満たすだけではなく，南北格差の拡大する現実に対する不満が，既存の国際経済秩序改革への要求に結実したのである。

3. 南北問題の変容

1960年代から1970年代にかけておこなわれた，UNCTADの発足や

9）堀中浩「発展途上国の開発」岩田勝雄編『21世紀の国際経済』新評論，1997年，175ページ。なお，本節でふれた多国籍企業については本書第9章を，IMFとGATTについては本書第6章を参照されたい。

NIEO の樹立に代表される南北問題解決のための様々な国際的な取り組みと枠組み作りは，確かに開発途上国の主体の確立を促した。しかし一方で，資源ナショナリズムの高揚が頂点に達した1970年代以降，開発途上国では産油国と非産油国との間に分断や対立が生じた。[10]

　他方，先進国側は，開発途上国に対して，IMF や GATT の改革に及ぶ議論に何らの譲歩も示さなかった。その結果，1980年代に入ると，NIEO の動きは急速に下火になり，南側の交渉力低下につながった。それと同時に，開発援助を中心として形成されてきた南北間の協調関係は，もろくも崩れ去ったのである。

累積債務危機と深刻な食糧不足

　この時期，開発途上国の経済開発の重要な特徴は，先進国の援助と外国資本に依存した点にある。工業化を推進するために多額の資金が必要となった開発途上国が，先進国から積極的に借り入れをおこなった結果，「南」の累積対外債務が雪だるま式に膨れ上がった。世界的な景気後退の長期化がもたらした一次産品価格の下落と輸出不振によって，累積債務を抱える国々では利払いの資金すら充分に還流しなくなり，多くの開発途上国が深刻な経済危機に見舞われた。

　例えば，1982年のメキシコの対外債務は国民総所得（GNI）の53.4％に相当する水準まで上昇し，ついに同年8月，同国政府が債務不履行（デフォルト）宣言をおこなった。[11]この他，ベネズエラ，ブラジルといった中南米諸国もデフォルトに陥り，累積債務問題がいっそう深刻化した。開発途上国全体の対外債務額は，1960年には193億ドルにすぎなかったが，1970年には560

10）例えば，1975年に開催された第5回 UNCTAD 総会では，非産油開発途上国側は，「貿易」「通貨」「金融」「開発」に加え，南北交渉の議題に「エネルギー」を追加することを要求した。一方で OPEC グループの開発途上国はこれを徹底的に抑え込もうとしたため，開発途上国間の対立が激化し調整が難航していた。詳しくは，谷口誠「国連における南北交渉と世界経済体制の変化」『国際政治』第76号，1984年，127～128ページを参照されたい。

11）経済産業省編『通商白書2014』勝美印刷，2014年，149ページ。

億ドル，1976年には1800億ドル，1987年には1兆1900億ドル，1993年には1兆8000億ドルに激増した。[12]

累積債務問題に対しては，先進国が債務削減，利払いの軽減などの措置をとったほか，世界銀行やIMFを軸とする国際金融機関もその支援に応じた。しかし救済措置の交換条件として，開発途上国は世界銀行・IMFによる構造調整政策の受け入れや緊縮的な財政政策への転換を求められた。中南米では各国が債務危機に見舞われたことで，所得格差の拡大やスラムの増加といった社会問題が次第に深刻化し，国民の生活水準も著しく悪化した。

同じ時期，アフリカ大陸も深刻な問題を抱えていた。政治的混乱や内戦，干ばつなどの災害により，ソマリア，エチオピアをはじめとする開発途上国では，1980年代に入って飢饉が発生した。また深刻な食糧不足に伴い，大量の難民も生まれた。こうした状況を受け，1984年12月に開催された国連総会では「アフリカの危機的経済情勢に関する宣言」を採択し，飢餓と深刻な食糧不足に直面するアフリカ諸国への国際社会の支援を訴えた。

多くの開発途上国では，1980年代に始まった世界銀行・IMFによる構造調整政策によって，多国籍企業の活動と資本の自由な競争を通じての開発戦略に次第に取って代わられるようになった。そしてその根底には，「大幅な規制緩和」「外国為替市場の自由化」「市場の自由化」「輸出志向」などを追求する新古典派アプローチがある。[13][14] こうした新古典派アプローチに立脚した構造調整の時代においては，開発途上国の「民の苦しみ」より「国家の破綻」が先に解決されるべき課題として設定されるようになったと言える。[15]

12）堀中浩，前掲論文（注4），46ページ。堀中浩，前掲書（注9），177ページ。山本栄治「国際金融のグローバルな展開」野村昭夫編『現代の世界経済』実教出版，1989年，133ページ。

13）堀中浩，前掲書（注9），188ページ。

14）アメリカの政府機関に加え，世界銀行，IMF，米州開発銀行などの国際機関がワシントンD.C.に本部を置いていることから，新古典派アプローチを共通の基盤としたこれらの機関が提示した一連の市場重視の構造調整策は「ワシントン・コンセンサス」と呼ばれる。

15）絵所秀紀『開発の政治経済学』日本評論社，1997年，109，224ページ。

アジア NIES の躍進

　中南米やアフリカ諸国の「失われた1980年代」とは対照的に，東アジア地域の経済成長は著しかった。とりわけ，旧植民地だった韓国，シンガポール，台湾，香港で構成される「新興工業経済地域」（NIES：Newly Industrializing Economies）は，先進国の多国籍企業からの直接投資や技術導入を通じて，長期にわたり驚異的な高度成長を実現した。

　NIES の経済成長率を見ると，1975〜2005年は年平均で韓国8.4％，シンガポール6.9％，台湾7.5％，香港6.5％となり，日本の2.7％と比べて高い伸びを示していることがわかる。[16]このような高度成長が実現できた要因としては，輸出志向型工業化（急速な工業化と輸出拡大）への転換や，UNCTAD で南北問題解決のために合意した制度的枠組みが NIES の工業品輸出に大きく寄与したことなどが挙げられる。

　例えば，アメリカから NIES への GSP 供与は，1970年代のオイルショック後の輸出が困難な時期に，NIES の輸出拡大と経済成長を大きく支えた。1980年の輸出総額に占める GSP の割合は韓国30.1％，台湾31.2％，香港20.5％と相当高かったことから，NIES が南北交渉の成果である GSP の最大の受益国であったと言える。[17]

　こうして NIES は，開発途上国が垂直的国際分業制のもとで一次産品を先進国に供給する一方，先進国から工業品を輸入するという従来の南北間貿易から，水平的国際分業のもとでの先進国との工業品相互の貿易へと様変わりしたのである。新古典派は NIES 躍進の要因を，比較優位にもとづく効率的な資源配分，市場メカニズムの結果であったと捉えていた。しかし，NIES は輸出産業の育成に対してただ単に新古典派アプローチに従ったわけではなく，政府による積極的な介入が重要な地位を占めていることも看過し

16）平川均，タンタン・アウン「NIEs の輸出主導型発展と世界経済」平川均，石川幸一，小林尚朗編『東アジアのグローバル化と地域統合』ミネルヴァ書房，2007年，40〜41ページ。

17）平川均「世界経済における開発途上国」野村昭夫編『現代の世界経済』実教出版，1989年，208〜209ページ。

てはいけない[18]。

冷戦終結と南北問題

　1980年代以降の中南米，アフリカ諸国，NIESなどの変化を見ると，資源主権の確保（天然資源輸出）によるオイル・マネーで潤う若干の産油国，外資を強力に誘致し，工業品の輸出拡大を通じて経済成長を実現した東アジアの国々（例えばNIES）が存在する一方，今なおアフリカの一部の国は絶対的な貧困にあえいでいる。「南」の内部の分化（分裂）が進み，各国の変貌ぶりは一様ではないのだ。こうした開発途上諸国の間に生じてきた新たな経済格差の問題は，一般的に「南南問題」（「南」の内部での格差）と呼ばれている。

　1989年12月に冷戦の終結が宣言されると，南北問題の変容がより鮮明になった。かつては米ソ両国が競って「南」の開発途上国に対し経済支援をおこなっていたが，冷戦終結後の西側諸国は「南」に対する関心を弱めた。「南」の国々のうち，「北」の先進国にとって直接的に利益のある一部の国以

図表8-2　南北問題の変貌と東西問題の消失

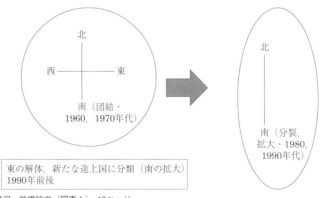

（出所）阿部清司，前掲論文（図表1），13ページ。

18）NIESの経済成長と政府の役割については，小林尚朗「東アジアの開発政策と開発理論」平川均，石川幸一，小原篤次，小林尚朗編『東アジアのグローバル化と地域統合』ミネルヴァ書房，2007年，142～149ページを参照されたい。

外は置き去りにされ，「南北問題」「南南問題」の解決はいっそう困難になった[19]。また東側の解体により「東西問題」が解消されたため，かつての東側諸国も開発途上国として「南」に属することになった（**図表8-2**）。

　前述したように，南北問題は東西問題の中で，戦後の世界経済秩序をめぐる先進国と開発途上国との対立として展開してきた。そのため東西問題の終焉により，東側の社会主義陣営が敗北し，西側の資本主義陣営が勝利したかのように受け取られ，同時に開発途上国諸国の間での分化（分裂）に伴い，「南北問題」も過去の歴史用語として忘れ去られつつある。しかし現実には，南北間の経済格差は依然として根強く残存しているうえ，貧困状態を脱した一部の開発途上国の内部においても，「南北問題」を内包してきている。

4. 南北問題から地球規模での貧富格差の解決に向けて

　21世紀以降，顕著となった経済のグローバル化がもたらす変化に伴い，南北問題は単なる南半球と北半球，国・地域別の「地理的な区分」から，より広い範囲の問題を対象として考えていく必要がある。言い換えれば，従来の南北問題の視点に加え，「地球規模での貧富格差」という基本的認識に立って取り組んでいくことが重要である。とりわけ開発途上国の貧困問題の解決は，世界全体の協力システムとして，地球規模での取り組みが必要とされるグローバル・イシューである。

「国連ミレニアム宣言」とMDGs

　2000年9月に国連ミレニアム・サミットがニューヨークで開催され，147の国家元首を含む189の国連加盟国代表が集結し，「国連ミレニアム宣言」

---

19) 石井秀明「冷戦後の国際秩序と南北問題」『創大平和研究』第12号，1990年，29〜30ページ。

を採択した。そこで開発目標をまとめたものが「ミレニアム開発目標」（MDGs：Millennium Development Goals）であり，2015年までに達成するという期限付きで8つの目標が掲げられた。

　具体的には，①極度の貧困と飢餓の撲滅（2015 年までに一日1ドル未満で生活する人々の割合，飢餓に苦しむ人々の割合を1990年の水準の半数に減少させる），②初等教育の完全普及の達成，③ジェンダー平等推進と女性の地位向上，④乳幼児死亡率の削減，⑤妊産婦の健康の改善，⑥HIV／エイズ・マラリア等の疾病の蔓延防止，⑦環境の持続可能性確保，⑧開発のためのグローバルなパートナーシップの推進，である。

　南北問題の解決の延長線上にある MDGs は，経済成長率のみを指標にするような従来の経済開発の視点にとどまらず，開発途上国の貧困削減を中心とする人間開発（Human Development）の課題を示しており，開発に関わる各国政府や国際機関，民間セクター，NGO などが共通してもつ目標である。MDGs の達成状況に関しては，絶対貧困者比率の半分削減などのマクロ指標で一定の成果を上げた。しかし全体的には教育，母子保健，衛生等の目標は達成困難であり，さらに地域別では，サブサハラ・アフリカ，南アジアを含む一部地域における達成度が低くなっている[20]。

持続可能な開発のための2030アジェンダ

　2015年までに全世界が達成を約束した MDGs の8つの貧困対策目標を土台とし，その後継枠組みとして2015年9月に193ヵ国の首脳が参加して採択されたのが，「持続可能な開発のための2030アジェンダ」（2030アジェンダ）である。貧困を撲滅し，持続可能な世界を実現するために，2030アジェンダは「地球上のあらゆる形態の貧困の撲滅」を含む17のゴールと169のターゲットからなる「持続可能な開発目標」（SDGs：Sustainable Development Goals）

20）外務省「ミレニアム開発目標（MDGs）と持続可能な開発のための2030アジェンダ」（http://www.mofa.go.jp/mofaj/gaiko/oda/files/000115326.pdf　2016年12月20日閲覧）。

を掲げている。

　SDGs の最大の特徴は，教育，母子保健，衛生など MDGs で残された課題と，環境，格差拡大などの新たな課題に対応し，「人間中心」（people-centered），「誰一人取り残されない」（no one will be left behind）などの理念のもと，すべての国に適応される普遍性である。グローバリゼーションに伴う格差拡大の傾向が強まる中，開発途上国だけではなく，先進国を含む世界中の国々がこの目標に向けて動き出している。これを達成するためには，真の意味での平等の実現，公正な国際秩序の構築が不可欠である。

　一日1.90ドル未満で生活している人口の割合が，1990年の36%（19億1335万人）から，2010年には16%（11億863万人），2017年には9%（6億9645万人）まで低下した。しかし20数年にわたって貧困者の割合が減少したとはいえ，相当大きな割合の人々が今も貧困に陥りやすい状態のままである[21]。

　現代の世界は，所得水準や経済成長率に加え，教育，医療・保健をはじめとする各種社会サービスの分野においても，「南」と「北」を問わず著しい格差が歴然と存在している。とりわけ「南」の一部地域においては，今なお数億の民衆が飢餓や貧困にあえいでいる。南北問題はかつてほど注目されなくなったが，南北間の構造的な格差はほとんど解消されておらず，現代のグローバル化社会においても重要な課題として立ちはだかっている。

┌───┐
【次の課題を考えてみよう】

　グローバル化が進む中，私たちは「南北問題」をどう捉え，どう対処していくべきか考えてみよう。
└───┘

【参考・引用文献】
阿部清司「南北問題とグローバリゼーション（上）」『経済研究』第15巻第1号，2000年。
石井秀明「冷戦後の国際秩序と南北問題」『創大平和研究』第12号，1990年。
岩田勝雄編『21世紀の国際経済』新評論，1997年。

21）http://iresearch.worldbank.org/PovcalNet/povDuplicateWB.aspx（2022年12月1日閲覧）。

絵所秀紀『開発の政治経済学』日本評論社，1997年。

経済産業省編『通商白書2014』勝美印刷，2014年。

小林尚朗「南北問題とグローバリゼーション」『明大商学論叢』第83巻第3号，2001年。

田中治彦『南北問題と開発教育』亜紀書房，1994年。

谷口誠「国連における南北交渉と世界経済体制の変化」『国際政治』第76号，1984年。

西川潤『新・世界経済入門』岩波書店，2014年。

野村昭夫編『現代の世界経済』実教出版，1989年。

平川均，石川幸一，小原篤次，小林尚朗編『東アジアのグローバル化と地域統合』ミネルヴァ書房，2007年。

福田邦夫，小林尚朗編『グローバリゼーションと国際貿易』大月書店，2006年。

堀中浩「南北問題の展開と新国際経済秩序について」『明大商学論叢』第60巻第6号，1978年。

The World Bank, *World Development Report 2009: Reshaping Economic Geography*, 2008.

―――, *World Development Report 2014: Risk and Opportunity—Managing Risk for Development*, 2013.

UNDP, *Human Development Reports 2013: Millennium Development Goals—A compact among nations to end human poverty*, 2013.

第 9 章

多国籍企業と直接投資

【あらすじ】

　多国籍企業はその名の通り，国境を越えて活発に事業を展開する経済主体を指す。第二次世界大戦後，対外投資は多国籍企業によって大々的におこなわれるようになる。多国籍企業は直接投資を利用しながら，世界中で活動するための足場を築き上げていく。多国籍企業の中には，一国のGDP を上回る売上を誇る企業も数多く存在する。本章では，世界経済において重要な役割を果たす多国籍企業とその直接投資について，その歴史や理論の形成，現状や問題点など幅広く確認していく。

【読者への問いかけ】

　多国籍企業による直接投資は，世界経済にどのような影響を与えるのだろうか。

1. 直接投資に関する理論の形成

直接投資と多国籍企業

　対外投資は，大きく直接投資と間接投資に分けることができる。

　まず直接投資（FDI：Foreign Direct Investment）とは，外国で生産，販売，または研究開発（R&D：Research & Development）などの事業活動をおこなうための投資で，大きく 2 つのタイプに分けることができる。1 つは新しく子会社などを設立するグリーンフィールド投資，もう 1 つは既存の外国

企業を合併・買収（M&A：Merger and Acquisition）するクロスボーダーM&Aである。直接投資は経営に直接関わるための投資であり，一般には経営参加目的で出資先企業の10％以上の株式（議決権ベース）を取得すれば直接投資とされる。

　次に，間接投資とは，投資に対する利子や配当の獲得を目的とするもので，証券投資や貸付・預金などに分類される。たとえ出資先企業の株式を10％以上取得したとしても，経営に参加する意思がなければ間接投資に分類される。**図表9-1**は対外投資の分類を示しているが，証券投資には株式投資のほか債券・金融派生商品（デリバティブ）などへの投資が含まれている（なお，直接投資や証券投資などについては，第5章も参照のこと）。

　次に，直接投資の主要な担い手である多国籍企業の定義を確認しておこう。多国籍企業（MNEs：Multinational Enterprises）の定義には様々なものがあるが，簡潔に言えば，複数国にまたがって資源調達，生産，販売，R&Dなどの事業活動をおこなう企業である[1]。巨大な多国籍企業は，直接投資を通じて世界各国に子会社や生産拠点などを設けることでグローバル・サプライチェーンを構築し，本社の統合管理のもと，グローバルな見地から事業活動を営んでいる。なお，2010年の時点で，10万社を超える多国籍企業が世界各地で活躍していた。

図表9-1　対外投資の分類

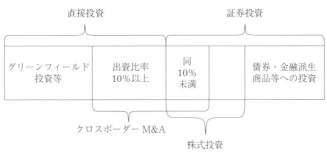

（出所）著者作成。

---

1 ）国連の定義では，2ヵ国以上の国に資産（工場，鉱山，販売事務所など）を所有している企業を広く多国籍企業と呼んでいる。

多国籍企業はグローバルに事業を展開し，今日に至るまで発展してきたが，このような国際的資本移動のメカニズムを解き明かすため，様々な理論的説明が試みられてきた。

ハイマーの多国籍企業論

　第二次世界大戦前においては，対外投資の中心的形態は間接投資であった。その動機は一般に「より高い利子率」を求めるものと説明されていた。

　しかし戦後になると，多国籍企業による直接投資が拡大した。そのような中で，対外投資の新たな理論が必要になった。なぜなら，米国のような直接投資の出し手であると同時に受入国でもある国が存在したり，また，多国籍企業が進出先でも資金調達をおこなっていたりするなど，利子率だけでは説明できない事実が顕著になってきたのである。

　それでは，なぜ多国籍企業は直接投資をおこなうのであろうか？　この新たな課題に取り組んだ一人がスティーヴン・ハイマーであった。

　ハイマーによれば，一般に外国企業は，現地企業と比べて情報の入手，言語・文化の違い，そして為替リスクなどの面で競争上不利である。それでも外国に進出するのは，その企業が不利を補って余りある優位性を持ち合わせているからにほかならない。具体的には，生産要素の安価な調達，優れた生産技術・管理能力・販売力，そして製品差別化能力などである。これら企業独自の優位性を外国でも発揮できるならば，さらなる利潤の獲得が期待できるのである。

　そのためには，事業経営の支配権と市場の支配力とを強化することが重要になる。自らの優位性を活かしながら競争を極力排除することで，多国籍企業は進出先の市場で寡占的な支配体制を構築し，多くの利潤を獲得できるのである。

　ハイマーは多国籍企業の直接投資について，以上のように説明した。つまり，投資先の事業を支配し，利潤を獲得することが直接投資の動機であり，それが可能なのは，企業独自の優位性をもつ多国籍企業であると考えたので

ある。[2]

ヴァーノンのプロダクト・ライフ・サイクル論

　貿易の発展パターンに注目することで，新しい貿易理論，さらには直接投資論を展開したのが，レイモンド・ヴァーノンのプロダクト・ライフ・サイクル（PLC：Product Life Cycle）論である。ヴァーノンによれば，工業製品は①生成期，②成長期，③成熟期の３つのライフ・サイクル局面をたどるという。

　まず①生成期であるが，新製品（新生産方法の発明を含む）は，米国のような高所得国で誕生する。なぜなら，目新しい製品や高価な製品に対する需要があり，労働コストの高さから労働節約的な技術への欲求も強く，人的資本の豊富さからそれらの開発力をもつためである。生成期の販売先は主に米国内に求められ，国内企業は独占的地位を確立できる。米国以外の高所得国で当該製品に対する需要が生まれてくると，米国からの輸出が始まることになる。

　②成長期に入ると，当該製品に対する需要が拡大する一方で，生産工程の標準化が進み大量生産が可能となり，生産コストへの関心が高まっていく。米国以外の高所得国での需要も拡大し，米国からの輸出も継続される一方で，現地企業が生産を開始するようになる。輸出市場の喪失を回避するため，米国企業は現地への直接投資を通じた海外生産に着手しはじめることになる。

　③成熟期になると，製品の標準化が完了し，先発企業の技術優位は消滅する。生き残りのために生産コストの削減が本格化し，直接投資を通じた海外生産と本国への逆輸入が拡大していくのである。

　図表9-2は，PLC論のイメージを描いたものである。上半分には高所得な先発国であるA国の生産と輸出が，下半分には後発国であるB国の生産と輸

2）　なお，このような最新技術を兼ね備えた米国型の寡占的大企業モデルに対して，日本の経済学者である小島清は，日本の中小企業による中古技術にもとづく発展途上国への直接投資について研究している。小島清『世界貿易と多国籍企業』創文社，1973年。

図表9-2　PLC論のイメージ

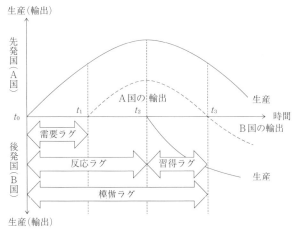

（出所）著者作成。

出が描かれている。横軸は時間の流れを示している。まずA国で生産が始まり，生産量も右肩上がりで順調に拡大していく。一定の時間（需要ラグ）が経過した t_1 時点でB国においても需要が生まれ，A国からB国への輸出が開始される。B国での需要発生はB国内での生産を促すようになり（反応ラグ），t_2 時点でB国内での生産が始まる。それに伴い，A国からの輸出およびA国内での生産が減少を始め，t_3 時点でB国の生産量がA国を上回る（習得ラグ）。すると，A国からB国への輸出がB国からA国への輸出に転じていく。A国の生産は限りなく減少を続け，B国の生産は順調に拡大を続けていくのである。

　PLC論を整理すると，ある製品の誕生から成熟までの間に，①国内生産・国内販売→②国内生産・輸出→③海外生産・現地販売・逆輸入，概ねこのように変化しているのがわかる。各国間の成長にタイムラグがあるため，その結果として需要構造や最適な生産立地が変化していくのである。

ダニングの折衷理論

　多国籍企業が世界経済における影響力をますます強める中，すでに述べた

代表的な理論に加えて，多国籍企業と直接投資に関する数多くの研究が積み重ねられていった。多国籍企業がもちうる優位性とは具体的にどういったものなのか，ファイナンスの問題が直接投資の決定にどのような影響を及ぼすのか，また直接投資によってある事業機能を取り込むことのメリットとは何かなど，様々な方面から多国籍企業による直接投資の解明が試みられた。

　その中でジョン・ダニングは，多国籍企業の活動はただひとつの理論では説明できず，様々な理論を「折衷」（あれこれ取捨して適当なところを取る）することで初めて説明できると考えた。具体的には次の3つの要素，すなわち，①所有特殊的優位性，②立地特殊的優位性，③内部化優位性，これら3つの相互作用にもとづいて，多国籍企業は直接投資を決定すると考えたのである。これはダニングの折衷理論と呼ばれている。

　まず，①所有特殊的優位性（ownership specific advantages）は，企業が個別に所有しているハード，ソフトの経営資源の優位性で，生産技術，経営ノウハウ（人事管理，財務管理），ブランド・イメージ，そして資金力まで様々である。これはハイマーが指摘していた，外国へ進出する際に不可欠な企業独自の優位性である。

　次に，②立地特殊的優位性（location specific advantages）は，その名の通り進出先で享受できる立地上の優位性である。進出先における特殊な資源の存在（自然資源，技術基盤など），政策・税制，市場規模，低コストの生産基盤（労働力，土地代，インフラ使用料など）など多様であり，業種によって優位性につながるかどうかも様々である。

　そして，③内部化優位性（internalization advantages）は，取引費用を考慮した際の優位性である。例えば，優れた所有特殊的優位性をもつ場合，それを発揮するためにライセンシングや戦略的提携などの手段も考えられるが，適切な取引先を探すためのコストや，技術・ノウハウなどの漏洩リスクといった，取引に伴うコストが発生する。これらの取引費用が，直接投資により自社内で所有優位を活用する内部化の費用を上回る場合，内部化が優位となる。

　このように，ダニングはそれまでに展開されてきた諸理論を組み合わせる

ことで，利潤の最大化をめざす多国籍企業がどのような条件下で直接投資を
おこなうのか，その説明を試みたのである。

2．多国籍企業の諸特徴

世界経済と多国籍企業

　国連貿易開発会議（UNCTAD）が毎年発表している『世界投資報告（World
Investment Report)』の2016年版によれば，多国籍企業の上位100社は平均し
てそれぞれ549の関連会社を所有し，56ヵ国にまたがり事業をおこなってい
る。また，これらの関連会社のうち68社は，税率が比較的低いなどの利点
があるオフショア金融センター（後述するタックス・ヘイブンを含む）と呼ばれ
る地域に置かれている。

　2022年のフォーチュン（Fortune）グローバル企業ランキング（Global 500）
によれば，売上高第1位は世界最大のスーパーマーケットチェーン，ウォ
ルマート（米国）で，その額は5727億5400万ドルに上った（**図表9-3**を参照）。
同ランキングのトップ10社には，世界第1位と第2位の経済大国である米
国と中国の企業がそれぞれ4社ずつランクインしている。トップ10社には
原油・石油・天然ガスなどエネルギー関連の業種が3社と最も多く，次に
ネット小売やIT機器などテック企業が2社と続く。伝統的に巨大資本に数
えられる自動車メーカーに加え，近年の傾向として金融関連やヘルスケアと
いった業種・分野の企業がランキングの上位に入っている。

　これらのグローバル企業の売上と，2021年の各国GDPとを比較したもの
が**図表9-3**である。GDPは一国の生産額の総額であり，その大きさは人口規
模に大きく左右されるので，参考として各国・地域の人口も併記した。企業
トップのウォルマートの売上高は，ベルギーのGDPに匹敵している。また，
豊かなイメージのあるノルウェー，オーストリア，デンマークなどの欧州諸
国や，新興経済の代表であるタイ，香港，マレーシア，シンガポールなどと

図表9-3　グローバル企業トップ10社の売上と各国GDPおよび人口

（単位：100万人，100万ドル）

順位	国名（人口）・企業名	GDP・売上	順位	国名（人口）・企業名	GDP・売上
1	米国（331）	22,996,100	⑥	サウジアラムコ	400,399
2	中国（1,412）	17,734,062	34	デンマーク（5）	397,104
3	日本（125）	4,937,421	35	シンガポール（5）	396,986
⋮	⋮	⋮	36	フィリピン（111）	394,086
⋮	⋮	⋮	37	マレーシア（32）	372,701
22	スウェーデン（10）	627,437	38	香港（7）	368,139
23	ベルギー（11）	599,879	⑦	アップル（IT機器・米国）	365,817
①	ウォルマート（小売・米国）	572,754	39	ベトナム（98）	362,637
24	タイ（69）	505,981	40	パキスタン（225）	346,343
25	アイルランド（5）	498,559	41	チリ（19）	317,058
26	アルゼンチン（45）	491,492	42	コロンビア（51）	314,322
27	ノルウェー（5）	482,437	43	フィンランド（5）	299,155
28	イスラエル（9）	481,591	⑧	フォルクスワーゲン（自動車・ドイツ）	295,819
29	オーストリア（8）	477,082	⑨	中国建築（建設・中国）	293,712
②	アマゾン（ネット小売・米国）	469,822	⑩	CVSヘルス（ヘルスケア・米国）	292,111
③	ステート・グリッド（送電・中国）	460,616	44	ルーマニア（19）	284,087
30	ナイジェリア（211）	440,776	45	チェキア（10）	282,340
31	南アフリカ（60）	419,946	46	ニュージーランド（5）	249,991
32	バングラデシュ（166）	416,264	47	ポルトガル（10）	249,886
④	ペトロチャイナ（エネルギー・中国）	411,692	48	ペルー（33）	223,249
33	エジプト（104）	404,142	49	ギリシャ（10）	216,240
⑤	シノペック（エネルギー・中国）	401,313	50	イラク（41）	207,889

（出所）グローバル企業トップ10社はFOURTUNE Global 500（https://fortune.com/global500/　2022年10月31日閲覧）より作成，一部著者編集。GDPは *World Development Indicators*（https://databank.world-bank.org/　2022年11月3日閲覧）より著者作成。
（注）順位の丸数字はグローバル企業トップ10社で，算用数字は各国GDPの順位。

比較しても，一企業の売上高のほうが大きいことがわかる。その他にも，一国の経済規模を上回る巨大企業は数多く存在するのである。

直接投資の動向

　『世界投資報告』（2022年）によれば，2021年における直接投資先は，先進国が全体の47％，発展途上国が52％を占めていた。**図表9-4**にも示されてい

る通り，これまで直接投資の受入国は主に先進国であった。しかしながら，過去20年の傾向を見ると，発展途上国への直接投資が着実に伸びており，2020年には全体に占めるその割合が初めて先進国を上回った。投資先としてはアジアの発展途上地域が最も多く，欧米先進諸国よりも多くの直接投資の流入が同地域で確認できる。

同報告書にもとづき，世界の直接投資流入額（2021年）を産業別に確認すると，サービス産業が全体の58%，製造業が38%を占めており，直接投資の中でサービス業の比重がおよそ3分の2を占めていることがわかる。国境を越えておこなわれる経済取引の中で直接投資の重要性が高まっているが，その中でもサービス産業は近年拡大傾向にあると言える。また，グリーンフィールド型の直接投資の件数がM&A型を上回ることが多い。

世界の対外直接投資は，米国を筆頭に主に先進諸国が担っている。ただし，近年の直接投資の動向を把握するうえで重要なことが，途上国による対外直接投資の増加である。同報告書によれば，1990年時点では，世界の対外直接投資に占める途上国の割合はわずか5%程度であった。ところが，その割合は増加傾向にあり，2018年には40%台に達するなど，過去30年間で8

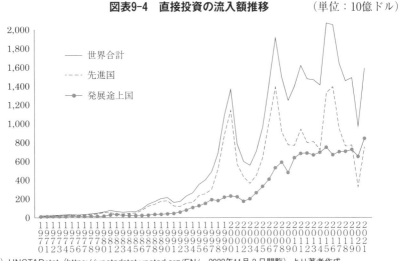

図表9-4　直接投資の流入額推移　　（単位：10億ドル）

（出所）UNCTADstat（https://unctadstat.unctad.org/EN/　2022年11月2日閲覧）より著者作成。

年	1990	2000	2010	2011	2012	2013	2014	2015	2016	2017	2018	2019	2020	2021
先進国	95％	93％	76％	78％	74％	73％	69％	78％	76％	72％	60％	66％	52％	74％
途上国	5％	7％	24％	22％	26％	27％	31％	22％	24％	28％	40％	34％	48％	26％

（出所）UNCTADstat（https://unctadstat.unctad.org/EN/　2022年11月2日閲覧）より著者作成。

倍に拡大した。2021年は26％と下がったものの，近年は30％を超えることが多く，2020年には48％に達した（**図表9-5**を参照）。

　ここで注目をしたいのが，途上国がどこに投資をおこなっているかである。昨今の途上国による直接投資の特徴が，途上国から途上国への投資，いわゆる南南投資（South-South Investment）にある。経済協力開発機構（OECD：Organisation for Economic Co-operation and Development）の『開発協力報告』（2014年度版）によれば，南南投資は1990～2009年にかけて年平均で21％拡大している。なかでもBRICS（ブラジル，ロシア，インド，中国，南アフリカ）諸国は，発展途上国への投資を牽引していることから注目を浴びている。とりわけ，2015年に対外直接投資で初めて世界第2位に浮上した中国は，その投資規模から見ても，アジアやアフリカで存在感が際立っている。

企業内国際貿易と企業内国際分業

　多国籍企業は，直接投資を通してグローバルな生産・流通・販売のネットワークを構成し，ビジネスを展開する。世界各地に分散した親会社と子会社，あるいは子会社間におけるモノやサービスの取引は，1つの多国籍企業グループ内での取引であっても，現象としては国際貿易として現れることになる。このような国境を越えた企業内取引のことを企業内貿易（intra-firm trade）と呼ぶ。

　多国籍企業の活躍が広がる中，企業内貿易が国際貿易に占める割合が高まっている。米国経済分析局（BEA：Bureau of Economic Analysis）の調査によれば，米系多国籍企業が関連する貿易が米国の貿易全体に占める割合は，2009年の数値で輸出が54.7％，輸入が45.1％であった。これら多国籍企業

が関連する輸出・輸入に占める企業内貿易の割合は，それぞれ36.1%，31.6%に上っていた。貿易における多国籍企業の存在感，また多国籍企業の貿易において企業内貿易が占める比重の高さが理解できるであろう（**図表9-6**を参照）。

　また，企業内貿易の複雑化は，企業内における国際分業の多様化を反映している。かつての国際分業は，複数の国で生産された部品や中間財が，複数の企業間で市場を通じて取引され，最終的に消費者に販売されていた。多国籍企業はこの過程を一企業の内部で完結させるため，それらを一括してコントロールしている。多国籍企業の企業内分業は一国内で完結せず，生産・流通・販売が国境を越えて結ばれているので，企業内国際分業として現れるのである。

　多国籍企業は企業内貿易を活用することで，市場取引とは異なる恣意的な行動が可能となる。その代表例が，移転価格操作（transfer pricing）である。グローバルなネットワークを構築している多国籍企業にとって，法律・税制や各種規制が異なる国々をまたいで活動する際に，企業内取引を駆使していかに利潤の最大化を達成するかが関心の的となる。とりわけ各国の税制をふ

図表9-6　米国における多国籍企業が関わる貿易の割合（2009年）

（単位：100万ドル，%）

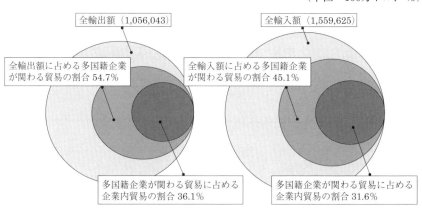

全輸出額（1,056,043）

全輸入額（1,559,625）

全輸出額に占める多国籍企業が関わる貿易の割合 54.7%

全輸入額に占める多国籍企業が関わる貿易の割合 45.1%

多国籍企業が関わる貿易に占める企業内貿易の割合 36.1%

多国籍企業が関わる貿易に占める企業内貿易の割合 31.6%

（出所）BEA, "Operations of U.S. Multinational Companies in the United States and Abroad", *Survey of Current Business*, Volume 91, Number 11, Washington, D.C., U.S. Department of Commerce, 2011, p. 43, 表9を参照して作成。

まえて内部価格を人為的に操作し，自己資金の最大化を追求することもある。

　図表9-7は，A国（法人税率40％）にある本社からB国（同20％）にある子会社に60ドルの製品Xを輸出する場合の移転価格操作の一例を示したものである。利益を最大化するためには，より税率が低いB国にある子会社の利益が大きくなるように価格を決めることが必要になる（同じことだが，より税率が高いA国にある本社の利益を少なくする）。まず，市場価格で輸出する場合（図表の上段），製品Xの製造原価が30ドルで，利益を30ドル上乗せして60ドルで輸出していると仮定する。それをB国の子会社では，販売経費20ドル使い，利益を20ドル上乗せした100ドルで販売しているとする。この場合，多国籍企業全体（本社と子会社の合計）の税負担は16ドル，税引き後の利益は34ドルになる。そこで，本社における利益の上乗せを20ドルに引き下げ，その分だけ安い50ドルで子会社に輸出し，子会社は安く仕入れた分（10ドル）だけ利益を多く上乗せして同じ100ドルで販売する。この場合，多国籍企業全体（本社と子会社の合計）の税負担は14ドルに減少し，税引き後の利益は36ドルに増大するのである。

図表9-7　移転価格操作の事例

本社　━━━━━━━━━━━━━━━━━━━━▶　子会社
（A国：法人税率40％）　　60ドルの製品Xを輸出　　（B国：法人税率20％）

＊市場価格（60ドル）で輸出

税　4	利益20
税　12　合計　16	販売経費20
	売上原価60
税引後利益　16	
税引後利益　18　合計　34	

利益30
製造原価30

＊移転価格（50ドル）で輸出

税　6	利益30
税　8　合計　14	販売経費20
	売上原価50
税引後利益　24	
税引後利益　12　合計　36	

利益20
製造原価30

（出所）著者作成。

もちろんこのような価格操作が全く自由におこなえるわけではなく，税逃れ行為に対してはそれを防止するための移転価格税制なども整備されている。ただし，後述するタックス・ヘイブンの影響が世界的に問題とされているように，グレーゾーンが存在するのが現実である。

3. 多国籍企業をめぐる諸問題

多国籍企業と発展途上国

　前述のように，近年では途上国資本の多国籍企業が直接投資に積極的に関わっており，特に途上国を投資先とする例が多く見られている。この南南投資が発展途上国の経済成長に寄与するとの考えから，「南南協力（South-South Cooperation）」と表現されることもある。他にも，海外からの直接投資をテコに工業化や経済成長を実現しようとする試みは従来からあり，限られた地域内で特定の規制緩和を認め，外国資本の誘致をめざした輸出加工区（EPZ：Export Processing Zone）の設置は，そのような政策の一例として挙げることができる。直接投資を活用して一定の経済成長を遂げた国々が存在するのも事実である。

　しかしながら，途上国からにせよ先進国からにせよ，直接投資によって受入国が自律的な経済構造を形成し，経済成長が約束されるわけではない。途上国は直接投資を受け入れることで，多国籍企業によって統括される国際貿易と国際分業のネットワークに組み込まれる。このネットワーク上で，一般に途上国は，先進国がコスト的に比較優位を見出せない単純労働工程や低付加価値製品の生産を請負う傾向がある。そのネットワーク上において，全体を統括する本社機能や知識集約的で高付加価値の工程は，主に先進国に割り当てられる。

　途上国は前述のような役割を与えられることが多く，工業化あるいは経済成長に結びつくような高度な技術の吸収と定着，それを担う人材の成長を進

めることは一筋縄ではいかない。途上国では先進国並みの各種規制が整っていないことから，多国籍企業の進出により環境や労働に関する様々な問題が表面化している。第2章で見た英国の「現代奴隷法」のように，先進国では新たな取り組みも始まっているが，多国籍企業が直接投資によって発展途上国にもたらす影響については，多角的に議論されなければならない。

多国籍企業と先進国

　多国籍企業の多くは先進国を出自としており，もともとは欧米諸国であれ日本であれ，ある特定の国において設立されたのであるが，長い年月を経て巨大化・多国籍化が進んでいった。一国経済，あるいは世界経済の変化に応じて，企業はさらなる利潤を獲得するために，経営方法や事業形態を多様化しなければならない。すでに述べた通り，企業の対外直接投資の動機は多岐に渡るが，ある段階で企業が直接投資を通して海外進出を本格化させた場合，これまで一国内において完結していた事業や機能を再編成しなければならなくなる。

　例えば，人件費の上昇や為替レートの変化などを理由に，企業がより生産コストの安い国への進出をめざすようになり，製造部門を海外に移転する動きが活発化したとしよう。その結果，それまで国内で有機的に築かれてきた産業の連関が失われ，いわゆる「産業の空洞化」や，それに付随する雇用問題を本国において引き起こす可能性が出てくる。

　その他にも，多国籍企業が本国に与えうる影響として，税金の問題が挙げられる。多国籍企業はオフショア金融センターを利用し，海外における事業のファイナンスをおこなう。このオフショア金融センターの多くは，租税回避地，またはタックス・ヘイブン（Tax Haven）と呼ばれ，法人税をはじめとする各種税率が低い地域であることが知られている。多国籍企業はこのような国に子会社を設立し，税負担を逃れる，あるいは軽減に役立てている。前段のように多国籍企業は関連会社間の内部価格を調整できるが，この移転価格を利用して税率の低い地域に利益を集め，節税できるのである。租税回

避によって，多国籍企業の主な輩出国である先進国では，本来得られるはず
の財源が手に入らないという状況が生まれる。これらをふまえれば，多国籍
企業の海外展開による影響は進出先国にとどまらず，輩出する側である本国
においても様々に確認されることがわかる。

　図表9-8はタックス・ヘイブンの活用事例を示したものである。タック
ス・ヘイブンを経由することによって，A国からB国へダイレクトに輸出す
るよりも全体としての税負担を軽減し，全体の利益を最大化できることを示
している。ただし，これも移転価格操作と同様に，全く自由にできるわけで
はなく，日本でもタックス・ヘイブン税制によって海外子会社の留保所得を
親会社の所得に合算して課税する制度がある。しかし，巨大な多国籍企業は
1社で何百もの関連会社を所有し，図表9-8のような単純な取引ではない複
雑な取引を組んでいるため，当局が捕捉することも困難である。

　オバマ米大統領（当時）は2014年7月26日に週次演説の中で，米国の巨大
多国籍企業に蔓延する租税回避行動について次のように苦言を呈した。
"Right now, a loophole in our tax laws makes this totally legal—and I
think that's totally wrong." つまり，「いまの税法上の抜け穴が租税回避行
動を完全に合法的なものにしているが，私はそれは完全に悪い行為だと思

図表9-8　タックス・ヘイブンの活用事例

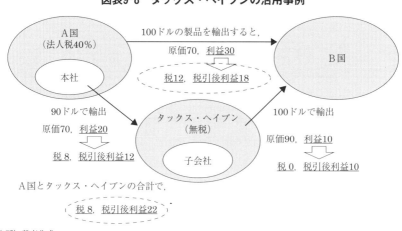

（出所）著者作成。

う」と述べたのである。多国籍企業のグローバルな展開は，グローバル・ガ
バナンスで新たな課題を生み出している。

【次の課題を考えてみよう】

　インターネットを利用して，日本を代表する多国籍企業，トヨタ自動車
の海外生産拠点と販売国について調べてみよう。

【参考・引用文献】
杉本昭七，関下稔，藤原貞雄，松村文武編著『現代世界経済をとらえる　Ver.3』東洋経済新報社，
　　1996年。
バーノン，レイモンド（霍見芳浩訳）『多国籍企業の新展開』ダイヤモンド社，1973年。
ハイマー，スティーブン（宮崎義一訳）『多国籍企業論』岩波書店，1979年。
森田桐郎編著『世界経済論』ミネルヴァ書房，1995年。
BEA, "Operations of U.S. Multinational Companies in the United States and Abroad", *Survey of
　　Current Business*, 91(11), U.S. Department of Commerce, 2011.
Dunning, J. H., "Explaining Changing Patterns of International Production: In Defence of the
　　Eclectic Theory," *Oxford Bulletin of Economics and Statistics*, 41(4), 1979.
OECD, *Development Co-operation Report 2014: Mobilising Resources for Sustainable De-
　　velopment*, 2013.
UNCTAD, *World Investment Report*, United Nations Commission on Trade and Development,
　　2010.
―――, *World Investment Report*, United Nations Commission on Trade and Development,
　　2016.
―――, *World Investment Report*, United Nations Commission on Trade and Development,
　　2022.

【参考 URL】
Fortune　http://fortune.com/
UNCTAD　http://unctad.org/en/Pages/Home.aspx
World Bank　http://www.worldbank.org/

英語コラム

International Business Communication: Communication of Gratitude

In Japanese there are phrases to express gratitude, "Kokoro yori onrei wo moushiagemasu," or more commonly, "Domo arigato gozaimashita," which means "Thank you very much," or a lesser honorific form of "Arigato gozaimashita," which is "Thank you," or simply "Arigato," equivalent to "Thanks." These expressions can be used not only after completion of business transactions, but also in the same manner used to show gratitude in English.

In Japan when entering a shop, or a restaurant as customers, we are often greeted with a smile and the phrase, "Irashyaimase." This phrase means "Welcome" and when leaving, we are usually thanked, "Domo arigato gozaimashita," regardless of whether we have actually made any purchases. Meanwhile, when Japanese ask a favor, such as if they want something done, they often use the phrase, "Douzo yoroshiku onegaishimasu," or a lesser honorific form of "Yoroshiku onegaishimasu." These phrases literally mean, "I will ask you a favor," or "Please have it done," in a compact and polite way. Immediately after using this phrase, "Yoroshiku onegaishimasu," Japanese do not usually express their gratitude. Asked about this, most Japanese replied that they do not say thank you since no service or favor has yet taken place; thus, there is no need to express appreciation at this point in time.

In addition, apparently the phrase, "Yoroshiku onegaishimasu," does implicitly express gratitude and reverence while still asking for a favor. Therefore, the phrase is not similar to the English equivalent of "Do it," but more like "I would be so grateful if you could do it." In other words, this expression, "Yoroshiku onegaishimasu," is quite convenient since by utilizing it, one may readily ask a favor without having to express gratitude simultaneously. Meanwhile, when asked how a "Domo arigato gozaimashita," or "Thank you," immediately following the phrase, "Yoroshiku onegaishimasu," would sound, most Japanese responded that it would sound awkward or even redundant. In other words, expressing gratitude before the task has been completed, puts subtle pressure on the recipient as if to hint that the request is expected to be fulfilled.

Conversely, in English in most correspondences asking for a favor, it would seem quite rude if one did not express appreciation, usually in the form of a simple "Thank you." For example, when Japanese make a request by emails in English, the emails may sound rude, awkward and condescending. Directly translating, "Can you set up an appointment for me?" sounds quite rude. On the other hand, "I would really appreciate it if you could go set up an appointment for me. Thank you so much!" would have the polite nuance equal to "Yoroshiku onegaishimasu," Hence, in English, there is the expression of gratitude, "Thank you" even before the request is fully carried out. As children, the two magic words in English taught to pay respect and show gratitude are "Please and Thank you." Also, do not apologize by saying sorry too often; the word "Sorry," should not be used in the same manner as the Japanese word, "Sumimasen." It is better to differentiate between "Excuse me," and "I apologize." Stating "Thank you," more often instead of apologizing may leave a more positive impression.

Another phrase to be careful with usage is "of course." It should not always be used in the same manner as the word, "Mochiron." Sometimes, the word "Mochiron" when used in certain contexts, may sound condescending and rude. For example, after the question, "May I borrow your pen?" "Of course," would sound nice, expressing willingness to lend a pen; however, after the question, "Do you know that actor?" "Of course," may sound condescending or even judgemental. "Even I know the actor, but why don't you know him?" In this case, the expressions, "Sure," or "Certainly," may be more appropriate.

To sum up, from what we have discussed above, from the aspect of both verbal and non-verbal communication, we can discern that there exists an asymmetry of information especially in dealing with international business transactions. In other words, not all information is disclosed equally to all parties. This asymmetry may be attributed to differences in cultural background or dimension. Too often, problems arising with solutions found too late in global corporate dealings should be approached and tackled with utmost care.

With global transactions increasing, it is crucial to approach international business communication in a methodical way by doing background research prior to the meeting, not only of the company itself, but also other factors pertaining to the cultural heritage of the country in which the company is mainly based. Understanding the country's cultural heritage and business etiquette may be helpful in balancing out the information asymmetry. The consequences of misinterpreting the business partner's culture or customs may indirectly result in failure of the business transaction. In most cases, chances for the business deal to be successful may be limited in today's dynamic, fast-paced business setting. On the other hand, with the advancement of information technology (IT), business dealings or meetings via videoconferencing and/or emails are the norm increasing accessibility on a global scale.

The positive aspect is that these Internet based interactions reduce traveling expenses, time and burden. They are convenient since the involved parties do not need to physically travel thousands of miles to attend meetings. Therefore, productivity and efficiency increase. However the downside is, without actually traveling, it may give the illusion that these global scale meetings can be handled in the same manner as local ones. As a result, compared to face-to-face meetings in which there is interaction among the parties involved, it may be more difficult for the parties to understand that there may exist strong inherent cultural differences that at times, must be taken into serious consideration prior to international meetings. Although easily accessible, Internet business conferences and emails should not be taken lightly because it is easy to unintentionally offend the other party with inconsiderate comments or gestures that may be difficult to take back. In turn, it may result in irreversible consequences in which mutual trust would suffer along with the business deal falling through altogether.

第 Ⅲ 部

現 代 貿 易 の 課 題

第10章

地域主義・地域貿易協定

【あらすじ】

　本章では，1990年代以降の国際貿易環境を理解するうえで不可欠な地域主義（リージョナリズム）と，その具体的な制度である地域貿易協定の潮流について考えていく。第1に，地域貿易協定とは何かを概説する。第2に，地域貿易協定の経済効果や第二次大戦後の歩みについてふれる。第3に事例紹介として，EU（ヨーロッパ連合）と，中国主導で現在進められているアジア，ヨーロッパ，アフリカ大陸にまたがる経済圏構想「一帯一路」の内容を見ていく。最後に，リージョナリズムが急速に進展する中での日本の通商戦略の特徴を紹介する。

【読者への問い】

　EU や一帯一路の特徴や問題点について，考えてみよう。

1. 地域主義・地域貿易協定の概要

地域主義の隆盛

　この章では，1990年代以降の国際貿易環境における新たな大きな変化について考えてみよう。その変化とは，地域貿易協定（RTA：Regional Trade Agreement）が急増していることである。では，このRTAとはいったい何か。それは，地域主義あるいはリージョナリズム（Regionalism）と呼ばれるものの，具体的な制度・政策現象である。近年の貿易を理解するうえで，地

域主義の進展と深化を理解することはたいへん重要となっている。

　そもそも，地域主義の概念とは何か。『ブリタニカ国際大百科事典』によれば，「地域の特殊性を基礎とし，地域の自主性を保ちながら，その連帯，協力を促進しようとする考え方で，普遍主義に対する」と記述されている。この場合の「地域」とは，国内の地方やローカルのことを指すのではなく，アジア地域とかヨーロッパ地域とかラテンアメリカ地域などの，国家よりも広い範囲（概念）の「地域」を表している。そして，この地域主義を現実的に制度化するためのものがRTAである。

　RTAを大まかに言えば，貿易や投資の自由化を進めるため，基本的に各地域内や各地域間にわたる二国または複数国同士の国家間で，通商に関わる協定を締結することである。その通商協定の具体的な形態としては，自由貿易協定（FTA：Free Trade Agreement）や関税同盟（CU：Custom Union）などに細かく区別することができる。

　WTOのデータベースによれば，WTOやGATTで有効とされるRTAの件数は，2022年11月時点で356件に上る（WTOのウェブサイトより）。

　では，なぜ地域主義ならびにRTAの流れが出現したのであろうか。その主な理由は，WTOの多角的貿易自由化交渉であるドーハ開発ラウンドが停滞しているからである。背景には，WTOへの加盟国数の増加や，先進国と発展途上国間の利害の衝突・対立などで，意見がまとまらないことがある。そのため，同じ考えや利害を共有する地域内あるいは地域を横断する二国間や複数国間でRTAを締結したほうが，よりスピーディに交渉の成果を挙げることができるという認識が深まったのである。

　では，多角的貿易交渉を標榜するWTOの立場はどうなのか。反対するどころか，むしろRTAは多国間主義を補完し，自由な市場アクセスを堅持するためのバンド・ワゴン効果（いくつか選択肢のある中で，多数の者が選択したものを，他の者も「流れに乗り遅れないように」と選択するようになる現象）も発揮しているといった見解を示してきた。また，地域協定は多国間交渉時よりもさらに踏み込んだ議論をすることができるとして，WTOはその補完的機能にも注目している。例えば，サービス，知的財産権，環境基準，投資，競争政

策などは，初めに RTA 交渉で活発な議論がされた後，WTO でも討議が深められるようになったからである。

GATT による例外規定

とはいえ，FTA や CU はその性質上，域外国に対しては当然，差別性や選別性を突きつけることになる。ゆえに，すべての貿易相手国を平等に扱うという WTO の「最恵国待遇」規定を守っていないのではないかという疑問が生じる。だが，WTO 違反を犯しているわけではなく，例外的に RTA を容認する根拠条文が存在する。それが GATT 第24条である。

ここで，「無差別待遇原則」を示した GATT 第 1 条を見てみよう。同条では，「いずれかの締約国が他国の原産の産品または他国に仕向けられる産品に対して許与する利益，特典，特権または免除は，他のすべての締約国に対しても即時かつ無条件に許与しなければならない」と規定されている。これは，「一般的最恵国待遇」と呼ばれる規定のことである。

ところが，である。第24条では，域外国に対して貿易障壁を高めることが一番の目的ではなく，参加国間の経済統合と自由貿易をますます促進していくことを目的にしている場合に限っては，自由貿易に関する協定を取り結ぶことを「最恵国待遇」の例外措置として認めている。そして，その協定の概念を，①関税同盟，②自由貿易地域，③その設定のために必要な中間協定，の 3 つに分類している。

ちなみに関税同盟とは，域外国に対して，加盟各国が共通の関税制度などを設定する点で，域内の関税・非関税障壁の撤廃や削減を目的とする自由貿易地域とは異なった特徴をもつ。

授権条項による例外規定

この他に，1979年 GATT 東京ラウンドで締約国団決定として，「異なる，かつ，より有利な待遇，ならびに相互主義および発展途上国のより充分な参

加に関する了解」が合意されている。同決定は，通称「授権条項（enabling clause）」と呼ばれている。そこでは，先進諸国が一般特恵関税制度（GSP）の許与された発展途上国原産の産品に対して有利な待遇をすることが，GATT 第1条違反ではないことが示されている。また，発展途上国間の貿易を促進するため，関税および非関税障壁の相互撤廃・削減を中心とした地域協定の創設も認めている。

授権条項では「実質上すべての貿易」を対象にできるため，発展途上国間で締結された RTA の多くが同条項にもとづいて WTO へ報告されている。

なお，2022年11月時点で RTA（有効）をこれらの根拠別の条文ごとに分類してみると，全件356のうち GATT 第24条にもとづく協定は324件，授権条項にもとづく特恵協定は63件，GATS 第5条にもとづく協定は195件となっている（重複あり，WTO より）。GATS（General Agreement on Trade in Services）は「サービス貿易に関する一般協定」のことであり，詳しい内容は第13章で解説している。GATS 第5条は，GATT 第24条と授権条項と同様に，RTA の成立を容認する法的根拠となっており，加盟国間同士がサービス貿易を自由化する協定を締結することを，条件つきで認めている。

2．地域貿易協定の経済効果とその歴史

貿易創出効果と貿易転換効果

次に，RTA の経済効果を捉える考え方を見ていこう。それは，域内関税撤廃・削減によって域内国間の貿易取引と経済厚生に直接影響を与える静態的効果と，域内国の生産性上昇と資本蓄積に伴う経済成長が促進される動態的効果に区分できる。

まずは静態的効果から考えていこう。同効果は，基本的に貿易創出効果と貿易転換効果の2つに区別できる。前者は関税撤廃によって域内で新たな貿易が生じることである。そして後者は域外の第三国からの貿易が域内国に

転換してしまうことである。この貿易転換効果によって第三国が損失を被ることがあるため，RTAは域内外の双方に対して（すなわち世界貿易全体に対して）必ずしも正の効果を与えるものではないと言われている。

　例えば，仮に域外国（A国）が域内国（B国）より生産効率が高かった場合，RTAでA国への貿易障壁が相対的に高まることは，何を意味するのであろうか。もしA国からの輸出が域内からの輸出に転換されてしまうと，B国の高コスト生産が存続してしまうのみならず，低い生産性の商品輸入が継続されるだろう。これによって，結果的に域内国全体の経済厚生（消費などの経済活動によって得られる効用・満足度の社会的総和）を悪化させてしまうケースも想定される[1]。

　他方，動態的効果とは，直接的に現れる静態的効果とは違い，RTAによる市場拡大が「規模の経済」効果を発揮し，それが媒介となって間接的な形でさらなる生産性向上を促進するというものである。この生産効率の上昇は，国内投資の増加や直接投資を通じた海外からの資金流入を促進させる投資創出効果をもたらす場合があると言う。その結果，当該国における生産の拡大が進み，経済成長の起爆剤となるケースも想定されるのである[2]。

RTA や経済統合の形態

　次に，経済学者のベラ・バラッサの有名な議論を紹介する。バラッサは，経済統合や貿易統合の諸形態を5類型に分類し，それぞれの特徴を先駆的に定義してきた。

　この類型は，それぞれの統合度合い・深度によって区分されている。統合度の低い順から見ていくと，第1は自由貿易地域である。これは加盟国間の関税と数量制限を撤廃することである。第2は関税同盟である。これは

1）バグワティ，ジャグディッシュ（北村行伸，妹尾美起訳）『自由貿易への道』ダイヤモンド社，2004年，110〜114ページ。貿易創出効果と貿易転換効果およびRTAの経済効果の理論の詳細は，梶田朗「RTAの経済効果」浦田秀次郎編『FTAガイドブック』日本貿易振興会・ジェトロ，2002年を参照。また，経済産業省『通商白書』経済産業調査会，各年度版，特に2003年版を参照した。
2）経済産業省『通商白書2001』経済産業調査会，2001年，164ページ。

域内の貿易自由化と対外共通関税の設定である。第3は共同市場である。これは貿易制限の撤廃および生産要素の移動の自由化である。第4は経済同盟である。これは共通市場にもとづいたうえで，加盟国間の経済政策もある程度調整することである。第5は完全な経済統合である。これは金融・財政などの経済政策を統一し，超国家的意思決定機関を創設することである。

ただし，現在のRTAは，①経済発展段階の類似した先進国同士の間，または発展途上国同士の間で締結されるRTA，②経済発展段階や経済体制の異なった諸国間で締結されるRTA，③統合強度の相違（EUのように共通通貨まで存在する「深化した統合（deeper integration）」から，貿易自由化のみを目的とした「浅い統合（shallow integration）」まで）といったように，その形態は多様化している。加えて，政治主導によって協定を締結するなど，すでに国家間の「制度」として確立した統合（「制度的（de jure）地域統合」）もあれば，地理的・文化的な近接性をもつ国や地域が，特に制度的な枠組みをもたずに，その経済的な相互依存の強さゆえに自然発生的に形成している経済圏（「実質的（de facto）地域統合」）もあり，実に様々である。

さらに，あくまでも理論上，想定されている経済効果に関しても，加盟国内に大国や小国，富裕国や貧困国，工業国や農業国などの，経済構造や技術力，政治力や軍事力などが大きく異なる国々が存在する場合，そのメリットやデメリットを含めた影響の現れ方は，当然ながら各国で異なってくる。また，同じ国内であっても各産業・各企業・各階層それぞれ個別に見ていくと，工業部門と農業部門，大企業・多国籍企業と中小・零細企業，投資家・富裕層と低所得者層などによって，その影響の現れ方は非常に多様である。

RTA の歴史的過程──第1波の潮流（1950～60年代）

次に，RTAの歴史的過程を見よう。第1に，1950～60年代に域内関税障壁の撤廃と域外共通関税の設定を通じて，域内共同市場の創出・拡大をめざした潮流が挙げられる。

この潮流の代表的な事例として，ヨーロッパと南北アメリカの両地域で展

開されたRTAは重要である。ヨーロッパでは1957年にローマ条約によって欧州経済共同体（EEC：European Economic Community）が設立された。EECでは共通農業政策（CAP：Common Agricultural Policy）が制定されるなど，加盟国間の農業面での政策一致を軸にして，経済・貿易統合が進められていった。その後，1968年にEECは関税同盟へと発展的に改組し，域内関税の撤廃と域内貿易の自由化ならびに域外共通関税の設定がなされた。その結果，域外に対する保護貿易主義が現れる一方，域内貿易は拡大した。

　このEEC成立に対抗するべく，南北アメリカでも域内貿易ブロックを構築する流れが強まった。EECが（ラテンアメリカ産と類似する商品種類を生産する）何ヵ国もの旧フランス領アフリカ諸国に対して，輸入関税および輸入量制限の撤廃を決定したからである。ラテンアメリカ諸国にとっては競争上不利となり，この措置は「差別待遇」となる。そのため，当該諸国では欧州向け商品輸出の減少を見込んだ対応の必要性が生じた。しかるに欧州市場に取って代わる市場創出案として，同地域でも域内経済・貿易統合政策が浮上したのであった。

　そして1960年にはモンテビデオ条約調印によって，自由貿易地域の形成をめざすラテンアメリカ自由貿易連合（LAFTA：Latin American Free Trade Association）が創設された。これは当該地域に大きな影響力をもつ米国を除いた，保護貿易主義的な枠組みであった。同じく1960年に中米5ヵ国で中米共同市場の設立も合意された。その後，1969年にLAFTA内部において小国同士のみで構成されるアンデス共同体も結成されるなど，当該期は重層的な経済・貿易統合が次々と組織されていった。

RTAの歴史的過程──第2波の潮流（1980〜90年代）

　しかし，である。1980年代に入ると，1950〜60年代までの地域主義の潮流は大きく転換した。ひとつの背景として，それまで先進的な統合枠組みの構築を進めてきたラテンアメリカ全域で累積債務危機が勃発したことがある。累積債務とは，各国が国際機関（世界銀行や米州開発銀行など）や外国の金融諸

機関から，経済開発を進めるために借りたお金の累積額を指す。

国内的な要因や国際的な要因など，様々な理由があって，突如として債務返済を履行（りこう）することが困難になり，累積債務危機が生じた。ここで重要な点は，債務危機に陥った国々は借金の減額の代わりに貿易・投資自由化，市場開放をアメリカ政府や国際金融機関から求められたことで，これまでの保護貿易主義的な域内貿易統合の潮流を放棄せざるをえなくなったことである。

さらにこの時期は，GATT ウルグアイ・ラウンドから WTO 発足までの期間と重なっており，国際的な貿易交渉や貿易のルール作りに関して新たな段階を迎えていた。それまでの直接的な関税および非関税障壁の撤廃にとどまらず，農業，投資，サービス，知的財産権，紛争解決手続きなど広範囲にわたる内容が，議論や交渉の俎上（そじょう）に載せられるようになったからである（詳しくは，第6章と第7章を参照）。

RTA の交渉においても例外ではない。より広範囲でより国内市場を開放するような，包括的な協定を志向する「新しい」地域主義の潮流が出現した。この潮流に合流する形で，債務減免の代わりに貿易・投資の自由化を迫られた当該地域（主に債務危機に陥ったラテンアメリカを含む発展途上諸国）は，自由貿易主義型の RTA の締結へと大きく転換した。

次に，現代における地域主義のひとつの到達地点と新たな潮流を理解するために，EU（ヨーロッパ連合）と「一帯一路」構想の2つの事例を詳述していく。

3．地域経済統合の事例――EU

EU 経済統合の展開と市場統合

欧州連合（EU：European Union）は，欧州連合条約にもとづき，経済通貨同盟，共通外交・安全保障政策，警察・刑事司法協力等の幅広い分野での協力を進めている政治・経済統合体である。27ヵ国が加盟している（2023年1

図表10-1　EUの加盟国地図

（出所）駐日欧州連合代表部『加盟国情報』より転掲（https://eumag.jp/eu
facts/member_countries/　2022年10月1日閲覧）

月現在，**図表10-1**）。

　EUはどのような経済統合の歴史を歩んできたのだろうか。EUの起源は
1952年に発足した「欧州石炭鉄鋼共同体（ECSC：European Coal and Steel
Community)」と言える。フランスの欧州統合論者であったジャン・モネは，
長年ドイツとフランスの紛争原因となってきた両国国境地帯を主産地とする
石炭と鉄鋼の生産を，超国家的な国際機関の共同管理下に置くことを発案し
た。この構想はフランス外相ロベール・シューマンにより提唱され，西ドイ
ツ，フランス，イタリア，ベネルクス3国の6ヵ国によりパリ条約が発効
されてECSCが設立された。

　1958年発効のローマ条約でECSC6ヵ国は「欧州原子力共同体（EURA-
TOM：European Atomic Energy Community)」と欧州経済共同体（EEC）を同
時に発足させた。ここで出てくるヨーロッパの共同体（Community）は単な
る政府間の協力関係ではなく，超国家性の政策領域をもつ国家間の統合体で
ある。EUは第6章で扱ったGATTの交渉をはじめ，様々な国際交渉に共
同体として参加をしている。他の地域経済統合とは違ったEUの特徴であ
る。

本章第2節で見たように，1960年代に関税同盟や共通農業政策（CAP）が設立された。その結果，EC域内の関税障壁は撤廃されたので，次の目標は「市場統合」であった。これは非関税障壁を撤廃し，ヒト，モノ，カネ（資本），サービスの自由な移動を実現することである。1985年6月，当時の欧州委員会ジャック・ドロール委員長の強いリーダーシップにより『域内市場白書』が提出された。この白書では4つの自由移動を妨げている非関税障壁にはどのようなものがあるかを分析し，これを取り除くために305項目（その後整理され282項目）のEC指令が，採択のタイムスケジュールを付して提案された。白書では非関税障壁を①物理的障壁，②技術的障壁，③税障壁（財政的障壁）の3種類に分類し，分析をした。

　まず①物理的障壁とは，加盟国間の国境で生じる障害である。それを取り除く具体的な措置は，通関手続きや動植物検疫の共通化・簡素化や，パスポート・コントロールの撤廃，テロ発生や麻薬流入阻止のための司法・内務分野での協力である。ただし，市場統合で撤廃されるのは域内の関税であり，EU外の対外関税は維持される。

　次に②技術的障壁とは，制度や基準が国ごとに異なるために生じる障害である。例えば，工業規格や安全基準，あるいは会社法や競争法（独占禁止法），ヒトの移動では職業資格や卒業資格の違いといった規格や基準，法令，制度，慣習などの違いである。

　最後に③税障壁とは，付加価値税（VAT）や物品税が異なるために生じる障害である。欧州委員会はVATの標準税率を14～20％とし，生活必需品に対する軽減税率は4～9％に設定した。またガソリン税や酒税，たばこ税などの物品税については，各国の目標税率に接近させていくことを提案した。

　さらに，市場統合を実現するためローマ条約を改正することになり，1987年7月に単一欧州議定書（SEA：Single European Act）が発効された。こ

3）ECSC，EEC，EURATOMはそれぞれ独自の機関であったが，3つの共同体の業務は相互に関連していた。1967年7月に発効されたブリュッセル条約で，3共同体それぞれの行政執行機関と意思決定機関が単一の委員会と理事会に統合され，3共同体は総称して「欧州共同体（EC：European Communities）と呼ばれるようになった。

の頃から市場統合が本格化し，国境をまたいだM＆Aや日米からの直接投資が増加した。そして282項目の法令のほとんどが採択され，1993年1月1日に単一市場は予定通りスタートした。

　ヒトの移動の自由化については，1985年にフランス，ドイツ，ベネルクス3国の5ヵ国でシェンゲン協定が調印された。これは国境でのパスポート・コントロールを廃止するもので，域外の旅行者も協定国に入国すると，同じ扱いを受ける。シェンゲン協定にはその後，オーストリアや北欧諸国，中東欧諸国も段階的に参加した。また，EUとの関係が非常に深い欧州自由貿易連合（EFTA：European Free Trade Association）加盟4ヵ国（アイスランド，リヒテンシュタイン，ノルウェー，スイス）も入っている。

イギリスのEU離脱

　2000年代に入ると，中東欧諸国がEUの加盟条件をクリアして，2004年に10ヵ国（キプロス，チェコ，エストニア，ハンガリー，ラトビア，リトアニア，マルタ，ポーランド，スロバキア，スロベニア），2007年に2ヵ国（ブルガリアとルーマニア），2013年にはクロアチアが加盟をした。新旧加盟国間の所得格差が大きいので，労働者の自由移動は最大7年間の過渡期間が設けられた。そうした中でイギリス，アイルランド，スウェーデンは当初から規制をしなかったため，多数の移民が流入した。

　ブレグジット（Brexit）という言葉を聞いたことがあるだろうか。これは，イギリス（Britain）と離脱（Exit）という言葉がひとつになったもので，イギリスのEU離脱を表している。離脱理由はいくつか考えられるが[4]，中東欧諸国からの移民流入がそのひとつである。イギリスでは，「福祉国家」として医療費の無料化や雇用保険，救貧制度や公営住宅など様々な社会保障が充実しており，移民であっても適切な手続きを取れば福祉手当を受け取ることができる。しかし，その税金を負担するのはイギリス国民であり，移民への社

4）EUの超国家政策とイギリスの主権問題や，日米との自由な新しい貿易協定など。

会保障給付よりも経済政策に予算を回したいとの不満が高まった。さらに，イギリス国民と移民との間で働き口を取り合うという状況となり，反移民感情が高まった。

2016年6月にイギリスのEU離脱を問う国民投票がおこなわれ，51.9%が離脱を選択した。投票行動を大きく左右したのは学歴と年齢であり，学歴が高く年齢が若い人ほどEU残留を支持した。地理的にはロンドンとスコットランドで残留派が多数を占めた。逆に離脱派が多かったのは，衰退した工業地帯を擁するイングランド北部，とりわけそのブルーカラー層であった。

離脱交渉は，リスボン条約第50条にもとづき，イギリス在住のEU市民とEU在住のイギリス市民の離脱後の法的地位やイギリスが支払うべき精算金の額，南北アイルランド間の往来の自由を維持する方法をめぐっておこなわれた。そして，2020年1月にイギリスはEUから離脱をした。

日本にとって，イギリスは政治・経済両面でEUの窓口であったので，ブレグジットは日本にも重要な問題であった。日本政府は日本企業や日本経済全般への打撃を最小限に抑えることを望んだが，イギリスがEUから強硬離脱することになったため，EUとイギリスの双方と個別にEPAを結んだ（それぞれ2019年2月，2021年1月発効）。

通貨協力から通貨統合へ

次に，EU独自の特徴である通貨統合の歴史を見よう。1969年のハーグ首脳会議で，1970年代以降ECがめざすべき目標として，「完成」，「拡大」，「深化」が決定された。「完成」はCAPの財政基盤の確立と共同市場の設立，「拡大」は加盟国の増加，「深化」は内部的にECの統合度を高めることである。そのうちの「深化」として，「経済・通貨同盟（EMU：Economic and Monetary Union）」の創設が打ち出された。

1960年代後半以降，米ドルの信認低下から欧州市場は何度も大規模な為替投機に見舞われたので，ドルに影響されない独自の安定通貨圏の創設をめざした。まずEC6ヵ国は為替相場協力として1972年4月に「スネーク」を

スタートさせた。さらに翌月には，1973年のEC加盟が決まっていたイギリス，アイルランド，デンマークの3ヵ国と，EC非加盟国のスウェーデンとノルウェーが準参加をした。「スネーク」は，参加国間の通貨が±2.25％の幅で変動する動きがヘビの動きに似ていたことに由来する。しかし，通貨危機などにより離脱する国が相次いだほか，スタグフレーションの中で伝統的にインフレ抑制を最優先課題とする西ドイツと成長政策をとるフランスやイタリアとの間で分裂が生じ，最終的には後者がスネークから脱落してしまった。

　ECの全構成国に「安定通貨圏」をもたらすために，1979年に欧州通貨制度（EMS：European Monetary System）が創設された。EMSは，①為替相場の基準などの共通計算単位としての通貨バスケット＝欧州通貨単位（ECU），②為替相場固定のための為替相場メカニズム（ERM），③金融支援を取り決めた信用メカニズム，の3つの柱で構成されている。フランスやイタリアが成長重視から物価安定重視に政策スタンスを転換することで，EMSは1980年代後半に高度な安定を実現した。しかし，市場統合による資本移動の自由化や東西ドイツの統一による経済的ショックから，1992～93年にかけて欧州通貨危機が発生してしまった。

　この欧州通貨危機後，EUは為替変動幅を拡大することでEMSを維持し，1993年11月発効のマーストリヒト条約のもとで，通貨統合に向けて前進することになった。EMU参加のために，EU各国は4つの収斂条件を満たさなくてはならなかった。まず①「財政の健全化」で，財政赤字が対GDP比で3％以内であることと，政府債務残高が同60％以下であること，次に②「物価の安定度」で，直近1年間における消費者物価指数の上昇率が，加盟国中最も低い3ヵ国の平均値から＋1.5％以内であること，③「長期金利の安定度」で，直近1年間における長期国債利回りが，インフレ率の最も低い3ヵ国の平均値から＋2％以内であること，④「為替相場の安定度」で，直近2年間ERMの通常幅を維持し，中心相場の切り下げをおこなわない，といった条件である。

ユーロ導入と単一金融政策

　EU が他の地域経済統合と異なる特徴は，共通通貨であるユーロを導入していることである。1999年1月，EMU 参加条件を満たした11ヵ国がユーロを導入した。ただし，ここでのユーロ導入は銀行口座振替といった方法であり，現金は各加盟国の紙幣や硬貨がそのまま使われた。しかし，各国通貨の等価を確保するため，ユーロと加盟国通貨の換算率が固定された。その後，2002年1月にユーロ紙幣・硬貨の流通が開始され，各国通貨は消滅した。

　2023年1月にクロアチアがユーロを導入したので，EU 加盟27ヵ国中20ヵ国がユーロ圏を形成している。EU 加盟国は参加条件を満たせばユーロを導入する義務がある（EU 機能条約140条）が，デンマークはマーストリヒト条約の批准をめぐる国民投票で否決し，再度国民投票をおこない可決した経緯から例外となっている。さらに，マーストリヒト条約発効後に EU に加盟をしたスウェーデンは例外規定の対象ではないが，国民投票でユーロ導入が否決されたので ERM II に参加をしていない。ERM II はユーロ未参加国の通貨とユーロとの為替相場安定のための制度のことである。

　欧州中央銀行制度（ESCB：European System of Central Banks）は，EU の中央銀行である欧州中央銀行（ECB）と各加盟国の中央銀行（NCBs）で構成される連邦型の中央銀行である。ユーロ圏では単一金融政策が実施されることになっており，それを担うのが「ユーロシステム（Eurosystem）」である。ユーロシステムによる金融政策の目標は物価の安定であり，ECB は中長期的に物価上昇を2％以下に抑えることをめざしている。そのため，為替政策は物価安定という最終目標に従属している。例えば，ユーロ安による輸入財の価格上昇がインフレ圧力を生んでいる場合，外国為替市場でユーロ買い介入が実施される。

　単一通貨の導入は為替変動を回避できるメリットがあるが，金融政策を実施する際にデメリットが存在する。それはユーロ圏各国で経済状況が異なっているにもかかわらず，金融政策の手段は1つに限られることである。従来，国ごとに異なる金融政策や為替変動を通じて経済政策を実施してきたが，

ユーロ圏はそれが不可能である。そのため必要に応じて財政政策などの手段で対応することになる。

EU の機関

　最後に EU の機関を見ていく。G 7 サミットで 7 ヵ国の首脳たちと並んで，2 人の EU 代表者をニュースなどで見たことがないだろうか。1 人は欧州理事会常任議長で，もう 1 人が欧州委員会委員長である。EU には他の地域経済統合では見られない国家の三権（立法，行政，司法）に相当する機関が存在する。

　まず欧州委員会（European Commission）は EU の行政機関で，「閣僚」に相当する，各加盟国から 1 名ずつ任命された27名の欧州委員で構成されている（任期 5 年）。委員は出身国の利益代表ではなく，EU の目的のために働くことになっている。省庁に相当する各分野の総局が設置されており，法案を提案する権限をもっている。

　次に欧州理事会（European Council）は EU 首脳会議と呼ばれ，各国の首脳と欧州委員会委員長および欧州理事会常任議長で構成されている。EU の全体的な政治方針と優先課題を最高政治レベルで決定する。欧州理事会常任議長（president）は，日本のメディアでは EU 大統領と訳されることもある。

　もう 1 つが各加盟国政府を代表する閣僚（大臣）によって構成され，欧州議会と共に EU の立法を司る「理事会（Council of the European Union）」である。理事会は政策分野ごとに構成されており，10の理事会が存在している。

　理事会と共同で立法する機関である欧州議会（European Parliament）は，EU 予算の承認権や新任欧州委員の承認権等を有する。EU 市民から直接選挙で選ばれた議員で構成されており，議員は国別ではなく，主に自国での政党所属にもとづいて欧州議会内の会派に所属している。

　最後に欧州連合司法裁判所（the Court of Justice of the European Union）で，EU 法体系の解釈等をおこなう EU の司法機関である。司法裁判所，一般裁判所，専門裁判所から構成される。加盟国の国内裁判所で提起された EU 法

上の問題について「先行判決」を下す制度を有する。

　今後も EU は超国家的政策を貫くことができるのであろうか。それともイギリスのように，国の主権を尊重するためにさらなる離脱国が出現するのだろうか。様々なケースが想定されるが，その動向を注視してほしい。

4．地域経済統合の事例——アジア・ユーラシア

　本節では，世界の成長センターである東アジアを軸に展開される地域経済統合の動きを見ていきたい。まず東アジア地域協力の「バスの運転手」と言われる東南アジア諸国連合（ASEAN）の動きや，メガ・リージョナリズムへの展開を概観したうえで，すさまじい経済発展を遂げた中国が主導する一帯一路構想の特徴と影響を考察する。

東アジアの地域経済協力の進展

　東アジアの地域経済協力において，ASEAN は，常に牽引役となっている。1967年にシンガポール，マレーシア，タイ，フィリピン，インドネシアの 5 ヵ国で発足した ASEAN は[5]，当初，経済よりも政治・安全保障面の協力を重視していた。その背景には，第二次世界大戦後に独立した諸国間の地域紛争の続発や，共産主義に対する脅威（ベトナム戦争など）の拡大があった。域内の経済協力がより深化したのは1970年代半ば以降であり，1992年に物品貿易の自由化をめざす ASEAN 自由貿易地域（AFTA）が創立され，さらに2015年にはモノ，サービス，投資，資本，熟練労働者の移動を自由とする ASEAN 経済共同体（AEC）の設立が実現した。ASEAN は連合内の経済統合以外にも，中国・日本を含む周辺国と積極的に地域経済協力に着

5）1984年にブルネイ，95年にベトナム，97年にミャンマー，ラオス，99年にカンボジアが加盟し，現在10ヵ国となっている。なお，2022年11月には，東ティモールの加盟を認めることで基本合意された。

手したり，自由貿易協定（FTA）を締結したりしている。

　1997年7月に始まるアジア通貨危機は，東アジアにおける地域経済協力の波を引き起こした。ASEANを除けば，それまで東アジア諸国のみの地域経済協力の枠組みは限られていたが，危機を契機にASEAN＋3（日本・中国・韓国）が誕生した。ASEAN＋3では，毎年定例の首脳会議の他，外相，財務相，経済相等の閣僚会議，金融，食糧安全保障等の実務協力などが進展し，域内を自由貿易地域にする構想も浮上した。

　ところが，中国経済の勃興や歴史問題の再燃から，今世紀になると日本は中国の影響力を懸念するようになった。折しも，東アジア地域協力を深化させるため，ASEANが日中韓を招待する形のASEAN＋3を昇華させ，各国が対等な立場で参加する東アジア・サミット（EAS）の開催が取り沙汰されていた。中国やマレーシアが東アジア諸国のみの開催を主張する中，日本はインドやオーストラリアといった親米民主主義国の参加を求め，結局2005年12月にはASEAN＋6（ASEAN＋3にインド，オーストラリア，ニュージーランド）の枠組みでEASが開催された。しかし，その後しばらく，ASEAN＋3を重視する中国と，ASEAN＋6を重視する日本との間で確執が続いた。

　転機が訪れたのは，アメリカが主導する環太平洋パートナーシップ（TPP）交渉国の拡大であった。TPPは関税撤廃，知的財産権保護，投資ルールなどを包括する高度なFTAであり，アメリカの対中戦略の一環ともなっていた。交渉の末，2016年に12ヵ国（アメリカ，日本，オーストラリア，ニュージーランド，カナダ，メキシコ，チリ，ペルー，シンガポール，マレーシア，ベトナム，ブルネイ）が署名したが，アメリカは2017年の政権交代により，離脱を表明した。その後，残りの11ヵ国は知的財産権の他，サービスや投資に関する一部の適用を停止し，環太平洋パートナーシップに関する包括的及び先進的な協定（CPTPP）として発効した。

　TPPに対抗するため，中国はASEAN＋6案について態度を軟化した。ASEANが取りまとめた地域的な包括的経済連携協定（RCEP）の提案を受け入れ，関係諸国による交渉に入った。貿易自由化に伴う自国産業への影響

を懸念したインドは，交渉最終段階の2019年に離脱したが，残りの15ヵ国は2020年に署名し，2023年1月現在ではフィリピン，ミャンマーを除く13ヵ国で発効済となっている。

以上のような東アジアにおける地域経済統合が進展する中で，中国は独自の地域経済統合構想である一帯一路構想を打ち出した。

一帯一路構想とは何か

一帯一路構想（The Belt and Road Initiative：BRI）とは，2013年に中国の国家主席である習近平が打ち出した，アジア，ヨーロッパ，アフリカ大陸を包括する経済開発・経済統合構想である。中国の西部や東南沿海部を起点としてユーラシア大陸を横断する陸路の「シルクロード経済ベルト（一帯）」と，東南アジア，南アジア，東アフリカ沿岸をつなぐ海路の「21世紀海上シルクロード（一路）」によって構成される(図表10-2)。

BRIは，経済協力が外交戦略の一部として取り込まれたもので，経済的

図表10-2　一帯一路構想と6大経済回廊

（出所）中国政府発表より著者作成。

合理性よりも政治的意向が重視されている側面がある。その特徴をまとめると次の4つである。

　第1に，内政問題について相互不干渉の立場をとり，貿易，投資・援助を通じて沿線諸国と関係を強化し，Win-Win関係をめざすこと。

　第2に，関連プロジェクトの多くは，中国政府系金融機関（中国開発銀行，シルクロード基金，国有商業銀行等）が資金を提供し，中国企業が受注先となっていること。

　第3に，沿線国向けの投資と援助は，交通，エネルギー分野に集中していること。

　第4に，プロジェクトに必要な物資や労働力の多くを中国本土から調達すること。

　BRIの背景としては，中国の経済発展によって生じた過剰生産能力の解消，外貨の活用（投資），資源の確保，影響力の拡大などが挙げられる。

一帯一路構想に対する沿線国の反応

　沿線諸国は，中国の対外進出に警戒をしながらも，概ねBRIを支持している。南シナ海において領有権で中国と対立しているベトナム，フィリピン，インドネシアも，早い段階でBRIへの支持を表明していた。なぜなら，インフラ関連の援助や投資に対する期待が大きいからである。

　発展途上国や新興国は，インフラ整備に対する需要が旺盛である。既存の開発援助の枠組み（世界銀行，アジア開発銀行など）では低利子・無利子の融資を提供しているが，厳しい返済計画や内政干渉とも捉えられるもの（例えば社会支出抑制や公共料金設定の介入，輸出入制限の撤廃など）も融資条件に含まれて

6）BRIの対象地域として，新ユーラシアランドブリッジ，中国・モンゴル・ロシア経済回廊，中国・中央アジア・西アジア経済回廊，中国・パキスタン経済回廊，中国・ミャンマー・バングラデシュ・インド経済回廊，および中国・インドシナ半島経済回廊の6つの経済回廊が挙げられている。国家発展改革委員会・外交部・商務部「シルクロード経済ベルトと21世紀海上シルクロードの共同建設推進のビジョンと行動」2015年3月，王義桅『「一帯一路」詳説』日本僑報社，2017年。

おり，融資を受けることは困難である。途上国にとって，内政干渉をしない中国は，新たな開発資金調達先として歓迎される。

　むろん否定的な立場をとっている国もある。その代表がインドである。インドは他の新興国と同様にインフラ整備の資金が不足しているが，地政学的リスクからBRIを否定している。旗艦(きかん)プロジェクトとされる中国・パキスタン経済回廊（CPEC）は，中国新疆ウイグル自治区からパキスタン・グワダル港までの交通網の整備だけではなく，発電所，送電網，港湾整備が含まれている。ここでインドが懸念しているのは，CPECには印パが領有権を争うカシミール地域が含まれていることや，グワダル港の中国軍による軍事利用である。

　また，欧州ではBRIに対する評価が分かれている。欧州におけるBRIの要は，経済発展が比較的に遅れている中東欧地域である。2012年から開催されている「中国・中東欧首脳会議」（16＋1）は，EU加盟の中東欧11ヵ国（ポーランド，チェコ，ハンガリー，スロバキア，スロベニア，ルーマニア，ブルガリア，クロアチア，エストニア，ラトビア，リトアニア）とバルカン半島5ヵ国（ボスニア・ヘルツェゴビナ，アルバニア，セルビア，モンテネグロ，北マケドニア）が参加し，環境，金融，インフラ，科学などにおける協力の拡大について協議している。2015年に共同発表した「中国−中東欧国家合作中期規劃(きかく)（中国−中東欧諸国との協力に関する中期計画)」では，17ヵ国はさらなる経済協力の深化に合意し，「BRIがもたらすチャンスをものにし，BRIの構築に貢献しよう」という文言も盛り込まれている。

　一方，フランス，ドイツ，イギリスなどの西欧諸国は，BRIが発表された当初は比較的に中立的な立場をとっており，中国が主導するアジアインフラ投資銀行（AIIB）に出資し，創設メンバーにもなっている。しかし，投資先国ルールの不遵守，投資内容に関する情報の不透明性，投資がもたらす恩恵が少ないなど，問題が露呈するにつれ，西欧諸国はBRIに対して徐々に懐疑的な立場に変化していった。

　中東欧地域における中国の影響力の拡大も，欧州地域の分断（欧州地域統合の障害となる）につながると懸念され，西欧諸国はBRIの対抗策を模索しは

じめた。2021年12月に欧州委員会は，ついに中国のBRIに対抗する3000億ユーロ規模（2027年まで）の域外向けインフラ支援戦略，「グローバル・ゲートウェイ」を発表した。

　こういった西欧諸国の変化が中東欧諸国にも影響を与え，中国・中東欧首脳会議は2019年にはギリシャの加入で17＋1に拡大したものの，対中不信やEUとの関係を優先するリトアニア，エストニア，ラトビアが脱退し，2022年8月現在では14＋1に縮小している。さらに，ロシアによるウクライナ侵攻により，BRIが大きく影響されると考えられる。

一帯一路の成果

　2022年4月までに，149ヵ国，32の国際組織が200件以上のBRI協力文書に調印している。沿線国・組織と投資，輸送，金融，技術などの分野で多くの協定を締結し，顕著な成果を挙げている。

　インフラ整備も大きな成果のひとつと言える。一部のプロジェクトは政権交代や財政問題によって取り消し・縮小を余儀なくされたが，完成したものも多い。例えば，前述のCPECプロジェクトでは，第1段階の高速道路，鉄道，発電所，港湾の建設で大きな成果を挙げた。現在は残りのインフラ整備を進めながら，2020年より第2段階の工業，農業に重心を移し，農業技術の向上と経済特区の設立に力を入れている。新疆ウイグル自治区と陸路（現在は道路のみ，鉄道は未完成）で連結するグワダル港（2015年に43年の租借権を取得）の運営が2016年に開始された。このルートの開通は中国にとって大きな意味をもっており，マラッカ海峡を通らずに中東からエネルギーの調達が可能となった。

　一方，中国の投資の「手法」がしばしば批判されている。プロジェクトの大半は中国企業が受注しており，受注プロセスにおいて不透明な点が多い。プロジェクトに使用される鉄鋼やセメントなどの建材の多くが中国から調達され，労働者も直接中国から派遣されることがある。むろん，調達コストや工期などの理由はあるが，プロジェクトによる現地企業や雇用への恩恵が小

さくなり，現地の支持を得られなくなる。プロジェクトの選定は，相手国の経済効果よりも自国の戦略を優先することもあり，収益性があまり見込まれない港，高速道路などのプロジェクトが導入される。その結果，債務返済に手詰まった途上国は代わりに資源や土地権利を返済に充てることが散見される。このようなBRIにおける中国の融資は「債務の罠」として批判される。

「債務の罠」と経済開発

　中国の融資を「債務の罠」と評価すべきか。これについては，経済開発と一緒に考える必要がある。

　発展途上国は通常，資金が乏しい。経済開発をするために，不足分の資金を調達する必要がある。しかし前述のように，世界銀行のような国際機関から融資を受ける際，プロジェクトの収益性や返済能力などが厳しく審査され，時には緊縮政策や経済構造改革を伴うコンディショナリティが課される場合もある。

　一方，中国の開発援助は融資の担保（例えば港湾の使用権，資源の開発権など）をとるが，融資条件が緩く，世界銀行が断るようなプロジェクトについても認可する可能性がある。それが中国の開発援助の「魅力」であるが，利子は世界銀行などより高く，返済能力などが厳しくチェックされないため，債務問題が生じやすいことも確かである。こういった融資は途上国を「債務の罠」にはめ，その土地や資源を獲得することが中国の「目的」であると，批判されることもある。

　確かに，沿線国の対中債務が急増している。**図表10-3**が示すように，沿線国の対中債務が2014〜19年の5年間で急激に膨らみ，対外債務全体に占める割合が高まっている。とりわけ，パキスタンは前述のCPECプロジェクトで対中債務が49億米ドルから202億米ドルに拡大し，利払いが財政を圧迫し，2019年の経済不況でIMFに援助（財政・金融緊縮政策が条件）を要請することを余儀なくされた。

　では，なぜそれでも途上国は中国に融資を求めるのか。対中債務が拡大す

図表10-3　対中債務増加の「一帯一路」沿線上位20ヵ国

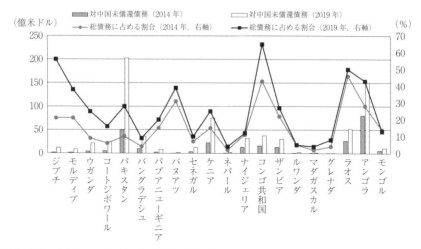

（出所）王遥・岳夢迪・王珂礼「中国与"一帯一路"国家的債務状況分析和借此推動緑色発展的建議」中央財経大学緑色金融国際研究院，2020年12月6日（https://iigf.cufe.edu.cn/info/1012/3606.htm　2022年10月30日閲覧）より著者作成。元データは世界銀行より。

る背景には，とにかく経済発展を遂げたい途上国と，対外投資や影響力を拡大したい中国との利害が合致していることが挙げられる。むろん，途上国の政治腐敗問題もあって，国民が投資の利益を享受できない場合もあるが，途上国の人々は土地や資源の権利よりも「発展の機会」に魅力を感じるかもしれない。また，中国にとっても，融資の焦げ付きは自国のイメージダウン，相手国の対中感情の悪化などのデメリットとなる。したがって，「債務の罠」は融資国としての経験不足によるものなのか，それとも意図的に仕組んでいたのかについては，評価するのが難しい。

　「債務の罠」批判の拡大を受け，融資に対する変化が見えはじめている。2019年4月に開催された第2回「一帯一路」国際協力サミットフォーラムで，習近平主席は「普遍的な国際ルール」については積極的に対応すると表明し，財務部は債務リスクを防止・解決するために，IMFなどを参考にした「一帯一路債務持続可能性分析フレームワーク」を確立すると発表した。今後，いかに途上国と「真のWin-Winの関係」を構築することができるかが，重要課題となる。

5. 日本の通商戦略と地域主義

　本章の最後に，日本の通商戦略について見ていく。日本は経済連携協定（EPA：Economic Partnership Agreement）を進める通商戦略を展開してきた。EPAとは，協定の対象範囲を貿易自由化や関税撤廃・削減以外の項目に拡大したものである。例えば，投資，サービス，知的財産権，人の移動なども組み込まれており，また発展途上国に対しては技術・職業教育訓練，人材育成などの2国間協力分野をセットにすることもある。

　図表10-4の通り，日本は2002年のシンガポールとのEPA締結を皮切りに，これまで24ヵ国・地域と21のEPA／FTA等を発効済・署名済となっている。2005年に2番目のEPA発効相手国となったのがメキシコである。これは日本にとって初めて農・畜産物の市場開放を含む包括的な協定であった。特に日本は重要なセンシティブ5品目（日本側にとって関税をかけて保護したい品目）であった豚肉，オレンジジュース，オレンジ生果，牛肉，鶏肉などで，メキシコに対して輸入枠を拡大した。一方，自動車・同部品産業の貿易や投資に関して，日本企業はメキシコでさらに自由におこなえるようになった。

TPPと日本

　その後，日本は2013年3月に国論を二分してきたTPPへの参加を正式に表明し，同年10月のAPEC開催に合わせて，日米事前協議の合意事項を発表した。その結果，前節で述べたように，環太平洋地域の12ヵ国が加盟する協定となった。

　TPPはWTOでカバーする範囲を超える内容をもつ「WTOプラス」と言える包括的な枠組みになっている。関税撤廃率の水準も高水準が求められる。日本ではTPPのメリットやデメリットが論じられてきた。自由貿易によって生産力の拡大や経済的な効率化が図られる，低関税によって安い商品が国内に入ってきて消費者利益が拡大する，等のメリットである。逆に，国内の農林水産・畜産業が関税撤廃によって打撃を受け，ますます食料自給率

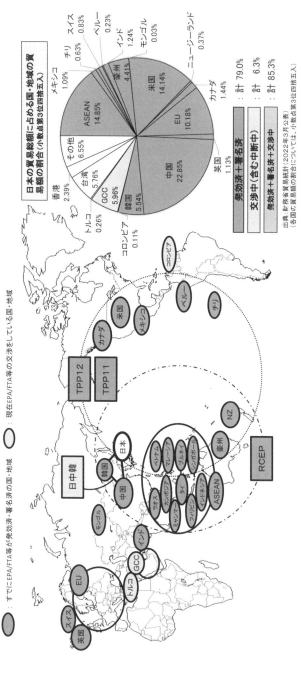

図表10-4　日本の経済連携協定の進捗状況（2022年6月時点）

日本の貿易総額に占める国・地域の貿易額の割合（小数点第3位四捨五入）

メキシコ 1.09%
チリ 0.63%
スイス 0.83%
ペルー 0.23%
インド 1.24%
モンゴル 0.03%
豪州 4.41%
ニュージーランド 0.37%
米国 14.14%
カナダ 1.44%
ASEAN 14.85%
EU 10.18%
その他 6.55%
英国 1.13%
台湾 5.76%
香港 2.39%
GCC 5.96%
中国 22.85%
韓国 5.54%
トルコ 0.26%
コロンビア 0.11%

発効済＋署名済 ：計 79.0%
交渉中（含む中断中）：計 6.3%
発効済＋署名済＋交渉中 ：計 85.3%

出典 財務省貿易統計（2022年3月公表）
（各国の貿易額の割合（Gulfは、小数点第3位四捨五入）

●：すでにEPA/FTA等が発効済・署名の国・地域　○：現在EPA/FTA等の交渉をしている国・地域

コロンビア
ペルー
チリ
米国
メキシコ
カナダ
TPP12
TPP11
NZ
日本
韓国
中国
日中韓
ベトナム
マレーシア
ブルネイ
シンガポール
ラオス
カンボジア
タイ
ミャンマー
フィリピン
インドネシア
ASEAN
豪州
RCEP
モンゴル
インド
GCC
トルコ
EU
スイス
英国

（注1）GCC：湾岸協力理事会（Gulf Cooperation Council）
（アラブ首長国連邦、バーレーン、サウジアラビア、オマーン、カタール、クウェート）

（注2）米国については、日米貿易協定・日米デジタル貿易協定　等の取組

（出所）外務省経済連携課「我が国の経済連携協定（EPA／FTA）」2022年6月（https://www.mofa.go.jp/mofaj/files/000490260.pdf　2023年1月31日閲覧）。

が減少する，地方経済に悪い影響が生じる，輸入農畜産物の安全性に不安がある等がデメリットとして挙げられた。これらの個々の論点に対する判断や評価は，論ずる人々の立場や産業によって異なり，集約することは簡単にはできない。

　TPPのルール作りと交渉は，アメリカ政府と同国の特定分野の多国籍企業が主導して進められてきた。例えば，TPP交渉の合意のために必要とされた「米国大統領貿易推進権限（TPA：Trade Promotion Authority）」（大統領に強い権限が与えられ，議会よりも行政府主導によって外国との通商交渉を進めることができる法案のこと）は，2015年5月末に上院で可決・成立したが，その背後にはTPP慎重派の議員に対するTPP推進派の巨大企業からの巨額の献金があったことが明らかになっている。[7]特に知的財産権の交渉では，製薬会社やアグリビジネス（バイオテクノロジー産業を含む）の利益をいかに最大化できるかが重視されたのである。薬の特許保護が知的財産権によって強化されすぎてしまうと，安価な後発医薬品生産の阻害要因となりうる。高い薬を購入することのできない発展途上国の所得水準の低い人々にとっては，健康問題に直結する事柄であろう。

　ところが，である。2016年2月にTPPの調印式がおこなわれた後，TPP脱退を公約に掲げたトランプ大統領（当時）が就任した。その後，アメリカはTPPを脱退した。トランプ大統領，そしてアメリカ国民の多くはなぜTPPに反対したのだろうか。その理由のひとつは，カナダやメキシコと締結した北米自由貿易協定（NAFTA：North American Free Trade Agreement）によって，自由貿易と資本移動の自由化を進めたことで，自国の製造業を中心とした多国籍企業が海外へ工場を移転し，また，海外からは外国産の安価な商品が大量に流入した結果，米国のモノづくり（製造業）の基盤が弱体化し，それによってある程度安定していた雇用が奪われてしまったからであった。

7）*Guardian* 2015年5月27日付（https://www.theguardian.com/business/2015/may/27/corpora
tions-paid-us-senators-fast-track-tpp　2023年1月31日閲覧）。

NAFTAによって，米国自動車企業など製造業を中心とした多国籍企業は，工場の対メキシコ進出を進め，メキシコ人の安い労賃を利用することで，製造コストの削減に成功した。その一方，国内工場の閉鎖などの影響を受けた「ラストベルト（錆びついた工業地帯）」では，トランプ大統領による「NAFTAは史上最悪の貿易取引であった（NAFTA was the worst trade deal）」という主張は説得力をもって迎えられた。TPPもこれと同じ論理で，多くのアメリカ国民が脱退を支持したのである。

地域主義・自由貿易のゆくえ

　グローバル化が進む現代において，貿易の役割は重要である。けれども，自由貿易，ならびにそれを制度化したRTAやFTAを無条件に「良いもの」として受け入れるだけでは済まなくなっている。

　フランス人学者のエマニュエル・トッドは，こう断じている。「『自由貿易』という言葉は，一見，美しく，『自由』にはよい響きがある。しかし，自由貿易の現実とは，そうではありません。万人が万人に対して経済戦争を仕掛けている。自由貿易の現実とは，そのようなものです。ですから，あちらこちらで経済対立が起こり，万人の賃金に圧縮がかかる。そして，あらゆる先進国において，格差拡大と生活水準の低下が起こる」[8]，と。

　トッドも自由貿易によって市場規模が拡大するなど，歴史的に自由貿易が機能した時代もあったとしている。つまり自由貿易をいかなる時でも唯一無二の方法とするのではなく，歴史のそれぞれの局面においてそれぞれ異なる解決策が必要だと主張している。問題は，自由貿易か，さもなければ保護貿易か，という単純な二項対立では解決されえない。

　私たちには，各国の有する経済発展段階の違いやその歴史，さらには加盟国間の政治・経済的権力（パワー）の不均衡を考慮しつつ，ある特定の国の，

8）トッド，エマニュエル（石崎晴己編）『自由貿易は，民主主義を滅ぼす』藤原書店，2000年，14ページ。

ある特定業界や投資家・富裕層・巨大多国籍企業の利益のためだけではなく，また自由貿易か保護貿易かという二択でもなく，互恵的で公正（フェア）な貿易・投資関係を構想していくことが，今後，より求められるのではないだろうか。

【次の課題を考えてみよう】

EU，一帯一路構想，そして TPP 以外の地域貿易協定・地域貿易統合の歴史と特徴，課題についても，自分で調べて考えてみよう。

【参考・引用文献】
荒木一郎「FTA と WTO 協定の整合性」浦田秀次郎編『FTA ガイドブック』日本貿易振興会・ジェトロ，2002年。
石川幸三「世界の潮流となる FTA」浦田秀次郎編『FTA ガイドブック』日本貿易振興会・ジェトロ，2002年。
外務省経済局『世界貿易機関（WTO）を設立するマラケシュ協定』日本国際問題研究所，1995年。
経済産業省『通商白書』経済産業調査会，各年度版より。
国家発展改革委員会・外交部・商務部「シルクロード経済ベルトと21世紀海上シルクロードの共同建設推進のビジョンと行動」2015年 3 月，王義桅『「一帯一路」詳説』日本僑報社，2017年。
田中素香，長部重康，久保広正，岩田健治『現代ヨーロッパ経済』有斐閣，2022年。
トッド，エマニュエル（石崎晴己編）『自由貿易は，民主主義を滅ぼす』藤原書店，2000年。
日本機械輸出組合『主要な自由貿易協定の現状と法的分析』日本機械輸出組合，2001年。
日本貿易振興会『貿易投資白書』日本貿易振興会・ジェトロ，各年度版。
森井裕一編『ヨーロッパ政治経済・入門』有斐閣，2012年。

【参考 URL】
Guardian　https://www.theguardian.com/
WTO　http://www.wto.org/

第11章

日本企業の国際化と
国際マーケティング

【あらすじ】

「生き残る種とは，最も強いものでも，最も知的なものでもない。変化に最もよく適応したものである」（チャールズ・ダーウィン『種の起源』より）

チャールズ・ダーウィンが後世に遺したこの名言は，貿易や企業の国際的な事業活動の文脈にも当てはまる。

グローバリゼーションは国家間の経済や市場の結合を促し，貿易を推し進めてきた。貿易による財やサービスの国境を越えた流通は，世界の人々に均質的な生活をもたらす一方で，国ごとの文化的，制度的な違いが現地固有の慣習や消費行動を醸成し，土着の生活がそこでは展開されている。企業がこの国家間の多様な違いを乗り越えて現地事業を拡大していくためには，海外直接投資による現地市場への直接的な接近が求められるが，そこでは国内以上に多様な市場環境に直面することになる。このような変化の中で，日本経済や貿易がこれまでにどのように適応し，そして日本企業は今後どのように適応していくべきなのか，について論じ，考察していく。

【読者への問いかけ】

日本の経済，貿易はこれまで環境の変化にどのように適応し，そして今後，日本企業はどのように適応していくべきかを考えてみよう。

1. 日本の経済構造の変化
――「貿易立国」から「投資国家」へ

世界経済における日本の位置づけ

　政府，企業，家計で構成される国民経済は，多国間の貿易や海外直接投資などによって後押しされたグローバリゼーションを通じて，他国との政治的，経済的，文化的結びつきを強めている。IT技術の驚異的な発展を背景に，グローバリゼーションは地球の隅々まで行きわたり，世界はグローバリゼーションの恩恵を享受しつづけてきたように考えられてきた。具体的には，自由貿易地域・協力経済圏の統一化，ITと物流インフラ発展による市場の均質化が世界各地で展開されていったことなどが，その楽観的な考えの根拠であろう。

　今後もこのような流れが持続するものと考えられている一方で，国家間の通商で課題となる地域間における諸制度の違いや，異文化の存在，そして新興国の専制的・政治的・経済的台頭などの動向は，前述の流れとは異なる世界の存在に気づかせてくれる。経済学者のパンカジュ・ゲマワットは，同質化に向かう世界経済がある一方で現地に埋め込まれた独自の世界がパラレルに存在しつづけている構造を「セミ・グローバリゼーション」と表現した[1]。

　現代の世界経済の潮流の特徴として，どのようなものがあるだろうか。『通商白書』(2022年版)は，代表的な特徴として以下の4つを挙げている。1つめの特徴は「主要国家政府の影響力の拡大」である。たとえば，米国はコロナ禍による国内経済不況の回復を金融・雇用政策によって図る一方，主要諸国との外交政策などで世界における存在感の保持に努めている。また，中国は世界に先駆けたコロナ禍からの回復をめざして国家主導によるコロナ政策を提唱・実行しており，その政策や動向が世界の諸国経済にとって大き

1）Ghemawat, Pankaj "Semiglobalization and International Business Strategy," *Journal of International Business Studies*, 34(2), 2003.

な影響力を有していることを示した。EU は各国経済の雇用維持を重視した財政出動を促進させ，経済圏内に共通の復興支援組織を立ち上げる産業政策を推進し，とりわけ，環境エネルギー政策分野において EU の枠組みにとどまらないリーダーシップの発揮をめざしている。このように主要国・地域の政府がそれぞれに影響力を強めているのが現状である。

　2つめの特徴は「経済安全保障の強化」である。グローバル競争圧力や地政学リスクなどの高まりを受け，半導体やエネルギー原材料など，先端技術分野における自国産業の競争力の再構築に向けたグローバルサプライチェーンの再構築・強化や，国家主導による産業政策の推進などが，米国，中国，EU を中心に活性化している。

　3つめの特徴は「共通価値への関心の高まり」である。昨今の SDGs の世界的普及に伴い，経済活動における環境や人権，貧困などといった人類共通の価値観とそれへの対応などの具現化が，産官学に共通していっそう求められるようになっている。

　4つめの特徴は「デジタル化」である。コロナ禍を経て，経済活動の循環に欠かせないツールとなったデジタル技術は，国境を越えた貿易や各種取引のあり方を大きく変容させた。

　このような世界経済の潮流の中で，日本は主要諸国・地域と外交や通商交渉を介した友好関係を築きながら，とりわけ地域的に隣接しているアジア圏内での，サプライチェーンや自由貿易体制の構築により足場を固めつつ，気候変動や地球環境問題への取り組みにおける世界的なリーダーシップを発揮することが，自国・他国から期待されている。

日本の貿易の現状と傾向

　過去の自国の貿易の動向を把握することは，当該国の競争力の源泉や経済収益構造，国際関係などの変遷を確認する作業と同義と言えよう。近年の日本の貿易の動向を「全体」「地域」「産業」という観点から概観し，日本の貿易を多角的に捉えていくこととする。

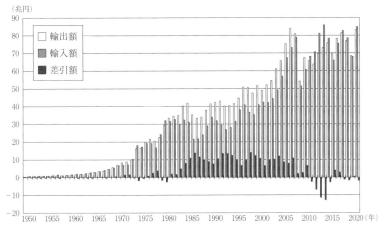

図表11-1　世界に対する日本の輸出入額および差引額の推移（1950〜2020年）

（出所）財務省貿易統計「最近の輸出入動向　輸出入額及び差引額の推移（1950〜2022年）」より。https://www.customs.go.jp/toukei/suii/html/time_latest.htm（2022年11月26日閲覧）

　1つめの「全体」という観点とは，日本における輸出入額，および差引額の推移である。**図表11-1**は世界に対する日本の輸出入額，差引額の推移（1950〜2020年）を示した図であるが，1980年以降，日本の製造業の飛躍的な発展を背景に，輸出額が輸入額を上回りはじめ，2008年の米国金融市場で起きたリーマンショックや新興国経済の台頭などを機にふたたび輸入額が輸出額を上回る状況に転じた。現状においても，その状況に加えて，国際情勢の不安定化や新型コロナウイルス感染拡大危機などを背景として生じた，高騰するエネルギー資源や国内で不足する半導体・食料などの輸出額を上回る超過輸入，および日米の金利格差などが大きく影響し，大幅な状況の改善は今のところ見られない。

　2つめの「地域」という観点とは，貿易相手先国上位3ヵ国の推移である。**図表11-2**は日本の貿易相手国上位3ヵ国の推移（1995〜2020年）を示した図であるが，1995年以降1位であった米国が，2007年から中国にその座を明けわたしたことは，国際政治経済の関係上，日本にとって中国の存在が大きくなっていったことを意味している。その他の貿易相手国や地域を見ても，近隣のアジア諸国や地域経済が上位を占め，欧州，中東がそれに追随し

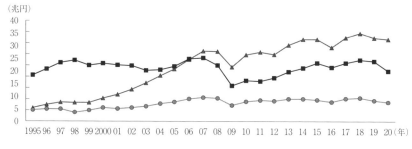

図表11-2　日本の貿易相手国上位3ヵ国の推移（1995〜2020年）

（出所）財務省貿易統計「最近の輸出入動向　輸出入額及び差引額の推移（1950〜2020年）」をもとに筆者が作成。
https://www.customs.go.jp/toukei/suii/html/time_latest.htm（2022年11月26日閲覧）

ている。昨今，多くの関心を集めている TPP や RCEP などの地域経済協定の締結と域内貿易の活性化なども，近年の日本の貿易相手国におけるアジア諸国の割合の増加に寄与している。しかしながら，現在，地政学リスクや国際情勢の不安定化，新型コロナウイルス感染拡大などの負の要素が，これまでのグローバリゼーションによって結合された各国市場経済のネットワークを逆流し，多くの貿易・経済活動が停止したという経験からの学びを活かし，一国への貿易依存体質からの脱却への道筋を模索していくことを真剣に考えなければならない段階と言えよう。友好関係にある国家間のネットワーク圏においてのみ貿易や海外直接投資をおこなおうとするフレンドショアリングや，国内回帰など安全に事業活動をおこなえる拠点への生産機能の移管といったサプライチェーン構造の代替案の検討などが，具体的な策の選択肢として挙がっている。

　3つめの「産業」という観点とは，日本における主要輸出入品の推移である。**図表11-3**は日本の貿易の主要な輸出入品の推移（1995〜2020年）を示した図である。輸出に関しては1995年以降，自動車，半導体等電子部品，自動車の部品，鉄鋼，原動機，などが上位を占めており，日本は製造業，とりわけ自動車産業や電気電子機器産業といった特定産業における輸出に競争力があることが読み取れる。一方，輸入に関しては，エネルギー関連製品や生活必需品などの項目が上位を占めている。日本は根幹産業に据える自動車

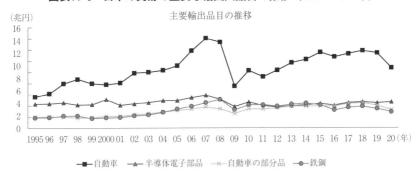

主要輸出品目の推移

（兆円）

■自動車　▲半導体電子部品　✕自動車の部分品　●鉄鋼

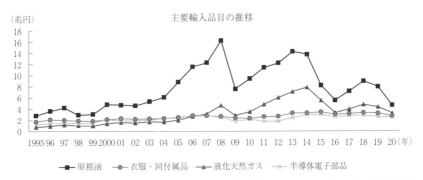

主要輸入品目の推移

（兆円）

■原粗油　●衣服・同付属品　▲液化天然ガス　✕半導体電子部品

（出所）財務省貿易統計「最近の輸出入動向　輸出入額及び差引額の推移（1950～2020年）」をもとに筆者が作成。
https://www.customs.go.jp/toukei/suii/html/time_latest.htm（2022年11月26日閲覧）

産業をはじめとした製造業製品の輸出で収益を獲得し，エネルギー資源や生活必需品を輸入でまかなっているという傾向が顕著に表れている（第2章も参照のこと）。「地域」と同様に「産業」の観点からも，日本は，現在や今後も残存する地政学リスクや国際情勢の不安定化，新型コロナウイルス感染拡大などがグローバリゼーションによって構築された各国のネットワーク圏に与える負の影響のひとつとしての，エネルギー資源の争奪，および価格高騰に対して，いっそう適切な対応をしていかなければならないだろう。加えて，欧州を起点とする脱炭素エネルギー化の流れによる，途上国出身企業も含めた海外メーカーの電気自動車（EV）シフトの動向が，日本の根幹産業である自動車産業に与える影響も楽観視できない。日本は国家を挙げて，代替エネ

ルギー資源の模索と根幹産業の競争力の再構築など，より戦略的にも精度の高い明確な産業政策の検討と立案に注力する必要があるだろう。

日本経済の収益構造の変容

　戦後の日本では，国家の復興政策や外国の優れた経営資源の積極的な輸入などによって，現在の日本全体の産業の基盤が形成されていった。当初は当時の海外の優れた生産技術や製品を学習し，模倣していく中で生み出された製品によって国内消費者の需要が喚起され，やがて，それまで疲弊していた経済が徐々に上向きに転じていった。その後，日本の産業基盤が成熟化していくにつれ，日本独自の生産技術や製品の開発への投資が増大していく中で，製造業が日本産業活性化の駆動源となっていった。日本産業の活性化は国外からの注目を集めるようになっていく。日本の産業から生み出された洗練された製品群は，国内の需要のみならず海外の需要をも創出し，その需要を満たすために現地への輸出が加速していった。

　このような日本の競争力の強化は，米国や欧州への日本製品の輸出増大を促し，貿易摩擦の要因となった。1980年代の日本企業の海外進出は，貿易摩擦による管理貿易に対応した措置であったが，国境を越えて海外現地法人に経営資源が移管される形で，米国内での雇用の創出や米国の貿易収支の改善が見られるなどの成果が現地で少しずつ評価されるようになっていった。日本のカラーテレビ製造企業などの生産拠点の移転を伴う米国進出は，その模範的な例であろう[2]。このような経営資源の国境を越えた移管，すなわち，海外直接投資による現地法人の事業活動の活性化は，日本経済の収益構造に変化をもたらすこととなる。

　従来は，国内の需要に対する事業活動に加えて，追加的に貿易によって収益を得ることで国内経済の活性化が促されるというのが，日本の経済収益構

2）内閣府「バブル／デフレ期の日本経済と経済政策」第1巻『日本経済の記録——第2次石油危機への対応からバブル崩壊まで』第1部第4章「日米貿易摩擦」46〜70ページ，2010年，を筆者が要約。

造の特徴であった。しかし近年では，日本企業の海外現地法人が現地の需要の創出とそこでのさらなる売上の拡大を図ることによって得られる投資収益が，輸出総額と同等か，あるいは年々その差を広げるほどに大きくなっていった。このような日本経済の収益源の構造の変化，すなわち「貿易立国」から「投資立国」への変化は，その後に誕生し国際的に活躍する日本発の多国籍企業出現の舞台が整ったことを意味していたであろう。

国際政治経済の揺らぎとデジタル社会経済の勃興

　経済と貿易，企業活動は連動している。それは各国政治による政策もしかりである。国際的な観点から事業を世界規模で展開しなければならない多国籍企業は，連動し合う海外のカウンターパートナーとなる複数の主体とその次元を見きわめ，そのつど戦略的な意思決定を下していく必要がある。

　具体的に多国籍企業が海外の現地市場で事業を拡大していく際に，どのような主体とどのような次元で接していくことになるのかについて理解を深めるには，フランクリン・R・ルートの古典的研究が役に立つだろう[3]。当研究では，多国籍企業は国際政治システム，国際社会文化システム，国際経済システム，国際企業システムの4つの環境システムそれぞれに属するカウンターパートナーと多国籍企業の現地子会社が相互作用を展開していく中で現地での事業を維持・拡大していくとする関係モデルが提唱されている（**図表11-4**）。多国籍企業本社は海外の現地環境に接する際，現地政府や国家社会，国民経済，多国籍企業の現地子会社というそれぞれのカウンターパートナーと連動することになる。加えて，当該国のみならず，地理的に隣接する，あるいは歴史的・政治経済的なつながりのある諸外国との関係性にも配慮しつつ，現地での事業拡大に関わる適切な意思決定を下していかなければならないのである。

3）ベーカー，J・C, J・K・ライアンズ Jr., D・G・ハワード編（中島潤，首藤信彦，安室憲一，鈴木典比古，江夏健一監訳，AIB JAPAN 訳）『国際ビジネス・クラシックス I　概念研究の総観 1. 国際経営の概念的アプローチ（フランクリン・R・ルート）』文眞堂，1990年。

図表11-4　多国籍企業と現地環境システムとの関係構図

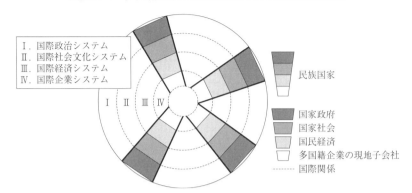

Ⅰ. 国際政治システム
Ⅱ. 国際社会文化システム
Ⅲ. 国際経済システム
Ⅳ. 国際企業システム

民族国家

国家政府
国家社会
国民経済
多国籍企業の現地子会社
‥‥‥ 国際関係

（出所）ベーカー，J・C，J・K・ライアンズ Jr., D・G・ハワード編（中島潤，首藤信彦，安室憲一，鈴木典比古，
江夏健一監訳，AIB JAPAN 訳）『国際ビジネス・クラシックスⅠ　概念研究の総観１．国際経営の概念的
アプローチ（フランクリン・R・ルート）』文眞堂，1990年，5ページ。

　現代の多国籍企業を取り巻く国際政治システム，国際社会文化システム，
国際経済システム，国際企業システムは，大きな変化の中にある。激しさを
増す米中競争や英国による EU 離脱，ウクライナ情勢，イデオロギーや世代
間における価値観の違い，多様な地域経済協定など，予測困難な地政学的リ
スクと隣り合わせの状況の中で，多国籍企業は生存と成長を賭けた事業の国
際化に向けた様々な意思決定を下していかなければならない。加えて，現代
の国際経済は，AI や IT 技術などのデジタルインフラの飛躍的な発展を背
景に，従来の物質的な財や商品といった有形資産と同等か場合によってはそ
れ以上に，企業の有する情報や知識，特許などの知的資産の質の優劣が当該
企業の国際競争力にも影響を及ぼしうる状況となっている。このようなデジ
タルインフラの成熟化はデジタル社会経済の確立を促し，瞬く間に貿易や事
業の国際化の活動にもそのデジタル化の要素が広まっている。多国籍企業は
このようなデジタル社会経済下において，伝統的な経営資源や戦略などの更
新や再構築を検討し，遂行していかなければならない。
　諸外国と同様に，このような現代のマクロ環境の変化としての国際政治経
済の揺らぎとデジタル社会経済の勃興の中に組み込まれている日本の政治経
済，貿易，日系多国籍企業も，これらの変化をこれまで以上にミクロレベル

での政策や戦略の計画の中に具体的に組み込んでいかなければならない。

2．日本企業の競争優位と国際マーケティングへの期待

日本企業の国際競争力の源泉

　「ジャパン・アズ・ナンバーワン」と言われていた時代を知っているだろうか。かつて，日本はその卓越した生産技術力や製品の品質の高さを世界から高く評価され，ものづくり大国としての名声を得ていた。その評価の高さは，世界の主要な格付け機関による国際競争力の順位にも表れており，1990年代初頭においては，並みいる先進国と肩を並べて上位を維持しつづけていた。当時の日本の競争力を牽引していた製品群は，優れた自動車やエレクトロニクス製品，そしてそれに関連する部品等であった。これらの製品群に共通する特長をアーキテクチャ論[4]の観点から捉えると，日本の競争力の源泉にさらに深く迫っていくことができる。

　日本が得意としている製品を構成している部品の要素間の関係は，連結し合った設計となっており，そこには「すり合わせ」の能力が現場で発揮されているという。そしてそのような製品の開発や生産は，企業の内部（閉鎖的／クローズドな組織環境）で自前主義の下に実施されていたことから，機密情報の外部への漏洩や競合企業による模倣などを防ぐことで，他社と差別化された競争優位の状況を保っていたと解釈できよう。このような組織内部の閉鎖的でクローズドな環境で「すり合わせ」の能力を駆使して創出された自動車やオートバイ，小型家電などの製品群は「インテグラル型製品[5]」と呼ばれ

4）アーキテクチャ論とは，製品，サービス，工程，組織，物流プロセス，情報ネットワーク，事業など，人間が構想する人工システムの設計構造のことを指す。藤本隆宏「製品アーキテクチャの概念・測定・戦略に関するノート」独立行政法人経済産業研究所，2002年，1ページ。
5）インテグラル型製品とは「機能群と部品群の間の関係が錯綜している製品設計思想」を指す。同上，3〜4ページ。

図表11-5　ビジネス・アーキテクチャ分類と製品事例

製品のアーキテクチャ

	インテグラル型	モジュール型
クローズ型	・自動車 ・オートバイ ・小型家電	・汎用コンピュータ ・工作機械 ・LEGO
オープン型		・パソコン ・パッケージソフト ・自転車

（出所）藤本隆宏，武石彰，青島矢一編『ビジネス・アーキテクチャ』有斐閣，2001年，6ページ。

ており，前述のように日本企業が競争優位をもっている領域である。一方で，欧米企業が得意とするような，個々の部品が独立して存在し，それらを設計上，「組み合わせる」ことで機能する製品を「モジュール型製品[6]」と言うが，当該製品の開発や生産を企業の外部（開放的／オープンな組織環境）の他社や消費者と共同でおこなうケースも増えてきており，パソコンやパッケージソフト，自転車などが該当する。最後に，クローズドな環境で組み合わせの能力を駆使して開発・生産されるモジュール型製品には，汎用コンピュータや工作機械，LEGO などが当てはまる（**図表11-5**）。

　企業の主な活動は「製品開発」と「市場開拓」に大別されるが，このような日本企業の競争力の源泉は，前者の「製品開発」領域に位置づけられるものであり，その競争力は「深層の競争力」と呼ばれている。他方，欧米企業などが得意とするマーケティング活動に相当する後者の「市場開拓」における競争力は「表層の競争力」と呼ばれている[7]。

　しかしながら，昨今の事業環境の変化は，この日本の競争力の源泉に影を

6）モジュール型製品とは「機能群と部品群の間の関係が1対1に近く，それぞれが独立しているような製品設計思想」を指す。同上，3ページ。

7）表層の競争力とは「特定の製品に関して顧客が直接観察・評価できる指標のことで，価格，納期，製品内容の訴求力，広告内容の訴求力」などを指し，深層の競争力とは「顧客は直接観察はできないが表層の競争力を背後で支え，かつ企業の組織能力と直接的に結びついている指標のことで，生産性，生産リードタイム，適合品質，開発リードタイム」などを指す。藤本隆宏『能力構築競争——日本の自動車産業はなぜ強いのか』中公新書，2003年，40ページ。

もたらしている。先進国企業の競争力のさらなる向上や，新興国出身企業の台頭，ものづくりとデジタルの融合など，これまでの尺度では測ることができない変化に，日本企業は競合国企業に先駆けて対応することができず，劣勢を強いられている。日本企業の国際的な競争優位の再構築に向けた，既存の競争力の見直しや，新たな事業領域への経営資源の再配置と育成など，課題は山積みである。そのような中でも，今後の日本企業の新たな競争優位の源泉の候補としては，オープンな環境における他社との共同開発を要するインテグラル型製品の開発も候補に挙がるだろう。具体的には，他社との協調を図りながら，製品を構成する部品やシステムにおいて収益の見込める中核領域で，他社の模倣を困難にするような設計を特徴とする新たなインテグラル型製品などの開発に期待したい。

地域・産業・機能別に見る日本企業の競争優位の源泉

　ここで，日本企業の国際化を牽引し，また競争優位の源泉を構成してきた要素を，「地域」「産業」「機能」という3つの観点から捉えていくこととする[8]。

　まずは，「地域」の観点であるが，**図表11-6**のⅠが示すように，1980年代まで日本企業は北米やヨーロッパなどの先進国市場で売上を構築し，1990年代，2000年代以降は，成長著しいアジアで生産・販売を強化し売上を構築してきたことがうかがえる。次に「産業」の観点であるが，**図表11-6**のⅡからもわかる通り，2000年代までは自動車などの輸送機器や電気機械が日系企業の海外売上を牽引しており，2000年代以降，電気機械の失速と輸送機器の生存と成長が顕著に示されている。最後に「機能」の観点では，**図表11-6**のⅢにおける売上高利益率の日米比較から読み取れるように，日本企業は製造業が，米国企業は非製造業が売上高当期純利益率に貢献してい

8）諸上茂登ほか『国際マーケティング・ケイパビリティ——戦略計画から実行能力へ』同文舘出版，2019年，15〜19ページを参考に筆者が要約。

図表11-6 「地域」「産業」「機能」の観点で捉える日本企業の競争優位の構成要素

Ⅰ. 日系現地法人の地域別売上高推移

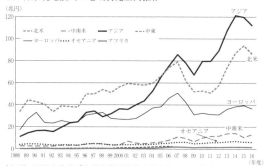

（出所）経済産業省「海外事業活動基本調査」により作成。

Ⅱ. 日系現地法人の主要製造業別の売上高推移

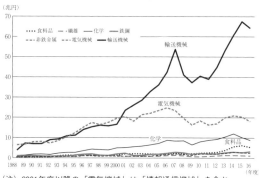

（注）2001年度以降の「電気機械」は「情報通信機械」を含む。
（出所）経済産業省「海外事業活動基本調査」により作成。

Ⅲ. 日系企業の海外現地法人の売上高利益率・R&D 比率の推移

単位：%		2009	2010	2011	2012	2013	2014	2015	2016
売上高当期純利益率	日系全業種	2.9	4.2	4.0	3.1	3.0	2.8	2.7	3.5
	日系製造業	3.3	4.7	3.7	3.5	3.4	3.4	3.6	4.4
	米系全業種	17.9	21.8	20.4	19.7	19.1	19.7	19.7	19.3
	米系製造業	5.2	7.3	7.6	7.1	6.5	6.5	8.7	8.0
売上高研究開発費率	日系全業種	1.5	1.3	2.0	2.1	1.6	1.6	1.4	1.5
	日系製造業	1.8	1.6	1.7	2.0	1.7	1.8	1.7	1.7
	米系全業種	0.8	0.8	0.8	0.8	0.8	0.8	0.9	0.9
	米系製造業	1.3	1.2	1.2	1.2	1.2	1.2	1.3	1.3

（注）米国企業はマジョリティ出資の現地法人のデータ。日本は年度，米国は暦年。
（資料）経済産業省「海外事業活動基本調査」，米国商務省 Bureau of Economic Analysis, "U.S. Direct Investment Abroad"。
（出所：Ⅰ〜Ⅲ）諸上茂登編著『国際マーケティング・ケイパビリティ——戦略計画から実行能力へ』同文舘出版，2019年，12〜21ページ。

る。また，売上高研究開発費率の日米比較からは，研究開発に積極的に投資する日本企業勢に対し，米国企業は，地域や業種で売上構成の傾向が異なるものの，製造業のみに依存せず，サービスやITなどの収益性の高い事業にも積極的に投資をしていることが推察できる。このように，日本企業と米国企業が互いに優位性をもつ「機能」においては相違が見受けられる。

　上記3つの観点から，日本企業の競争優位を構成する要素の概要としては以下のことが言えるだろう。1つめの要素として「先進国市場に加えてアジア市場への海外直接投資に注力している」ということ，2つめの要素として「製造業，とりわけ自動車産業での現地法人による現地での売上が日本経済に大きく貢献している」ということ，3つめの要素として，1つめと2つめのそれぞれの事業活動の根底には「研究開発，すなわち，ものづくりの優位性がある」ということ，である。しかしながら，昨今では先進国企業による質の高い財・サービスの開発・普及や，途上国企業の台頭などが顕著に見られ，日本企業は劣勢となってきているのが現状であり，競争力の見直しと再構築が急務である。日本企業の次なる課題としては，これまで強みとしてきたインテグラル型製品などのものづくりの優位性をさらに強化していくことに加え，その成果物としての優れた財やサービスを世界の様々な消費者に提供し，満足させるための仕組み創り，すなわち「国際マーケティング」への積極的な投資が挙げられるだろう。

国際マーケティングへの関心の高まり

　ここでは今後の日本企業が強化すべき課題領域としての「国際マーケティング」の定義について概説していく。

　「マーケティング（Marketing）」は語彙的に見ればMarket（市場）と物事や状況の進行形を表すingの合成である。意味的には「市場を創る」という行為のことである。それでは，市場とは何か。市場は基本的に以下の3つの構成物や人物からなる。第1のものは「価値」である。価値とは有用性や便益のことであり，それらは物質やサービスなどの感覚や情報などの多様な

状態をもつ。第2のものはこの価値を「創り出す（生産する）」人である。第3のものはこの価値を「使う（消費する）」人である。市場とは，したがって，価値を生産する人が，それを消費する人に，価値を委譲することである。現代では，この価値を創り出すことは一般的に企業がおこなっている。そして価値を消費するのは社会の一般大衆である。この価値を創り出す行為こそがマーケティングであり，その行為を遂行するには製品（Product），価格（Price），流通（Place），販売促進（Promotion）という4つのPから始まる戦略の構築と実行が必要である。この4つのPを合わせて「マーケティング・ミックス戦略」あるいは「4P戦略」と呼ぶ。

　マーケティングが成立する場所や空間や人間関係が国内にある場合，それを「国内マーケティング」と呼ぶ。フィリップ・コトラーはマーケティングを「価値を創造し，提供し，他の人々と交換する事を通じて，個人やグループが必要とし欲求するものを獲得する社会的，経営的過程」と定義した[9]。しかし，企業がマーケティングをおこなう相手である消費者がいる場所が，国境を越えて国外である場合，そこでおこなわれるマーケティング活動を「国際マーケティング」と呼ぶ。諸上茂登は国際マーケティングを以下のように説明している。すなわち，国際マーケティングとは「その主体の組織や管理プロセス，および活動範囲を問わず，国境を越えて遂行されるマーケティング諸活動の総称」である[10]。

　今では国境を越えておこなわれるマーケティングのために使われる通信手段や交通手段の発達は未曽有のものとなっており，国際マーケティングによって結ばれる生産者と消費者の結合は，瞬時にして地球を7周半する光速によって結ばれている。すなわち，企業による国際マーケティング戦略の立案と実行によって，世界の消費者の様々な満足が生み出されているのである。日本企業においても，卓越したものづくり能力を駆使して開発した製品やサービスを，今後いっそう，世界の様々な消費者に提供し，満足させるために

9）コトラー，フィリップ（村田昭治監修，小坂恕，三村優美子，疋田聰訳）『マーケティングマネジメント──持続的成長の開発と戦略展開』プレジデント社，1996年。
10）諸上茂登『国際マーケティング講義』同文舘出版，2013年。

は，国内市場と海外市場の様々な側面での違いのみならず，前述の国際政治経済の揺らぎやデジタル社会経済の勃興にも十分に配慮し，それらを国際マーケティング戦略計画に反映させていくことが肝要となることだろう。

> 【次の課題を考えてみよう】
>
> 　身近な日本企業，もしくは外資企業の製品やサービスを想定し，その国際マーケティングの４Ｐ戦略について調べて議論してみよう。

【参考・引用文献】

経済産業省『通商白書』令和４年版，第Ⅰ部第３章第２節「グローバルで加速するトレンド」。

コトラー，フィリップ（村田昭治監修，小坂恕，三村優美子，疋田聰訳）『マーケティングマネジメント──持続的成長の開発と戦略展開』プレジデント社，1996年。

ダーウィン，チャールズ（渡辺政隆訳）『種の起源』上，光文社古典新訳文庫，2009年。

内閣府「バブル／デフレ期の日本経済と経済政策」第１巻『日本経済の記録──第２次石油危機への対応からバブル崩壊まで』第Ⅰ部第４章「日米貿易摩擦」，2010年。

ベーカー，J・C，J・K・ライアンズ Jr.，D・G・ハワード編（中島潤，首藤信彦，安室憲一，鈴木典比古，江夏健一監訳，AIB JAPAN 訳）『国際ビジネス・クラシックスⅠ　概念研究の総観１．国際経営の概念的アプローチ（フランクリン・R・ルート）』文眞堂，1990年。

藤本隆宏「製品アーキテクチャの概念・測定・戦略に関するノート」独立行政法人経済産業研究所，2002年。https://www.rieti.go.jp/jp/publications/dp/02j008.pdf（2022年12月７日閲覧）。

──『能力構築競争──日本の自動車産業はなぜ強いのか』中央公論新社，2003年。

藤本隆宏，武石彰，青島矢一編『ビジネス・アーキテクチャ』有斐閣，2001年。

諸上茂登『国際マーケティング講義』同文舘出版，2013年。

諸上茂登編著『国際マーケティング・ケイパビリティ──戦略計画から実行能力へ』同文舘出版，2019年。

Ghemawat, Pankaj "Semiglobalization and International Business Strategy," *Journal of International Business Studies*, 34(2), 2003.

第12章

農業と資源の貿易

【あらすじ】

　人間が生きてゆくためには，何かを食べなければならない。そして「食べる」ことは，様々な資源を生産・消費することを意味する。例えば，食料生産では農業を営むことが必要であり，また食料の生産・調理にはエネルギー資源の確保が必要となる。生活に欠かせないものとなった電子機器は，部品に様々な鉱物を使用している。私たちの生命を支えている資源はグローバルに移動しているが，その結果，様々な問題が生じるようになった。そのため本章は，世界の資源貿易の現状を整理したうえで，資源貿易が抱える問題点を提示する。

【読者への問いかけ】

　農業資源・鉱物資源・エネルギー資源の貿易の拡大には，どのような意義と課題があるのだろうか。

1. 私たちの食卓に見る資源

　私たちは日々の暮らしの中で，様々なモノと関わっている。例えば，スマートフォンやパソコンで情報を入手し，電車や自動車で移動し，コンビニで昼食を購入する。そして，当たり前となった生活を支えているモノは，どれも資源を材料としているか，資源そのものである。

　そのため，資源の生産・確保は人間にとって欠かせない活動となる。ただし，すべての農産物，鉱物，エネルギー資源を自国内で生産することは，ほ

ぼ不可能である。そして，足りない資源を確保するうえで重要な経済活動が，貿易である。日本の場合，鉱物やエネルギー資源に加えて，食料さえも国内で充分に生産できず，消費量の大部分を輸入に頼っている。

　また，アジアやアフリカなどの開発途上国は，経済成長に必要な外貨を獲得する手段として，資源輸出を盛んにおこなっている。だが，資源に依存した経済構造は，貧困や紛争を招く要因にもなっている。農業について言えば，農産物貿易は先進国や新興国に，あり余るほどの食料をもたらしているが，途上国では食料危機が深刻化している。

　すなわち，今日では膨大な量の資源がグローバルに移動し，私たちの生活を豊かにしているが，資源貿易は世界中で起こっている諸問題の原因になっているのである。そこで本章では，資源の生産・消費および貿易の全体像を整理したうえで，特に資源貿易の役割と問題点を提示する。

　そもそも資源とは何か。資源を「人類が生きるうえで不可欠の要素・素材」と捉えた場合，例えば石油や天然ガスなどのエネルギー資源，金や銅，ダイヤモンドのような鉱物資源は一般的だが，他にも，水や土地，森林などの自然環境に加えて，私たちが食べる米や野菜，肉類などの食料（大枠では農産物）も資源となる。さらに，ビジネスの分野では人材や情報も一種の資源であり，資源の種類は多岐に及ぶ。そこで本章では，私たちの生活と密接に関わる資源の問題を考察するため，日常生活に欠かせない鉱物資源，エネルギー資源，そして農業資源（特に農産物）の 3 つの資源について論じる。

　現代の食生活は非常に多様化しており，食料（もしくは食料を加工したもの＝食品）の種類や数も豊富であるため，ふだんの食事の中で，その重要性や問題点を意識することは少ない。もっとも，人間が生きるうえで特に必要な資源は食料である。人間は呼吸し，水分を吸収し，食料を摂取しなければ生きられない。食料が不可欠な資源であることは，例えば，2016 年 2 月に日本で公開された『オデッセイ（原題：The Martian)』という映画の中でも表現されている。同作は，火星に取り残された植物学者が，わずかな物資を用いて地球生還まで生き延びるという物語である。そして，この主人公にとって最大の課題が食料の確保であり，食料生産に不可欠な水の確保であった。『オ

デッセイ』は極端な例であるが，人間にとって「食べること」とは「生きること」なのである。

　ふだん何気なく消費している食料は，農業によって生産されたものである。そのため，食料，すなわち農産物の生産および貿易の仕組みを理解することは，食に関わる問題を考察するうえで重要となる。もっとも私たちの生活には，多種多様な料理が存在し，食事のスタイルも千差万別である。例えば，今日の日本では，ご飯や味噌汁，焼き魚，煮物，漬物など，いわゆる「昔ながらの和食」が食卓に並ぶ光景は少なくなり，洋食，中華，イタリア料理などを中心とする食事を日常的に食べるようになった。また，一人世帯や核家族の増加に伴い，立ち食いそば屋や牛丼屋，低価格のファミレスでの食事（＝外食），さらにはコンビニのお弁当やファーストフード店のテイクアウトを利用した食事（＝中食）が一般化している[1]。加えて，コーヒーやお茶，チョコレートなどの嗜好品も，私たちの食生活に浸透している。

　人間が消費している大量の食料は，生産と貿易が相互に連関することで成り立っている。私たちがふだん何気なく食べているコンビニのお弁当は，国内外の農家が生産した食品を，国内輸送もしくは外国からの輸入を経て製造工場に運び，工場内で調理・加工した後，商品として店頭に並べられる。このフードシステムと言われる一連の流れは，現代の食が様々な活動を経由した結果であることを示している。

　また，日本の食料自給率を見ると，私たちが食事を通じて世界と結びついていることがわかる。農林水産省の『令和3年度食料・農業・農村白書』によると，日本の食料自給率（カロリーベース）は1990年代後半から4割前後で推移し，2020年では37％にとどまる。飼料の自給を差し引いても，料理に使われている食品の5割以上が外国産となっている[2]。さらに，農林水産省ウェブサイトの「やってみよう！自給率計算」より，材料や料理別の食料自給率を確認することができる。**図表12-1**に示した献立の場合，コメや野

1）時子山ひろみ，荏開津典生『フードシステムの経済学』第5版，医歯薬出版株式会社，2013年，9〜10ページおよび139〜148ページ。
2）農林水産省『令和3年度食料・農業・農村白書』2022年，54〜57ページ。

菜は概ね国産であるが，豆腐や味噌の原料となる大豆の大半はアメリカから，ワカメなどの海藻類は中国や韓国から輸入されている。また，豚肉はその多くが外国産だが，たとえ国産であっても，家畜に与えられる飼料の7割以上は，輸入された穀物である。そのため，肉を食べることは，外国産の肉や輸入された飼料を消費することであり，直接・間接的に世界とつながることになる。

　図表12-1で提示した献立は，食料自給率で捉えると，その5割以上が外国産の食品によって構成されている。さらに，ハンバーガーとポテトフライのセット（食料自給率17％）やラーメンと餃子のセット（同16％）は，図表12-1の献立以上に食料自給率が低い。そのため，食料問題を考察する際には，「何を食べているか」だけではなく，「誰が生産しているのか」，そして「どこから運ばれるのか」を理解しなければならない。

　ただし，食事には調理が必要であり，生（なま）の状態で消費する食料はごく一部に限られる。今日の調理では，火おこしや薪（まき）を用いることは少なく，ガスや水道，電気を使用することが一般的である。食料が輸入品であれば，輸送のために燃料を消費することになる。そのため，天然ガスや石油等のエネルギー資源について理解しなければならない。

図表12-1　日本の一般的な食事に見る食料自給率

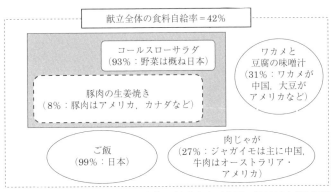

（注）カッコ内の数字は食料自給率を，国名は主な生産国（自給率が5割以下の場合は主な輸入相手国：農林水産省「品目別貿易実績」を参照）を示している。
（出所）農林水産省ウェブサイト「やってみよう！自給率計算」（https://nippon-food-shift.maff.go.jp/calc/#/　2022年10月20日閲覧）他より作成。

また調理には，電化製品等の調理器具が必要となる。加えて，飲食店やスーパーマーケット等で販売されている食品には，保管や陳列のための冷蔵・冷凍設備が必要であり，販売数量や流通等の情報管理では電子機器を用いることも多い。これら設備の製造では，銅やニッケル（ステンレス鋼の材料），アルミニウムのような外装用素材に加えて，コバルト（リチウムイオン電池の材料）やタンタル（電子端末等の部品の材料）などの鉱物が使われている。

2．世界を行き来する資源

　資源需要は，世界人口の増加に伴って増大している。国連経済社会局の発表によると，世界人口は1990年に約53億人であったが，2020年には1.5倍の80億人に達し（実際は78億人にとどまる），2058年には100億人を超えると推計されている。だが，食料消費量やエネルギー・鉱物資源の消費量では，人口増加率を上回る資源も見られる。そこで，農業資源・鉱物資源・エネルギー資源について，生産および貿易の規模を整理しよう[3]。

農業資源

　1990〜2020年で人口は1.5倍となったが，世界全体の食料生産は同程度の増加に至っていない。世界全体の食料生産量（2014〜16年＝100）は，1990〜2020年で57.6から107.1に増加したが，一人当たりの生産量では，79.8から101.4（1.27倍）の増加にとどまっている（**図表12-2**）。特にアジア・アフリカ地域では，食料輸入の増加や干ばつに伴う深刻な食料不足が発生するなど，食料生産が人口増加に追いついていない国も存在する。他方，コーヒーや紅

3）各資源の統計値については，本章で提示した文献に加えて以下のウェブサイトを参照した。農業資源：FAOSTAT（http://www.fao.org/faostat/en/#home），鉱物資源：USGS（http://minerals.usgs.gov/minerals/），エネルギー資源：International Energy Agency（https://www.iea.org/statistics/）。

図表12-2　人口増加と食料生産の推移

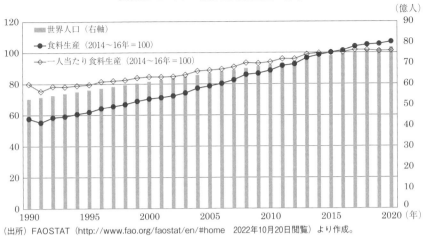

(出所) FAOSTAT（http://www.fao.org/faostat/en/#home　2022年10月20日閲覧）より作成。

茶など，販売を目的とする作物（＝商品作物）が世界各地で栽培されていることも重なり，今日の世界では農産物貿易が拡大の一途をたどっている。

　世界全体の農産物貿易総額は，1990〜2020年で約4.5倍も増加している。特にヨーロッパは輸出額で全体の43.6％，輸入額で39.8％を占めており，世界中で消費されている農産物の多くがヨーロッパと関わっている。また，アジアおよび南北アメリカ地域の農産物貿易も拡大しており，特に中国やインド，およびアフリカ地域は経済成長と人口増加に伴って急増している。中国の農産物輸入額は30年間で約12倍も増加している。アフリカも農産物輸入の拡大が著しい地域であり，規模自体は世界全体の5％程度だが，輸入額は5.5倍に拡大している。農産物貿易の変化から，人口増加や経済成長の著しい国・地域ほど，国内の食料需要に生産が追いつかず，食料輸入を増やしていることがうかがえる。

鉱物資源

　21世紀以降，パソコンや携帯型電子端末の普及に伴い，様々な鉱物資源の需要が増している。鉄鉱石の産出量は約20年で3.9倍，アルミニウムは

図表12-3　鉱物資源産出量の推移

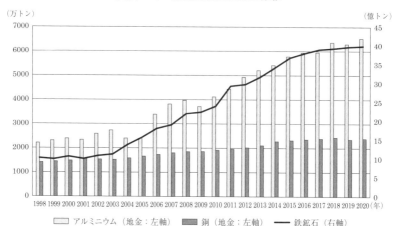

（出所）JOGMEC『鉱物資源マテリアルフロー』[several years]，および The U.S. Geological Survey: USGS
（http://minerals.usgs.gov/minerals/　2022年10月23日閲覧）より作成。

2.9倍，銅は1.7倍も増加した（**図表12-3**）。ニッケルやコバルトなど，レアメ
タルと呼ばれる鉱物も数千〜数億トン規模で産出されている。ただし，鉱物
資源の産出が可能な地域は品目によって異なり，しかも特定の地域に限定さ
れるため，貿易には国・地域間で偏りが見られる。

　鉱物資源の産出国を整理すると，例えば鉄やアルミニウム，銅は，オース
トラリアや中国，ブラジルが主な産出国となっている。またレアメタルの産
出国は，南北アメリカ，オーストラリア，中国，ロシア，そしてアフリカと，
広範囲に及ぶ。ただし，ステンレス合金の材料となるクロムや，リチウムイ
オン電池に使われるコバルトなど，一部のレアメタルはアフリカ，特に南ア
フリカ共和国やザンビア，コンゴ民主共和国が主な産出国である。

　他方，消費国の日本やヨーロッパ，アジアなど鉱物資源に乏しい地域は，
これら産出国からの輸入に依存している。また中国では，工業化の進展や都
市部における購買意欲の上昇によって，国内の資源生産が需要に追いつかず，
生産量をはるかに上回る鉱物を輸入している。[4]

4）西山孝『資源論』丸善出版，2016年，8〜11ページ。

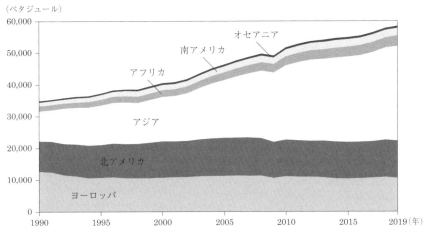

図表12-4　エネルギー資源の地域別の消費量

（ペタジュール）

（出所）United Nations: UN, *Energy Statistics Yearbook 2019*, UN, New York, 2021, p.3より一部修正し作成。

エネルギー資源

　エネルギー資源消費の推移（**図表12-4**）を見ると，世界全体の消費量は1990〜2019年で1.7倍に増えており，経済成長の著しいアジア（3.2倍）やアフリカ（2.1倍），南アメリカ（1.9倍）では特に消費量が増加している。他方，ヨーロッパでは再生可能エネルギーの普及に伴い，石油や天然ガスなど，旧来のエネルギー資源の消費は横ばいとなっている。ただし，エネルギー資源も鉱物資源と同様に，埋蔵されている地域は限定されるため，輸出入の状況は国・地域で大きく異なる。

　エネルギー資源の貿易規模を国・地域別で比較すると，原油生産の大部分がサウジアラビアやイランなどの中東諸国，アルジェリア，リビア，ナイジェリアなどのアフリカ諸国，ロシア，アメリカに集中している。また天然ガスは北米やロシア，北欧，中東が主な産出地である。そして，エネルギー資源はほぼすべての国にとって欠かせないため，国内で生産できない国は，これら産出国からの輸入に依存しているのである。

　また，エネルギー資源の埋蔵量は，確認されているだけでも消費量の数十

倍であり，例えば南シナ海周辺には，東南アジア諸国が1年間で生産する量の10倍以上の原油が埋蔵されている[5]。だが，採掘技術の欠如や費用，収益性の問題から，大量の原油や天然ガスが，いまだ地中もしくは海底深くに埋まったままとなっている。

　資源需要は世界人口の増加に伴って増大し，さらに途上国や新興国の成長は資源消費の拡大に拍車をかけている。マルサスは『人口論』の中で，「人口が増える力は，土地が人間の食糧を生産する力よりもはるかに大きい。人口は，何の抑制もなければ，等比級数的に増加する。生活物資は等差級数的にしか増えない[6]」としたうえで，「人間が生きるためには食物が必要というのが自然の法則だから，……生存の困難が，人口の増加をたえず強力に抑制する[7]」と述べている。すなわちマルサスは，食料（資源）不足は貧困や飢餓，疾病を招き，結果的に人口増加と資源消費は均衡する，と捉えたのである。しかし，今日の世界人口は増加の一途をたどっており，マルサスが指摘する均衡状態には至っていない。そして，人口増加と資源消費がかろうじて維持されているのは，もちろん生産技術の向上もあるが，資源貿易の拡大，言い換えると「資源のグローバル化」によって，莫大な量の資源の消費が可能になったためである。

3. 資源貿易と地域間の関係

　それぞれの資源には生産上の特性や制約があるため，必然的に，資源の生産地には偏りが生じる。例えば鉱物やエネルギー資源は，そもそも埋蔵量の多い国・地域が限定されるため，「必要だから自国で生産する」というわけにはいかない。埋蔵量が少ない，もしくは資源自体が存在しない国は，他国から輸入しなければならない。また農産物，特に食料は人間の生命に欠かせ

5）武石礼司『東南アジアのエネルギー』文眞堂，2014年，3〜6ページ。
6）マルサス（斉藤悦則訳）『人口論』光文社，2011年，30ページ。
7）同上，30〜31ページ。

ないため，人間は基本的に食料生産の可能な場所に集まり，集落や都市を形成するようになる。しかし食料生産は，①急激な人口増加，②経済成長，③干ばつや冷害などの天候不順，に左右される。加えて，農産物の中には，コーヒーや紅茶のように，特定の自然環境でなければ栽培できない作物も存在する。そのため，農産物は世界中を行き来する資源となり，特にヨーロッパやアジア，南北アメリカなど，農産物を安定的に生産する地域は，大量の農産物を輸出している。

　また，途上国と資源貿易の関係に焦点を当てると，その特徴として，①鉱物やエネルギー資源に加えて，商品作物までも輸出しているが，人間の生命に不可欠な食料を輸入していること，②農業生産において，自然環境以外に，生産技術や経済面での制約が生じていること，が見受けられる。例えばアフリカは，これらの特徴が顕著な地域のひとつである。アフリカは地球上の陸地全体の約5分の1を占める広大な大陸であり，人口の約6割が農民である。そのためアフリカは，単純に捉えれば，食料を充分に生産できる環境にある。しかし実際には，農業生産に適した土地が少なく，干ばつや冷害がたびたび発生するなど，自然環境上の制約を抱えている。また農業生産に関する技術も未熟であり，しかも農民の大半がトラクター等の農耕機械や化学肥料を使用するための資金を有していないため，特に貧しい農民は農作物を大量に生産できず，深刻な飢餓や栄養失調状態に陥っている。

　またアフリカは，原油やレアメタルなどの資源が豊富な地域であり，赤道直下にある国々では輸出・販売を目的とする商品作物の栽培も盛んである。原油や鉱物，商品作物などの一次産品は，アフリカ諸国にとって，経済発展やインフラ建設に必要な外貨を生み出す貴重な資源である。そして，一次産品に依存する国は，資源生産を重視する傾向にあり，農民を含めた大勢の人々が輸出向けの資源の生産に駆り出されている。しかもアフリカの食料消費は，急激な人口増加や経済成長によって増えており，さらに食事そのものが多様化しているため，アフリカは，大量の食料を輸入しなければならない。

　すなわち，世界規模で見られる資源需要の高まりは，アフリカなどの資源保有国をはじめ，資源貿易に携わるすべての地域にとって，経済発展を成し

遂げるための重要な要素となる。だが資源貿易の拡大は，生産地に住む人々に，資源獲得競争や食料輸入の増大などの弊害をもたらしかねないのである。

4．資源貿易に見る諸問題

　資源貿易の拡大は，世界全体に様々な影響を及ぼしている。例えば資源輸出国には外貨獲得による経済成長という点で，輸入国には不足した資源の確保という点で，メリットとなりうるものである。

　ただし，鉱物やエネルギー資源は決して無限ではなく，特に枯渇が懸念されている原油や天然ガスは，将来，貿易の拡大によっても必要量を確保できない恐れがある。2000年代に入ると，再生可能エネルギーの導入など，資源枯渇問題への対応も進められているが，主要なエネルギー資源は，原子力を除けば，いまだに原油や石炭，天然ガスである。そのため，資源貿易の拡大には，デメリットとなる恐れ（＝問題点）があることも考慮しなければならない。

　そこで，資源貿易に見られる問題点として，以下では，①市場価格の変動と生産者の貧困，②鉱物・エネルギー資源の獲得競争，③農産物貿易の歪み，の3つの事例を簡単に説明する。

市場価格の変動と生産者の貧困

　資源が希少であることは，市場価格の乱高下を招く等の問題を引き起こしている。例えば，1970年代に発生した2度の石油危機は，資源輸入国の経済を混乱させるとともに，石油輸出国機構（OPEC）と石油輸入国の対立を招いた。また，コーヒーや紅茶などの商品作物は天候に左右されやすく，常に市場価格の不安定性という問題を抱えている。2000年代後半には，食料作物の市場価格が天候不順やバイオ燃料生産の影響によって高騰し，食料輸入国では様々な食品の価格が上昇した。[8]市場価格の不安定性は，生産国－消

費国間の対立や，消費国による資源獲得競争の活発化を引き起こす要因となっている。

　さらに途上国では，生産者の貧困という問題も生じている。鉱物やエネルギー資源の産出国では，これら資源が輸出の大半を占める国も多く，例えば，西アフリカに位置するナイジェリアでは原油が輸出額の8割弱を，オーストラリアやチリでは銅・鉄などの鉱物資源が輸出の5〜6割を占めている[9]。農業を主要産業としている国も多く，特に東アフリカのケニアやウガンダでは，コーヒーや紅茶，ハウス栽培の作物などの商品作物が最大の輸出産品となっている。資源輸入に関しても，生産上の制約から，ほぼすべての途上国が様々な資源を輸入しており，ナイジェリアのような産油国であっても，原油精製技術に乏しいため，他国から精製油（ガソリンなど）を輸入している。そのため，市場価格が下落した場合は生産者の収入減少につながるが，消費者にとって資源を低価格で得られる好機となる。他方，市場価格が上昇した場合には，価格が下落した場合と逆の状況になる。

　もっとも，市場価格の上昇／下落がある程度安定した水準で起こるのであれば，生産国，特に途上国の人々の生活に過度の影響を及ぼす恐れは軽減される。すなわち問題は，極端な価格変動が発生した際，そもそも充分な収入や財力のない人々が，苦しい生活を強いられることである。さらに，末端の生産者である大勢の貧しい人々は，大規模農場や鉱山の経営者に低賃金で雇われており，市場価格の上昇によっても賃金の上昇に結びつかないという事例は枚挙にいとまがない[10]。しかも資源価格の上昇は，食料価格の高騰を招くとともに，低所得者層の生活費を圧迫し，貧困問題を深刻化させている。コーヒー貿易における生産国間協定（国際コーヒー協定）のように，市場価格の乱高下を抑制するような制度も導入されているが，生産国の思惑が交錯するなど，必ずしも充分な成果に至っていない。

8）Food and Agriculture Organization of the United Nations: FAO, *The State of Food Insecurity in the World 2009: Economic Crisis: Impacts and Lessons Learned*, 2009, pp. 9-11.
9）日本貿易振興機構（ジェトロ）『世界貿易投資報告2019』（https://www.jetro.go.jp/world/gtir/2019.html　2022年10月23日閲覧）。
10）福田邦夫「資源戦争と貧困」『経済』第160号，2009年，68〜69ページ。

鉱物・エネルギー資源の獲得競争

　近年，先進国や新興国では，限りある資源を他国よりも先に得ようとする動きが盛んになっている。そして資源獲得競争は，貿易の拡大にとどまらず，生産地そのものの確保にまで至っている。この資源獲得の潮流において，先進諸国以外にも，資源消費が急増している中国やインド，ブラジルなどの新興国が，大量の資源を保有する東南アジアやアフリカに進出し，資源の確保に躍起になっている。鉱物・エネルギー資源の場合，採掘・加工場の建設や資源輸送に関するインフラ設備の整備に加えて，資源が埋蔵されている地域の買収がおこなわれている。また，農業資源では，土地や水源など，生産に不可欠な自然環境そのものが売買されている。

　資源生産地に対する買収・投資は，自国で消費する資源を開発するだけでなく，余剰の資源を輸出して利益を得るなど，資源消費国にとって様々なメリットをもたらす可能性を秘めている。ただし，資源獲得競争が活発化した結果，消費国間の対立や，生産国内における混乱も生じている。食料生産地の獲得を例に挙げると，消費国および食料関連企業の中には，土地の半強制的な買収や水産資源の乱獲など，強引な方法をおこなう場合も見られる。またエネルギー資源では，中国の南シナ海への海洋進出に対してベトナムやフィリピンが反発し，オランダにある常設仲裁裁判所へ裁定を求める事態にまで発展している。すなわち，先進国—新興国間の批判合戦や先進国／新興国−途上国間の領土問題など，資源を原因とする国家間の衝突が世界各地で起こっているのである。また資源獲得競争に巻き込まれた途上国の人々は，貿易の拡大によって得られるはずであった利益を消費国に奪われるため，資源や土地に対する主権の喪失という問題に直面している[11]。さらに途上国内では，資源が莫大な利益を生むために，資源争奪に由来する内戦やテロ組織による襲撃事件も多発している。

11）コリアー，ポール（村井章子訳）『収奪の星』みすず書房，2012年，31〜32ページ。

農産物貿易の歪み──食料危機と飽食

　今日の私たちの食生活には様々な食べ物があるが，農産物貿易の拡大は大量の食料を，しかも低価格で購入することを可能にした。さらに新興国では，人口増加も相まって，肉や魚介の消費が増加している。中国では一人当たりの年間食肉消費量が2010〜19年の10年間で55.4kgから60.3kgに増加している。日本の増加量が同期間で約1kgとなるため，日本の5倍の速度で消費を増やしていることになる。そのため，農産物貿易の拡大は，多種多様な食料の確保を意味しており，本来であれば，食料不足の改善や食の多様化を成し遂げるうえで，有効な手段となる。

　しかし，当たり前のように食事ができる生活を過ごす中で，特に先進国や新興国に住む人々は，大量の食料を無駄に廃棄するようになった。すなわち農産物貿易の拡大は，「食料危機＝食料の確保が困難な状況」が世界各地に存在する一方で，「飽食＝大量の食料を廃棄する現状」を生み出しているのである。

　農林水産省によると，2020年の日本の食料消費量は5647万トンだが，食べ残しや売れ残り等で廃棄される，いわゆる食品ロスが522万トンに上る。これは，すべての日本人が毎日おにぎり1個を無駄に捨てているのと同じ量である。他方，途上国では8億人もの人々が食料不足や栄養失調の問題を抱えており，自分たちの消費する食料の一部，もしくは大部分を輸入に頼っている。しかも食料廃棄量は，日本だけでも世界の食料援助量の約1.2倍に相当する。言い換えれば，充分な資金をもつ先進国や新興国は，世界中を行き来する大量の食料を，必要以上に購入し，無駄に捨てているが，食料危機に陥っている途上国は，先進国や新興国のために鉱物やエネルギー資源，商品作物等の資源を生産している。そのため，資源貿易の拡大は，食料の生

---

12) 農林水産省ウェブサイト「食品ロス・食品リサイクル」（https://www.maff.go.jp/j/shokusan/recycle/syoku_loss/）および「食料需給表」（https://www.maff.go.jp/j/zyukyu/fbs/），2020年10月21日閲覧。

13) FAO, *The State of Food Insecurity in the World 2022: Repurposing Food and Agricultural Policies to Make Healthy Diets More Affordable*, 2022.

産・消費における歪みを生み出す要因のひとつと言える。

5．資源のグローバル化が生み出した
ものとは？

　経済発展に伴い，人間は様々なモノであふれた「豊かな」生活を送るようになったが，人間がより豊かな生活を追い求めた結果，これまで以上に資源が必要となった。そして，すべての資源を国内で生産できないため，資源貿易，すなわち資源のグローバルな移動は，便利でモノにあふれた生活を営むうえで，欠かせない活動となった。しかし，資源のグローバル化は，生活を豊かにする一方で，様々な問題を生み出したことも事実である。

　さらに，国際社会で発生した出来事が，食料や資源の貿易を通じて，人々の生活をいっそう脅かしていることも憂慮しなければならない。2022年，ロシアとウクライナの軍事衝突は安全保障面で国際社会に衝撃を与えるとともに，食料供給においても多大な影響を及ぼした。特に中東・アフリカ諸国では，ロシアおよびウクライナからの食料輸入が大半を占める国も多く，エリトリアやソマリアは両国からの小麦輸入依存度が8割を超える。ソマリアを含むアフリカ東部では大規模な干ばつも発生しており，国連世界食糧計画（WFP：United Nations World Food Programme）は2022年9月までで2200万人が飢餓に直面する可能性があると報じた[14]。

　さらに，2022年に顕著となった円安の加速は，日本経済および消費者の生活に多大な影響を及ぼした。換言すれば，円安に起因する物価上昇は，私たちの日常があまりにも食料・資源の輸入に依存した状態にあることを示唆している。

　日用品や電子機器，そして毎日の食事は，私たちにとって，もはや「当た

14）WFP ウェブサイト（https://www.wfp.org/news/horn-africa-cannot-wait-wfp-scales-assistance-historic-drought-raises-famine-threat　2022年10月20日閲覧）。

り前」のモノとなった。だが，身のまわりで売られているモノの背後には，資源争奪に伴う国家間の対立や生産者の苦悩，飽食と食料廃棄など，資源のグローバル化に由来する歪みが存在する。この歪みは，将来的には日常生活からモノがなくなる，もしくは値段がさらに高騰するなどの悪影響を及ぼすかもしれない。そのため，消費者である私たちは，「当たり前」であることの裏側を意識し，考えなければならない。

【次の課題を考えてみよう】

　資源貿易の拡大が私たちの生活にもたらしたメリットは何か。また，資源のグローバル化は，世界にどのような問題（デメリット）を引き起こしているのか。

【参考・引用文献】
井上恭介『牛肉資本主義』プレジデント社，2015年。
NHK 食料危機取材班『ランドラッシュ』新潮社，2010年。
国際農林業協働協会『世界の食料ロスと食料廃棄』国際農林業協働協会，2011年。
国連人口基金『世界人口白書2015年版』国際連合，2015年。
資源問題研究会『一目でわかる！　最新世界資源マップ』ダイヤモンド社，2011年。
妹尾裕彦「国際コーヒー協定と脆弱国家」佐藤幸男，前田幸男編『世界政治を思想する』国際書院，2010年。
福田邦夫「『アフリカの年』から50年」『経済』第184号，2011年。
星野真澄『日本の食卓からマグロが消える日』NHK 出版，2007年。
ミッシェル，セルジュ／ブーレ，ミッシェル（中平信也訳）『アフリカを食い荒らす中国』河出書房新社，2009年。
United Nations Conference on Trade and Development: UNCTAD, *World Investment Report 2009: Transnational Corporations, Agricultural Production and Development*, 2009.

第13章

貿易とサービス・環境

> 【あらすじ】
>
> 　本章では，サービス貿易，人の移動，環境と貿易という3つのテーマから考察していく。はじめにサービス貿易の概要と自由化の制度基盤であるGATSの内容を解説し，その課題を検討する。次に人の移動の自由化について，GATSのもとでの自由化と日本のEPAのもとでの取り組みを論じていく。最後に環境政策と貿易政策の変遷を整理することにより，貿易が環境に及ぼす影響を考察していく。3つのテーマはそれぞれ別個のテーマに思えるかもしれないが，いずれも貿易の自由化という観点から捉えると，共通した課題が浮かび上がってくる。
>
> 【読者への問いかけ】
>
> 　サービス貿易と人の移動の自由化が，私たちの生活や環境に及ぼす影響を考えてみよう。

1．サービス貿易

サービス貿易の概要と特徴

　貿易という言葉から多くの人々が思い浮かべるのは，自動車やテレビの輸出，石油や食料の輸入など，モノにまつわる取引ではないだろうか。だが，貿易を構成しているのは，モノの輸出入だけではない。貿易には様々なサービスの国際取引も含まれている。例えば，海外旅行者による日本国内での消

費は日本のサービス輸出に該当し，外資系金融機関が日本国内で提供するサービスは日本のサービス輸入に該当する。一見，貿易とは認識されないサービス貿易を，外務省は以下の事例を用いて解説している。

〈Ａさんの海外旅行〉

Ａさんは英国のミュージシャンＢの大ファンで，東京でおこなわれるＢの来日コンサートには欠かさず行っています。Ａさんは日本でおこなわれるコンサートに飽きたらず，今度はロンドンでおこなわれるＢのコンサートを聴きに行くためにイギリスに行くことにしました。出発の日，Ａさんはいつものように米国系のファースト・フード・レストランのＣで朝食を食べ，外資系Ｄ銀行の支店に立ち寄り，必要な額をポンドに両替してから空港に向かいました。空港に着いたＡさんは英国のＥ航空のカウンターに行き，チェック・インを済ませ，飛行機に乗り込み，10時間以上のフライトの後，ロンドンに到着しました。Ａさんは，いったん滞在先のＦホテルに立ち寄り，荷物を置いてからコンサート会場に向かいました。コンサート終了後，Ａさんは1週間観光をして帰国しました。

この事例でＡさんが関係したサービス貿易は，以下のように分類される。

(1)東京でのＢのコンサート（娯楽サービスの自然人の移動による提供＝第4モード）

(2)レストランＣでの朝食（飲食店サービスの国外の拠点を通じた提供＝第3モード）

(3)Ｄ銀行の支店での外貨両替（金融サービスの国外の拠点を通じた提供＝第3モード）

(4)Ｅ航空の飛行機での英国へのフライト（運送サービスの越境取引＝第1モード）

(5)Ｆホテルでの滞在（観光サービスの国外消費＝第2モード）

(6)ロンドンでのＢのコンサート（娯楽サービスの国外消費＝第2モード）

（出所）外務省ウェブサイト「『サービスの貿易』とは何か」（http://www.mofa.go.jp/mofaj/gaiko/wto/service/service.html 2022年10月28日閲覧）。

以上の事例はすべて日本のサービス輸入に該当し，それぞれの事例は4つのモード（形態）に分類されている。このように，サービス貿易の大きな特徴は，取引の形態が1つに限られないことである。モノの取引では，商品が国境を越える取引が貿易として分類される。ところが，サービス貿易では，取引されるサービス自体が直接国境を越えない場合にも，貿易として分類されるのである。それでは，サービス貿易の4形態は具体的にどのように把握されるのだろうか。外務省による**図表13-1**から確認していこう。

　この中で①は越境取引と呼ばれ，モノの貿易と同じようにサービスが国境を越えて取引される。海外のオペレーターがサービスを提供するコールセンターや，国際運送・輸送サービスなどが想定されている。

　②は海外消費である。海外旅行先でのサービス消費や外国での船舶修理などが該当する。

　③は業務拠点の設置と呼ばれるものである。A国のサービス提供者がB国に設置した業務拠点を通じ，サービスを提供する形態である。銀行や旅行代理店などが，海外支店を通じて提供するサービスが想定されている。

　最後に④は，自然人の移動と呼ばれるものである。自然人とは法律用語であり，企業などの法人と区別するために用いられるが，A国の自然人がB国に移動してサービスを提供する取引である。サービス提供者の越境移動という点では③と同じであるが，拠点設置を伴わない場合は④の対象になる。具体的には，外国のミュージシャンによるコンサートや外国人弁護士による法律サービスなどが想定されている。

　このように，①の形態を除く②③④の取引では，いずれもサービスそのものが国境を越えることはなく，輸出国あるいは輸入国のいずれかで取引される形態になっている。そして，これらの取引が貿易として分類されている背景には，サービスに備わる独自の特性が関係している。例えば，医療サービスを考えてみよう。情報通信技術が発達した今日にあっても，医療は病院で医師と患者が向き合っておこなわれるのが一般的である。医師と患者は同じ時間に同じ場所にいる必要がある。サービスは貯蔵・保管しておくことが困難であることから，多くのサービスには「貯蔵の困難性」と「消費と提供の

図表13-1　サービス貿易の4形態

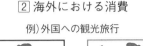
サービスを消費する国　　　サービスを提供する国

1 国境を越える取引
　（アウトソーシングなど）
例）テレホンセンターの海外へのアウトソーシング

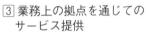
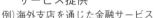

2 海外における消費
例）外国への観光旅行

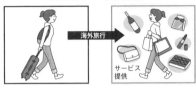

3 業務上の拠点を通じての
　サービス提供
例）海外支店を通じた金融サービス

4 自然人の移動による
　サービス提供
例）IT技術者が外国で行うプログラムの作成

（出所）外務省ウェブサイト「EPAにおけるサービス貿易と人の移動」（http://www.mofa.go.jp/mofaj/press/pr/
wakaru/topics/vol57/　2023年1月31日閲覧）より作成。

同時性」という2つの特性が備わっている。したがって，特殊な技術をもった海外の医師による治療を受けるには，医師か患者が国境を越える必要がある。治療などのサービスだけが国境を越えることはできないことから，海外への人の移動や業務拠点の設置を通じたサービス取引が，貿易として分類されることになる。

　それでは次に，国際貿易の中でサービス貿易がどのような位置を占め，またどのような変化を遂げてきたのかを，その要因とあわせて確認しよう。

サービス貿易の拡大と変容

　世界の輸出額に占めるサービス輸出の推移を確認すると，1980年代から1990年代にかけて5％前後増加したのち，その水準は今日に至るまでほとんど変化していない。絶対額では大きく増加したものの（**図表13-2**），東アジ

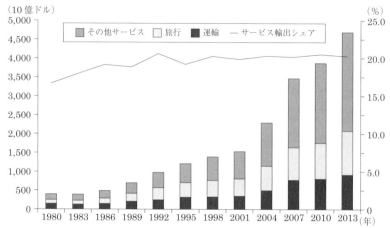

図表13-2　世界のサービス輸出額の推移

（注）データは IMF 国際収支統計マニュアル第5版による。
（出所）UNCTAD「UNCTADstat, DATA CENTER」から作成（2022年10月28日閲覧）。

アの域内貿易をはじめ，財の輸出もサービス輸出と同様の伸びを示したからである。

　ただし，1990年代以降サービス貿易の構成には大きな変化が生じている。それまでの2大項目だった「旅行」と「運輸」に代わり，「通信」や「コンピューター・情報」，「金融」を含む「その他サービス」が，サービス貿易の牽引役になっている。このようなサービス貿易の拡大と構造変化の要因としては，サービス経済化とサービスの「貿易可能化革命」が指摘されている。

サービス経済化

　サービス経済化とは，一国の経済活動に占めるサービス部門の割合が増加することを意味している。サービス経済化の具体的な内容や度合いについては各国で相違があるものの，例えば米国では，1960年代にサービス部門のGDP シェアと就業者シェアがそれぞれ6割を超え，本格的なサービス経済化が始まっていた。日本でも，1970年代に入るとサービス部門の GDP シェアと就業者シェアはいずれも5割を超え，今日その割合は7割前後に達し

ている。世界的に見ても，1991年に先進国の産業別雇用者シェアは農業が6.7%，工業が30.6%，サービス業が62.5%だったが，20年後の2010年には，それぞれ3.4%，21.9%，74.1%へと変化した。GDPシェアでも，1997年の2.0%，27.8%，70.1%から，2010年には1.4%，24.1%，74.5%へとサービス業のシェアが増加した。同様の傾向は先進国だけでなく，中所得国などにおいても確認されており，世界的な構造変化となっている。

　このようなサービス経済化の要因としては，製造業とサービス業との間で生じる生産性の格差が指摘されている。自動車や家電製品などを生産する製造業では，生産過程の機械化や技術革新などが継続的に進められてきた。一方，医療をはじめとするサービス業においても，機械化や技術革新は図られてきた。しかし，サービスの提供には医師をはじめとする労働力の占める割合が高く，生産性の改善は製造業に比べて相対的に緩やかだった。その結果，商品価格がサービス価格よりも低下し，GDPに占めるサービス業のシェアが増加した。同様に，製造業の雇用者数が低下し，就業者シェアにおいてもサービス業の割合が増加した。つまり，サービス経済化は経済活動における製造業の重要性が失われたことを意味するのではなく，むしろ製造業における変化の速さの裏返しとも言える。

　さらに，製造業における分業の進展も，サービス部門の拡大要因になっている。例えば，製品のデザインを企業内でおこなう場合，デザインというサービス業務は市場における取引には含まれない。しかし，デザインを外部に委託した場合，それはサービス業務として市場で取引されることになる。世界的な生産ネットワークの拡大が生産工程の細分化を促し，商品生産に占めるサービス業務のシェアを引き上げてきた。

　以上のような供給面における要因に加え，サービスに対する需要の増加もサービス経済化の要因として指摘されている。特に，先進諸国では所得の上昇に伴い教育や旅行，金融・保険，医療・介護などのサービスに対する需要が増加した。一方，住宅や自動車をはじめとする耐久消費財需要が相対的に低下したことで，「消費のサービス化」とも呼ばれる事態が進展した。生産と消費の両面におけるサービス経済化が，サービス貿易の拡大を促してきた

のである。[1]

　さらに，その動きを加速したのが，情報通信技術（ICT：Information and Communication Technology）の飛躍的な革新による，サービスの「貿易可能化革命」と呼ばれる現象である。

貿易可能化革命

　1990年代以降，急速に進展する ICT の革新は，第2の産業革命と呼ばれるほどの影響を世界にもたらしてきた。そのひとつがサービスの「貿易可能化革命」である。[2] 先述したように，多くのサービスは「貯蔵の困難性」と「消費と提供の同時性」という特性を備えている。そのため，サービスの多くは国際的に取引されることのない非貿易財であり，サービス貿易の大半は海外旅行や国際輸送によって占められていた。ところが，ICT の革新と普及は多くのサービス，とりわけ情報関連のサービスを貿易財へと転換した。

　ICT が普及する以前，文字や音声，画像といった各種の情報は，書籍や CD などの物的財に記録することにより保管・輸送されていた。ところが，ICT 革命によるデジタル化は，大容量高速データ通信網の普及と相まって，情報の保管・輸送に伴う経済的，距離的，時間的な制約を大幅に引き下げた。インターネットを通じた医療サービスや英語学習サービス等々，かつては国境を越えることの難しかったサービスが，ICT 革命によって飛躍的に国際取引されることになったのである。

　さらに，ICT 革命による情報の貿易財化は企業経営にも変革をもたらした。経済のグローバル化を通じて競争が激化する中，企業は利益の源泉となる中核事業を選択し，そこに経営資源を集中することによって競争優位の確立をめざした。選択と集中という経営戦略は，国境を越える企業間 M&A（合併・買収）を加速させ，多国間にまたがる組織再編が，M&A による競争

1）中本悟「サービス貿易と GATS 体制」関下稔，板木雅彦，中川涼司編『サービス多国籍企業とアジア経済』ナカニシヤ出版，2006年，113〜115ページ。

2）UNCTAD, *World Investment Report*, United Nations, 2014, p. 148.

力強化を実現するための経営課題となった。その際，デジタル化が容易なシステム管理や会計業務，さらに労働集約的なコールセンターなどのサービス業務を外部から調達する，オフショアリングやアウトソーシングと呼ばれる組織再編手法が大規模に導入された。企業によるサービス業務の外部調達がサービス貿易のさらなる拡大を促したのである。

　以上のように，サービス経済化の進展がサービス貿易の拡大を引き起こし，ICT の革新がその流れを加速してきたのであるが，GATT が商品貿易の拡大を支える制度基盤を提供したように，国際通商体制においてもサービス貿易の拡大を支える枠組みが整備されてきた。

GATS ──サービス貿易自由化の制度基盤

　国境を越えるサービス取引の自由化が，国際通商体制の課題として本格的に取り上げられたのは，1987年に始まる GATT ウルグアイ・ラウンド交渉であった。いち早くサービス経済化が進展していた米国の要請に応じる形で，サービス貿易の自由化が新たな交渉テーマに加えられたのである。

　ウルグアイ・ラウンド交渉は，1994年 4 月に署名された「WTO を設立するマラケシュ協定」として結実したが，その中の附属書 1B が「サービス貿易に関する一般協定（GATS：General Agreement on Trade in Service）」である。GATS はサービス貿易の障害となりうる政府規制を対象とする，初めての多国間国際協定だった。そこで以下では，GATS の特徴に焦点を当てながら，その概要を整理し，GATS 成立以降のサービス貿易が抱える課題を考察していく。

　まず，GATS にはいくつかの特徴があるが，そのひとつは，対象とするサービス自体に明確な定義を定めていないことである。加盟国間の交渉がはかどるようにサービス貿易分類リストを作成し，サービスをビジネス，通信，建設，流通，教育，環境，金融，健康福祉，観光，娯楽，輸送，その他の12の領域に分類している。しかし，このように分類されたサービスが，すべての加盟国において同じサービスを意味しているとは限らない。各加盟国

の発展段階や技術水準，さらには社会的文化的背景が異なることから，各国で提供されているサービスの質や内容も異なるからである。したがって，GATS はサービスを具体的に定義することはせず，自由化交渉の対象を「政府の権限の行使として提供されるサービス」を除く，すべてのサービスとして設定している。

　もう1つの GATS の特徴は，サービス貿易の捉え方にある。サービス取引を含む一国の対外経済取引は，国際収支統計に記録される。その中で対外取引とは，居住者と非居住者との間でおこなわれる取引として定義される。そして，居住者と非居住者とを区別する居住性の判断は，国籍や法的な基準ではなく，取引当事者の「主たる経済利益の中心」がどの国にあるかによって決められる。例えば，「主たる経済利益の中心」が日本国内にある海外企業の支店は日本の居住者に該当するので，当該支店が外国の親会社とおこなった取引は国際収支統計に計上される。ところが，当該支店が日本国内で提供するサービス，すなわち GATS がサービス貿易の第3モードに分類しているサービスの提供は，国内取引となることから国際収支統計には計上されない。ここに GATS が規定するサービス貿易の特徴が示されている。

　つまり，GATS はサービスの生産，流通，販売，納品を含むサービスの提供を，サービス貿易として定義しているのである。このことは単に言葉の定義にとどまらない。生産，流通，販売，納品を含むことにより，GATS のもとでのサービス貿易の自由化は，加盟国がサービスの提供に際して国内で実施している広範な措置の緩和，削減を意味するからである。ここにGATS のもとでのサービス貿易の自由化が抱える課題があるが，その点を論じる前に GATS の基本的な内容を確認しておこう。

　GATS はサービス貿易の自由化交渉を進めていくため，加盟国が遵守すべきルールと手続きを定めた枠組み協定である。まず，すべてのサービス分野において加盟国が例外なく受け入れることを義務づけたルールが2つある。1つは GATT でも規定されている加盟国間の差別的取扱いを禁じた「最恵国待遇」である。もう1つは「透明性の確保」と呼ばれる努力義務である。これは，加盟国が国内で実施している政府規制などの透明性を，他の

加盟国に対しても最大限確保することを求めたものである。この２つのルールのもとで，加盟国は自由化交渉を進めていくが，実際の交渉は，加盟国が自由化を進めるサービス分野や自由化の条件を記載した約束表を提出し，他の加盟国が約束表の内容に対してリクエストを提示する形で進められていく。そして，この約束表に記載したサービス分野においては，「内国民待遇」と「市場アクセス」という義務を負うことが定められている。

　GATTでも義務づけられている「内国民待遇」は，外国のサービス提供者に対して国内のサービス提供者と均等な競争条件を保証するものであり，「市場アクセス」は，外国のサービス提供者が市場への参入を図る際に障害となりうる国内規制を特定し，原則としてそれらの規制を撤廃すべきことを規定したものである[3]。例えば，約束表に金融サービス分野を記載した加盟国において，外資系金融機関による業務拠点の設置を妨げる規制は「市場アクセス」の対象となり，業務拠点を設置した外資系金融機関に国内の金融機関とは異なる規制を課した場合，「内国民待遇」に反することとなる。

GATSの課題

　GATSは加盟国に各種のルールを義務づけているが，どのサービス分野を約束表に記載するかは加盟国の判断に委ねられている。また，約束表に記載した分野の自由化も，一定の条件を設けることが認められている。サービスについての定義がなく，広範なサービス分野を対象としていることから，加盟国に幅広い裁量の余地を認めている。

　反面，対象となる国内規制も「サービスの貿易に影響を及ぼす加盟国の措置」と，きわめて包括的なものとなっている。これらの措置には法令，規則，手続，決定，行政上の行為など，ほとんどすべての国内措置が含まれる。しかも，それらの措置が中央政府や地方政府だけでなく，政府などによって権限を委任された非政府機関によって実施された場合も，「協定にもとづく自

3）具体的には数量制限と形態制限，および外資制限が挙げられている。

国の義務及び約束の遵守を確保するため，利用し得る妥当な措置をとる」ことが求められている。

　ここで問題となるのは，規制をはじめとする国内措置の妥当性をいかに判断するかである。加盟国が実施している各種の規制には，自由な経済活動を不当に制限する撤廃すべき規制もあれば，たとえ競争を阻害するようなものであっても公共性や安全性，保健衛生などの観点から加盟国にとって必要な規制も存在している。これらの規制は各国固有の要請にもとづくものであり，その必要性を画一的に判断することは困難である。ところが，GATS のもとではそのような加盟国独自の規制や商習慣が，競争制限的な措置として緩和や撤廃の対象に指定されうることになる。

　このように，地域社会や国民生活に幅広い影響を及ぼすことが懸念される GATS 交渉は，2001年に始まったドーハ開発ラウンドにおいても具体的な成果を上げられないでいる。さらなる自由化を実現するために日本や米国，EU などの有志国・地域は，2013年から新サービス貿易協定（TiSA：Trade in Services Agreement）の交渉を本格化させた。だが，目標としてきた2016年内の実質合意には至らず，現在も交渉は再開されていない。

電子商取引をめぐる国際的なルール形成

　GATS 交渉が停滞する一方，サービス貿易自体は急速に変化・拡大している。インターネットを介した物品売買に加え，各種のコンテンツ取引やオンラインでのホテル予約など，国境を越える電子商取引（Electronic Commerce：EC），いわゆる越境 EC の市場規模は，2014年の2360億ドルから2019年には7800億ドルに増加し，2026年には 4 兆8200億ドルに達するとも予測されている。ビッグデータの活用やメタバースの普及をはじめ，デジタル経済のさらなる拡大が見込まれる中，データの越境移転の取り扱いやソース・コードの機密保持など，電子商取引に関するルール形成の必要性が高まっている。

　電子商取引にはサービス取引だけでなく，物品や知的所有権の取引も含ま

れる。そのため，WTO協定においてもGATSの枠組みではなく，独立した電子商取引としてのルール形成が図られてきた。ただし，現時点で電子商取引に関するルールは，第2回WTO閣僚会議（1998年）の「電子商取引に関する宣言」の中の，「電子的送信に対する関税を賦課しないという現行の慣行を継続する」という一時的措置だけである（関税不賦課のモラトリアム）。その後，ドーハ開発ラウンド交渉が行きづまる中，電子商取引の国際的なルール作りは日本やアメリカ，中国などの有志86ヵ国・地域によるWTOの枠組みと，CPTPPやRCEP，日米デジタル貿易協定やDEPA[4]（デジタル経済パートナーシップ協定）などの2国間や多国間，地域間の枠組みで進められている。電子商取引のルール化における交渉内容は多岐にわたり，ここでそのすべてを取り上げることはできないが，特に焦点となっている3点[5]を確認しておく。

1点目は，データ越境流通の自由である。データの自由な越境移転は国境を越えるビジネスを展開するうえで重要な要素であるが，個人情報の保護などを目的とするデータ保護も，デジタル経済の発展には欠かせない要素と言える。2点目は，データ・ローカライゼーション要求の禁止である。自国内で事業をおこなう外国企業に対して，当該国内にサーバ等のコンピュータ関連設備を設置するよう要求することを禁じたものである。企業にとってはコスト負担になるだけでなく，セキュリティ上の脆弱性を招くことにもなりうるからである。3点目はソース・コード開示要求の禁止である。企業にとって自社製品のソース・コードやアルゴリズムは，自社の競争力を決定する機密情報である。外国市場への参入にあたって，その情報開示を要求されることは，自由な経済活動を阻害することになる。

以上，3つのルールはCPTPPやUSMCA（米国・メキシコ・カナダ協定），日米デジタル貿易協定に盛り込まれたが，EUは個人情報保護の観点から，

4）DEPA（Digital Economy Partnership Agreement）はチリ，ニュージーランド，シンガポールの3ヵ国が2020年6月に署名した，デジタル分野に特化した協定である。2022年10月現在，カナダと韓国，中国が協定への参加を申請している。
5）電子商取引の自由化を重視する米国が主導してTPPに盛り込んだ，「電子商取引に関するTPP3原則」とも呼ばれる。

原則，個人情報の越境移転は禁じている[6]。また，2017年に「サイバーセキュリティー法」を制定した中国は，国内で入手した個人情報および「重要データ」を国内に保存することを義務づけている。電子商取引をはじめとするデジタル貿易のルール形成をめぐっては，依然として各国・地域間の見解に隔たりがあり，今後，どのように進展するかは見通せないものの，あらゆる分野においてデジタルな領域が拡大する中，私たちの日常生活にも大きな影響を及ぼすことが想定される。

2．人の移動の自由化

　日本のパスポートは，世界の中でも最も自由に旅行ができるパスポートのひとつと言われる。そのため日本人にとっては想像しにくいことだが，途上国の中には，渡航先のビザ取得はもちろん，事前に旅行者の経済状況の提出を義務づけている国もあり，外国への移動は依然として厳しく制限されている。とりわけ，労働力の移動に対しては様々な規制措置が設けられている。受け入れ国政府にとっては労働市場の安定や不法就労の問題など，国内の社会的政治的安定を優先する観点から当然の措置とされている。

　一方，経済活動のグローバル化は，様々な側面において人の移動の自由化を要請している。グローバルに活動を展開する多国籍企業にとって，企業幹部や高度なスキルをもつ人材確保，新たな在外拠点の設置に伴う人材配置など，円滑な人の移動の実現は競争力の強化・維持に直結する経営課題となっている。また，途上国の中には労働力の海外移出とそれに伴う海外送金が経済成長の源泉となっている国もあり，人の移動の自由化は開発政策の一環に位置づけられている。

6）ただし，日本との間では，2019年1月に個人データの移転を図る枠組みが成立し，相互にデータ移転が認められている。

GATS 第 4 モードと日本の取り組み

　世界的に人の移動が拡大，多様化する中で，GATS も第 4 モードで自然人の移動を分類し，その自由化を主要な交渉テーマとして設定している。ただし，第 4 モードに関する GATS の諸規定が対象としているのは，一時的な入国・滞在を目的とする移動だけである。永続的な市民権や雇用に関する加盟国の措置，ビザ発給などの入国管理政策などには適用しないことが明記されている。GATS が対象としているのは人の移動それ自体ではなく，事前に雇用契約を結んだサービス提供者の一時的な移動に限られている。途上国の中には，先進国に対して建設労働者や介護福祉士などの受け入れを求める国も多いが，当該サービス分野の自由化を約束表に掲げる加盟国はわずかである。

　GATS の枠組みにおける自由化が限定的な水準にとどまる中，日本では経済連携協定（EPA）の枠組みで人の移動の自由化を緩和する動きが始まっている。インドネシア（2008年），フィリピン（2009年），ベトナム（2014年）との間で締結した EPA は，GATS 第 4 モードでは認めていなかった看護師・介護福祉士の受け入れを盛り込んだ。ただし，候補者としての受け入れであることから，最終的に国内の就労資格を得るには日本語習得だけでなく，3 年から 5 年の間に日本の国家試験に合格するという厳しい条件が課されている。これまでの看護師試験の合格率は 1 割から 2 割にとどまり，候補者の受け入れ人数も当初インドネシア，フィリピンに対して設定された年間200人という上限人数を大きく下回って 2 桁台で推移している。介護福祉士については国家試験の合格率が 3 割から 5 割にのぼり，候補者の受け入れ人数も増加傾向にある。ただし，介護施設での 4 年間の就労・研修は，候補者にとっても，また受け入れ側の施設にとっても負担が大きいことが指摘されている。

　少子高齢化が進む日本では，看護・介護分野だけでなく，様々な職種において労働力不足の深刻化が叫ばれている。労働市場の改革は持続的な経済成長を実現するための構造改革の一環に位置づけられ，海外からの労働力受け

入れ緩和は，その中でも最優先課題のひとつに掲げられている。

　日本の外国人労働者の受け入れは，「出入国管理及び難民認定法」（入管法）にもとづき1993年に始まった在留資格としての「技能実習」を軸に進められてきた。だが，「技能実習」は原則転職ができず，在留期間も最長5年に限られていること，また賃金未払いや人権侵害の問題が後を絶たないことから「奴隷労働」とも揶揄されてきた。「技能実習」に対する国内外からの批判と高まる労働力不足の声を受け，2019年には新たな在留資格として「特定技能」が創設された。「特定技能」には「相当程度の技能」を要件とする1号と「熟練した技能」を要件とする2号があるが，[7] 「技能実習」とは異なり，いずれも同じ業種や試験に受かれば転職が認められている。ただし，1号は在留期間が最大5年間で家族の帯同も基本的には認められていない。2号は要件を満たせば期間の上限もなく家族の帯同も認められているが，対象分野が建設と造船・船用工業の2分野に限られている。

　一方，高度人材のための在留資格「技術・人文知識・国際業務」（以下，技人国）は，幅広い職種が設定されていて転職も認められている。また，家族の帯同と在留期間（5年）の延長も可能であるなど自由度が高い。訪日外国人旅行者が増加し，企業の国際化が進むにつれ，「技人国」の資格をもつ在留者は増加しており，「技能実習」とともに27万人を超えている（2021年12月現在）。家族の帯同が認められている「技人国」の在留者が増えれば，日本社会のありようにも大きな影響を与えることになる。GATSの枠組みであれ入管法の枠組みであれ，人の移動の自由化は，通商交渉にとどまらず，これからの日本社会のあり方に大きく関わるテーマと言える。

7）当初設定された14の産業分野は，①介護，②ビルクリーニング，③素形材産業，④産業機械製造業，⑤電気・電子情報関連産業，⑥建設，⑦造船・舶用工業，⑧自動車整備，⑨航空，⑩宿泊，⑪農業，⑫漁業，⑬飲食料品製造業，⑭外食業であったが，2022年に③④⑤の3分野が統合され，「素形材・産業機械・電気電子情報関連製造業」に一本化された。

3. 環境と貿易

　今日，国際社会が共通して取り組むべき課題のひとつが環境問題である。2016年11月，2020年以降の気候変動対策の国際枠組みとしてパリ協定（Paris Agreement）が発効した。パリ協定が「世界の気温上昇を産業革命前と比べて2度より充分低く保ち，1.5度に抑える努力をする」ことを目標に掲げたように，経済活動が環境に及ぼす影響は広く認識され，長年にわたって議論されてきた。

　貿易についても生産や輸送の拡大が天然資源の消費を促すことから，環境にマイナスの影響を及ぼすことが指摘されている。「公害輸出」と表される有害廃棄物の国際取引や希少動植物種の国際取引は，貿易が引き起こす環境に対するマイナスの影響である。また，貿易は生産と消費の構造転換を促し，環境の劣化を引き起こすこともある。世界でも有数の農産物輸出国であるブラジルは，農地を拡大するためにアマゾンの原生林を持続的に開拓してきたが，その結果，希少動植物種の生存環境が危機的状況に追い込まれているだけでなく，地球全体の気候変動の一因を作り出しているとも指摘されている。

　一方，貿易が環境にプラスの作用を及ぼすことも認識されている。貿易は世界的に限られた生産要素と資源の効率的利用を促し，経済活動が環境に及ぼす負荷を低減しうるからである。国際輸送の増大は温室効果ガスの排出量増加要因となりうるが，生産工程を含めた全体としての排出量が減ずれば，貿易が環境負荷の低下につながることになる。また，貿易を通じた所得の増加は環境を保全するために必要な資金的精神的余裕を政府や消費者にもたらし，その結果，環境の改善が進むとも論じられている。さらに，所得の増加は貧困による人口増加が環境破壊を引き起こす悪循環を断ち切ることから，貿易が環境に及ぼすプラスの影響として指摘されている。

　以上のように，環境と貿易との関係は多面的なものである。そこで本節では，環境政策と貿易政策との関係に焦点を絞り，両者の関係をめぐる国際的な動向を整理していく。

環境政策と貿易政策の変遷

　環境と貿易に関する国際的な取り組みとしては，絶滅の恐れがある動植物種の国際取引を規制したワシントン条約（1973年）や，オゾン層を破壊するフロンガスの国際取引を規制したモントリオール議定書（1987年），有害廃棄物の越境移動を規制したバーゼル条約（1989年）など，1970年代から1980年代にかけて締結された多国間環境協定が挙げられる。これらの協定では，貿易が環境に及ぼすマイナスの側面が意識され，両者は対立的なものとして捉えられていた。ところが，1990年代に入ると環境の保護と貿易の拡大を相互支持的なものとして捉える動きが強まった。

　直接的な転機となったのは，1992年にブラジルのリオデジャネイロで開催された「環境と開発に関する国連会議」（地球サミット）において，「持続可能な開発」が国際社会の共通指針になったことである。「持続可能な開発」とは，将来世代の欲求を満たしつつ，現在世代の欲求も同時に満たすような開発を意味している。地球サミットで採択された「リオ宣言」と，その行動計画「アジェンダ21」には，「持続可能な開発」を実現する方策の一環として，環境政策と貿易政策の相互支持化が盛り込まれた。地球サミットを契機に，環境政策と貿易政策の相互支持化が国際社会のコンセンサスになったのである。

　それでは，なぜ地球サミットにおいて「持続可能な開発」が国際的な指針として提起されたのだろうか。そのひとつの要因としては，環境政策と貿易政策との対立的な側面を浮き彫りにする事件が起きていたことが挙げられる。1991年に米国とメキシコとの間で争われたマグロ＝イルカ訴訟である。

　メキシコ漁民によるキハダマグロ漁がマグロだけでなくイルカを混獲して殺しているとした米国は，海洋哺乳類動物保護法という国内法にもとづいて，メキシコからのキハダマグロやその缶詰類の輸入を禁止した。それに対してメキシコは，米国の措置を協定違反としてGATTに訴えたが，米国は「地球の共通財産」である生物を保護するためには貿易制限措置もやむをえないとして，GATT協定20条の適用を主張した。協定20条には「人，動物，植

物の生命や健康の保護」（b項）と「有限天然資源の保存」（g項）を目的とする措置は，それが貿易制限的な措置であっても容認されると規定されていた。最終的にGATTの紛争解決パネルは米国の措置を協定違反と裁定したが，この訴訟を契機として途上国を中心に，先進国が環境政策を盾に貿易制限的な措置を導入することに対する警戒感が強まった。

　同様に先進国の側からも，途上国の環境政策に対する懸念が表明されていた。例えば，米国は1992年にカナダとメキシコとの間で北米自由貿易協定（NAFTA）に署名していたが，国内からは環境基準が緩いメキシコに環境負荷の高い産業が流出するのではないかとの懸念や，環境基準を無視して生産された安価な製品がメキシコから大量に輸入されるのではないかとの懸念が示された。

　途上国と先進国との間で環境と貿易をめぐる意見の相違・対立が顕在化する中，「持続可能な開発」が提起され，環境政策と貿易政策の相互支持化に向けた取り組みが国際社会の主要テーマになったのである。その後，GATTに代わって設立されたWTOは，設立協定前文において「環境の保護」や「持続可能な開発」に言及し，協定署名と同時に発表した「貿易と環境に関する閣僚決定」の中で，環境政策と貿易政策を両立させるべきとの見解を示した。しかし，途上国と先進国との間には，その後も環境政策と貿易政策の両立において意見の隔たりが存在している。気候変動対策と貿易政策をめぐる両者の立場の違いは，その具体的な事例と言える。

気候変動対策と貿易政策をめぐる対立

　環境政策の中でも，とりわけ気候変動対策に対する意識が国際社会において高まる中，1992年に国際協力の枠組みを定めた「国連気候変動枠組条約」（United Nations Framework Convention on Climate Change：UNFCCC）が採択された。2005年の第3回気候変動枠組条約締約国会議（COP3）では，先進国の温室効果ガス排出削減の数値目標を盛り込んだ京都議定書が採択され，2015年のCOP21では，2020年以降の気候変動対策の国際枠組みを定めた

「パリ協定」が採択された。

　国際気候変動交渉の場では，UNFCCC で定められている先進国と途上国の「共通だが差異ある責任」（Common But Differentiated Responsibilities：CBDR）が原則として共有されており，先進国が途上国よりも重い責任を負うことが前提となっている。ただし，欧米先進諸国の一部では，気候変動対策の実効性を高めることを目的として，充分な温室効果ガスの削減努力がおこなわれていない国からの輸入品に課 徴 金を賦課する国境措置の導入が検討されている。温室効果ガスの排出を削減するための規制を導入しても，同様の規制を設けていない海外からの輸入品が増加したり，規制の緩い国に生産拠点が移転したりすれば，地球全体の温室効果ガスの排出削減は進まなくなる。国境措置の導入は，このような「カーボン・リーケージ」（carbon leakage）問題を防ぐための措置とされている[8]。

　ところが，国境措置の導入は自国製品の輸出に対する差別措置になりうることから，途上国，特に中国やインドなどの新興国が強く反発している。また，上述のマグロ＝イルカ訴訟に代表されるように，環境政策としての貿易制限措置に対しては，WTO の紛争解決機関にいくつかの訴訟が提起され，協定との整合性が争われてきた。UNFCCC は GATT20条の規定を踏襲し，恣意的で差別的な貿易制限措置の導入を戒めているものの，気候変動対策を理由とした実施を禁じているわけではなく，パリ協定にも貿易措置に関する記載は盛り込まれていない。

　現時点において，気候変動対策のための国境措置導入は検討段階にとどまっている。欧米先進諸国の中にも保護主義的な貿易政策の導入には否定的な考えがあるからである。だが，パリ協定の目標達成が危ぶまれる中，「持続可能な開発」に貢献する環境政策と貿易政策の相互支持化は困難な課題に直面している。

8）カーボン・リーケージは，ある国の気候変動対策によって化石燃料等の需要が減り，その価格が世界的に下落した結果，国外での使用が増大することにより国外での温室効果ガスの排出量も増えるという現象を指すこともある。

自由貿易の「コスト」

　サービス貿易と人の移動の自由化にしても，また環境政策と貿易政策との相互支持化に向けた取り組みにしても，根底に流れているのはグローバルな経済活動，典型的には貿易の自由化をめざす動きと言える。その実現には，異なる歴史や文化を基盤に独自の商習慣や社会制度をもつ各国に対し，共通のルールを適用することが必要になってくる。貿易が生み出す利益に目を向けると同時に，自由化に伴う影響にも同じように目を向けることが求められている。

【次の課題を考えてみよう】

　貿易の自由化が自分の生活や環境に及ぼす影響を，プラス面とマイナス面に整理し，貿易の自由化に対する自分の見解をまとめてみよう。

【参考・引用文献】
植田大祐「WTO, EPA における『自然人の移動』の自由化」『人口減少社会の外国人問題　総合調査報告書』国立国会図書館調査及び立法考査局，2008年。
外務省経済局監修『WTO』日本国際問題研究所，1995年。
外務省経済局国際機関第一課編『解説　WTO 協定』日本国際問題研究所，1996年。
上谷田卓「デジタル貿易・デジタル課税をめぐる国際社会の取組」『立法と調査』第428号，2020年。
環境庁『環境白書』大蔵省印刷局，1993年。
――――『環境白書』大蔵省印刷局，1995年。
佐々波楊子，浦田秀次郎『サービス貿易』東洋経済新報社，1990年。
関下稔，板木雅彦，中川涼司編『サービス多国籍企業とアジア経済』ナカニシヤ出版，2006年。
UNCTAD, *World Investment Report*, United Nations, 2014.

英語コラム

Attending Graduate School

Productivity is considered one of the most important factors in economics. The Japanese government has turned its attention to strive for growth and innovation by joining world-class universities. In November 2021, it announced a three-fold increase to approximately 22,500 in the number of doctoral students receiving living expenses by 2025. In addition, from fiscal 2024, the government will allocate research money to universities from a 10 trillion yen investment fund.

While education contributes to efficiency in production, in some fields, having a graduate degree may mean higher compensation and career promotions. Meanwhile, there may be no salary increases since not all businesses welcome a graduate degree. The cost may become a heavy burden and the return on investment (your education) may be slow.

The Japanese have traditionally hired with an apprenticeship mentality. Many Japanese companies still assume life-time employment and hire students fresh out of college to "transform them" into employees who fully understand and unconditionally accept the company culture. However, with more Japanese companies entering global markets, executives are now faced with the reality that their international business partners are more educated. More Japanese companies are now requiring executives to obtain graduate degrees, suggesting that graduate degrees may be essential to promotion.

The world is constantly changing. To be able to return to graduate school, it is important to study hard now to get good grades. Graduate school is a commitment to be thought through carefully. In the long run, it may well be worth it.

執筆者一覧（執筆順）

所　康弘（ところ　やすひろ）第1章・第10章第1，2，5節
奥付の編者紹介を参照。

小林尚朗（こばやし　なおあき）第2章・第3章
奥付の編者紹介を参照。

篠原敏彦（しのはら　としひこ）第4章
奥付の編者紹介を参照。

大津健登（おおつ　けんと）第5章・第7章
1981年生まれ。九州国際大学現代ビジネス学部教授。著書に，『アジア経済論』（共著，文眞堂，2022年），『グローバリゼーション下の韓国資本主義』（大月書店，2019年）。

李ウテイ（り　うてい）英語コラム（第Ⅰ部）
1991年生まれ。明治大学大学院商学研究科博士後期課程。

山中達也（やまなか　たつや）第6章
1982年生まれ。駒澤大学経済学部准教授。著書に，『日本の国際協力　中東・アフリカ編』（共編著，ミネルヴァ書房，2021年），訳書にベン・フィリップス『今すぐ格差を是正せよ！』（共訳，筑摩書房，2022年）。

朱　永浩（ずう　よんほ）第8章
1974年生まれ。福島大学経済経営学類教授。著書に，『アジア共同体構想と地域協力の展開』（編著，文眞堂，2018年），『中国東北経済の展開——北東アジアの新時代』（日本評論社，2013年）。

深澤光樹（ふかさわ　みつき）第9章
1985年生まれ。関西大学商学部准教授。著書に，『アジア経済論』（共著，文眞堂，2022年），訳書にベン・フィリップス『今すぐ格差を是正せよ！』（共訳，筑摩書房，2022年）。

塩澤恵理（しおざわ　えり）英語コラム（第Ⅱ部，第Ⅲ部）
明治大学商学部教授。論文に，"Forms of Health Care Communication: An Overview of an Integrated Approach"（Review article），*Forma*, 31, S1-S5, 2016. ほか。

亀掛川芽以（きけがわ　めい）第10章第3節
1973年生まれ。横浜国立大学兼任講師。著書に，『グローバリゼーションと国際通貨』（共著，日本経済評論社，2003年），『国際通貨体制と世界金融危機——地域アプローチによる検証』（共著，日本経済評論社，2011年）。

高橋文紀（たかはし　ふみのり）第10章第4節
1987年生まれ。明治大学商学部助教。著書に，『東アジアのグローバル地域経済学——日韓台中の農村と都市』（共著，大月書店，2022年），論文に「中国における経済発展と農業問題に関する研究」（明治大学大学院博士学位論文，2021年）。

鈴木仁里（すずき　にさと）第11章
1982年生まれ。明治大学商学部専任講師。著書に，『国際マーケティング・ケイパビリティ——戦略計画から実行能力へ』（共編著，同文舘出版，2019年），論文に「新製品開発プロジェクトにおける機能統合マネジメント研究——グローバル機能統合研究の起点」（明治大学大学院博士学位論文，2018年）。

佐々木　優（ささき　すぐる）第12章
1983年生まれ。順天堂大学国際教養学部講師。著書に，『日本の国際協力　中東・アフリカ編』（共著，ミネルヴァ書房，2021年），『一帯一路の政治経済学——中国は新たなフロンティアを創出するか』（共著，文眞堂，2019年）。

森元晶文（もりもと　あきふみ）第13章
1970年生まれ。中央学院大学商学部准教授。著書に，『アジア経済論』（共編著，文眞堂，2022年），『アジアにおける民主主義と経済発展』（共著，文眞堂，2019年）。

編　者

小林尚朗（こばやし　なおあき）
1971年生まれ。明治大学商学部教授。著書に，『アジア経済論』（共編著，文眞堂，2022年），『地球経済入門——人新世時代の世界をとらえる』（共著，法律文化社，2021年）。

篠原敏彦（しのはら　としひこ）
1955年生まれ。明治大学商学部教授。著書に，『実践国際ビジネス教本』（ジェトロ編，世界経済情報サービス，2003年）ほか。

所　康弘（ところ　やすひろ）
1975年生まれ。明治大学商学部教授。著書に，『米州の貿易・開発と地域統合——新自由主義とポスト新自由主義を巡る相克』（法律文化社，2017年，日本貿易学会賞・明治大学連合駿台会学術賞受賞），『北米地域統合と途上国経済—— NAFTA・多国籍企業・地域経済』（西田書店，2009年）。

装幀　森デザイン室

シリーズ　大学生の学びをつくる
貿易入門　第2版——世界と日本が見えてくる

2023年3月17日　第1刷発行
2024年4月5日　第2刷発行

定価はカバーに表示してあります

編　者　小林　尚　朗・篠原　敏彦
　　　　所　　　康弘

発行者　中　川　　進

〒113-0033　東京都文京区本郷2-27-16

発行所　株式会社　大　月　書　店

印刷　太平印刷社
製本　中永製本

電話（代表）03-3813-4651　FAX 03-3813-4656　振替 00130-7-16387
http://www.otsukishoten.co.jp/

ISBN978-4-272-15047-2　C0033　Printed in Japan